Das Leiharbeitsverbot im Baugewerbe (§ 1 b AÜG)

Recht und Praxis der illegalen Arbeitnehmerüberlassung im Baubereich unter Berücksichtigung der Regelungen des Arbeitnehmerentsendegesetzes

Dissertation

zur Erlangung des akademischen Grades einer Doktorin der Rechte
an der rechtswissenschaftlichen Fakultät
der Christian-Albrechts-Universität zu Kiel

vorgelegt von: Martina Salzmann-Hennersdorf

Stand: Dezember 2002

Das Leiharbeitsverbot im Baugewerbe (§1 b AÜG)

Recht und Praxis der illegalen Arbeitnehmerüberlassung im
Baubereich unter Berücksichtigung der Regelungen des
Arbeitnehmerentsendegesetzes

von

Martina Salzmann-Hennersdorf

Tectum Verlag
Marburg 2003

Salzmann-Hennersdorf, Martina:
Das Leiharbeitsverbot im Baugewerbe (§1 b AÜG).
Recht und Praxis der illegalen Arbeitnehmerüberlassung im Baubereich unter
Berücksichtigung der Regelungen des Arbeitnehmerentsendegesetzes.
/ von Martina Salzmann-Hennersdorf
- Marburg : Tectum Verlag, 2003
Zugl.: Kiel, Univ. Diss. 2003
ISBN 978-3-8288-8538-7

Tectum Verlag
Marburg 2003

Für meine Familie.

Vorwort

Vielen ist das Buch „Ganz unten" von Günter Wallraff ein Begriff, der als ausländischer Leiharbeitnehmer getarnt, die unmenschlichen, unsozialen Arbeitsbedingungen, denen Leiharbeitnehmer u.a. auch in der Baubranche ausgesetzt waren, in die öffentliche Diskussion gebracht hat. Sein Buch hat eine vermehrte Kontrolltätigkeit der Behörden bewirkt, um der illegalen Beschäftigung von Leiharbeitnehmern entgegenzutreten und die häufig damit verbundene wirtschaftliche Benachteiligung von Leiharbeitnehmern zu unterbinden.

Die vorliegende Dissertation befasst sich mit dem Verbot der Arbeitnehmerüberlassung im Baugewerbe. Das Verbot nach § 1 b S. 1 AÜG ist ein Schutzgesetz zugunsten der Leiharbeitnehmer. In der Vergangenheit zeigte sich, dass viele Verleihfirmen gegen gesetzliche Vorschriften verstießen und z.B. die Sozialversicherungsbeiträge und Lohnsteuern der Leiharbeitnehmer nicht korrekt abführten, sowie Kündigungsschutzvorschriften und Unfallverhütungsvorschriften nicht beachteten. Zudem hielten sich die illegal handelnden Verleiher nicht an die Tarifverträge des Baugewerbes, was zu dem sozialpolitisch unterwünschten Ausschluss der Leiharbeitnehmer von tariflichen Sozialleistungen (z.B. Leistungen der Urlaubskassen) und zu untertariflichen Lohnzahlungen (Lohndumping) geführt hat. Da sich die nach dem AÜG bestehenden Kontrollrechte wegen der im Baubereich bestehenden örtlichen Verhältnisse als unzulänglich erwiesen haben, sah sich der Gesetzgeber zu einem generellen Verbot veranlasst.

Vor dem Hintergrund beschäftigungsfördernder Maßnahmen hat das sektorale „Leiharbeitsverbot" zahlreiche Änderungen erfahren. Im Grundsatz hält der Gesetzgeber jedoch bis heute an dem Verbot fest. Diese Arbeit befasst sich umfassend mit der Verbotsvorschrift des § 1 b AÜG, ihrem Anwendungsbereich, die Bedeutung in der Praxis und der Verfassungsmäßigkeit der Norm. Außerdem werden die zahlreichen Fallgestaltungen illegaler Arbeitnehmerüberlassung und die Taktiken aufgezeigt, mit denen illegal handelnde Verleiher versuchen, das Leiharbeitsverbot zu umgehen. Der Gesetzgeber hat ein umfassendes Regelungsinstrumentarium geschaffen, um Verstöße gegen § 1 b S. 1 AÜG zu verhindern. Verstöße gegen § 1 b S. 1 AÜG haben nicht nur strafrechtliche Folgen, sondern ziehen ebenso Konsequenzen in zivil- und verwaltungsrechtlicher Hinsicht nach sich. Ein Anliegen der Autorin war es daher, diesen Regelungskomplex aufzuzeigen.

Im Ergebnis ist an dem Verbot des § 1 b S. 1 AÜG festzuhalten, weil es an alternativen Lösungen fehlt. Auch das AEntG stellt vom Anwendungsbereich her und wegen der praktischen Durchsetzbarkeit keine Alternative dar. So sieht es vermutlich auch der Gesetzgeber, der das Leiharbeitsverbot des § 1 b S. 1 AÜG zum 01.01.2003 mit den europäischen Richtlinien und der Rechtsprechung des EuGH (Urteil vom 25.10.2001) in Einklang gebracht und damit bestätigt hat.

XV

Abkürzungsverzeichnis

A.A.	= anderer Ansicht
Abs.	= Absatz
AEntG	= Arbeitnehmerentsendegesetz
a.F.	= alter Fassung
AFG	= Arbeitsförderungsgesetz
AFRG	= Arbeitsförderungsreformgesetz
AG	= Amtsgericht
AGBG	= Allgemeine Geschäftsbedingungen - Gesetz
AiB	= Arbeitsrecht im Betrieb
AktG	= Aktiengesetz
ANBA	= Amtliches Nachrichtenblatt
Anm.	= Anmerkung
AO	= Abgabenordnung
AP	= Arbeitsrechtliche Praxis (Nachschlagewerk des Bundesarbeitsgerichts
ArbG	= Arbeitsgericht
ArbGV	= Arbeitsgenehmigungsverordnung
ArbuArbR	= Arbeit und Arbeitsrecht
Art.	= Artikel
AuA	= Arbeit und Arbeitsrecht
AuR	= Arbeit und Recht
Ausf.	= Ausführungen
AuslG	= Ausländergesetz
AÜG	= Arbeitnehmerüberlassungsgesetz
BA	= Bundesanstalt für Arbeit
BAG	= Bundesarbeitsgericht
BAGE	= Amtliche Entscheidungen des Bundesarbeitsgerichts
Banz	= Bundesanzeiger
BarbBl	= Bundesarbeitsblatt
BayLSG	= Bayrisches Landessozialgericht
BayOLG	= Bayrisches Oberlandesgericht
BB	= Der Betriebsberater
Bd	= Band
BeschFG	= Beschäftigungsförderungsgesetz
BetrVG	= Betriebsverfassungsgesetz
BFH	= Bundesfinanzhof
BG	= Die Berufsgenossenschaft
BGB	= Bürgerliches Gesetzbuch
BGBl	= Bundesgesetzblatt
BGH	= Bundesgerichtshof
BGHSt	= Amtliche Sammlung der Entscheidungen des Bundesgerichtshofes in Strafsachen
BGHZ	= Amtliche Sammlung der Entscheidung des Bundesgerichtshofes in Zivilsachen
BlStSozArbR	= Blätter für Steuerrecht, Sozialversicherung und Arbeitsrecht
BMA	= Bundesminister für Arbeit und Sozialordnung
BR-DS	= Bundesratdrucksache

BRTV-Bau	= Bundesrahmentarifvertrag Bau
BSG	= Bundessozialgericht
BSGE	= Amtliche Sammlung der Entscheidungen des Bundessozialgerichts
BT-DS	= Bundestagdrucksache
BVerfG	= Bundesverfassungsgericht
BVerfGE	= Amtliche Sammlung der Entscheidungen des Bundesverfassungsgerichts
BVerfGG	= Bundesverfassungsgerichtsgesetz
BVerwG	= Bundesverwaltungsgericht
BverwGE	= Amtliche Sammlung der Entscheidung des Bundesverwaltungsgerichts
DB	= Der Betrieb
Diss.	= Dissertation
DStR	= Deutsche Steuer-Rundschau
EG	= Europäische Gemeinschaft
EGStBG	= Einführungsgesetz Strafgesetzbuch
EGV	= Europäischer Gemeinschaftsvertrag
Einl.	= Einleitung
EOWiG	= Einführungsgesetz zum Ordnungswidrigkeitengesetz
EStG	= Einkommenssteuergesetz
EU	= Europäische Union
EuGH	= Europäischer Gerichtshof
EWG	= Europäischer Wirtschaftsraum
EzAÜG	= Entscheidungssammlung zum AÜG
GewArch	= Gewerbearchiv
GewO	= Gewerbeordnung
GG	= Grundgesetz
GmbH	= Gesellschaft mit beschränkter Haftung
HzA	= Handbuch zum Arbeitsrecht
KG	= Kammergericht
KK	= Karlsruher Kommentar
KSchG	= Kündigungsschutzgesetz
LAA	= Landesarbeitsamt
LAG	= Landesarbeitsgericht
LG	= Landgericht
LSG	= Landessozialgericht
LSt	= Lohnsteuer
MDR	= Monatschrift Deutschen Rechts
MindestlohnTV	= Mindestlohntarifvertrag
Mü-Hdb.	= Münchner Handbuch des Arbeitsrechts
NJW	= Neue Juristische Wochenschrift
NStZ	= Neue Zeitschrift für Strafrecht
NZA	= Neue Zeitschrift für Arbeitsrecht
OLG	= Oberlandesgericht
OWiG	= Gesetz über Ordnungswidrigkeiten
RdA	= Recht der Arbeit
Rdnr.	= Randnummer
RdErl.	= Runderlass
RG	= Reichsgericht
RVO	= Reichsversicherungsordnung

SozArb	= Sozialarbeit
SozFortschritt	= Sozialer Fortschritt
SG	= Sozialgericht
SGB	= Sozialgesetzbuch
SozR	= Sozialrecht
SozSich	= Soziale Sicherheit
StGB	= Strafgesetzbuch
StPO	= Strafprozessordnung
TVG	= Tarifvertrag
VwVfG	= Verwaltungsverfahrensgesetz
WiKG	= Gesetz zur Bekämpfung der Wirtschaftskriminalität
Wistra	= Zeitschrift für Wirtschaft, Steuer, Strafrecht
ZAP	= Zeitschrift für die anwaltliche Praxis
ZfA	= Zeitschrift für Arbeitsrecht
ZfS	= Zentralblatt für Sozialversicherung, Sozialhilfe und Versorgung
ZiP	= Zeitschrift für Wirtschaftsrecht
ZRP	= Zeitschrift für Rechtspolitik

A. Einleitung

Das Recht der Arbeitnehmerüberlassung ist einem ständigen Wandel unterworfen und exemplarisch für die Anpassung von Rechtsnormen durch den Gesetzgeber, hier den Bundesgesetzgeber, an sich verändernde Ordnungsvorstellungen der Gesellschaft und wechselnde soziale, insbesondere arbeitsmarktpolitische Anforderungen.

I. Definition der Arbeitnehmerüberlassung

Der Begriff „Arbeitnehmerüberlassung" ist eine vom Bundesgesetzgeber geschaffene Bezeichnung eines arbeitsrechtlichen Instituts mit in der Regel drei Beteiligten: dem Verleiher, dem Entleiher und dem Leiharbeitnehmer.[1] Arbeitnehmerüberlassung liegt immer dann vor, wenn einem Dritten (Entleiher) von einem Arbeitgeber (Verleiher) ein Arbeitnehmer (Leiharbeitnehmer) zur Arbeitsleistung zur Verfügung gestellt wird. Zwischen dem Verleiher und dem Leiharbeitnehmer muss ein Arbeitsvertrag bestehen und zwischen dem Dritten (Entleiher) und dem Verleiher ein Überlassungsvertrag.[2] Es handelt sich dabei um eine Form des drittbezogenen Personaleinsatzes.

II. Die Arbeitnehmerüberlassung im allgemeinen und deren historische Entwicklung

Das Thema dieser Arbeit beschränkt sich auf einen bestimmten Teilbereich der Arbeitnehmerüberlassung und zwar die Überlassung **in** das Baugewerbe. Für ein besseres Verständnis der Problematik ist es erforderlich, sich zunächst mit der rechtsgeschichtlichen Entwicklung des Arbeitnehmerüberlassungsrechts insgesamt zu befassen.

1. Verbot der Leiharbeit durch den Gesetzgeber

Als erste Regelung bezüglich der „Leiharbeit", wie die Arbeitnehmerüberlassung umgangssprachlich genannt wird,[3] bestimmten das Arbeitsnachweisgesetz (ANG) vom 27.07.1922 (RGBl I S. 657) und das dem nachfolgende Gesetz über Arbeits-

---

[1] Sandmann/Marschall, Anm. 7 der Einl. zum AÜG; Leitner, S. 17.

[2] Hantl-Unthan , AR-Blattei SD, S. 6.

[3] BT- Drucksache 6/2303 S. 10 unten (Amtliche Begründung der Bundesregierung zum Entwurf eines Arbeitnermerüberlassungsgesetzes).

vermittlung und Arbeitslosenversicherung (AVAVG) vom 16.07.1927 (RGBl S. 187), ab dem 01.01.1931 ein Verbot der gewerbsmäßigen Stellenvermittlung, einschließlich der „Überlassung von Leiharbeitnehmern". Nach dem damaligen in § 37 Abs. 3 AVAVG zum Ausdruck gekommenen gesetzgeberischen Willen fiel unter den Begriff der Stellenvermittlung auch „die Zuweisung von Arbeitnehmern, deren Arbeitskraft der Zuweisende regelmäßig dritten Personen für eine Beschäftigung zur Verfügung stellte, ohne selbst die Arbeit auf eigene Rechnung ausführen zu lassen und ohne selbst die Ausrüstung mit den erforderlichen Werkzeugen für die zugewiesenen Arbeitskräfte zu übernehmen". Mithin wurde die Arbeitnehmerüberlassung als eine besondere Form der Stellenvermittlung angesehen. Eine Abgrenzung erfolgte lediglich zum Werkvertrag. Die Arbeitnehmerüberlassung und die Arbeitsvermittlung wurden folglich gleich behandelt[4] und unterlagen damit dem Alleinvermittlungsrecht der früheren Bundesanstalt für Arbeitsvermittlung und Arbeitslosenversicherung. Eine private, gewerbsmäßige Arbeitnehmerüberlassung war aus diesem Grund untersagt.

2. Das „Adia"-Urteil

Das Bundesverfassungsgericht bestätigte in einer Entscheidung vom 04.04.1967 das damals noch bestehende Alleinvermittlungsrecht der oben genannten Bundesanstalt.[5] Die Entscheidung wurde damit begründet, dass das Vermittlungsmonopol als Mittel zur Abwendung nachweisbarer oder höchstwahrscheinlicher Gefahren für überragend wichtige Gemeinschaftsgüter unentbehrlich sei, weil beispielsweise „die Notlage und Hilflosigkeit sowie die geschäftliche Unerfahrenheit der Arbeitsuchenden leicht dazu führen könnte, dass gewerbliche Arbeitsvermittler sie insbesondere durch übermäßige hohe Vermittlungsentgelte ausbeuteten."

In dem am selben Tag, dem 04.04.1967, ergangenen „Adia-Urteil" unterschied das Bundesverfassungsgericht aber zwischen der Arbeitsvermittlung und den Arbeitnehmerüberlassungsverträgen.[6] Den Arbeitnehmerüberlassungsverträgen komme eine besondere wirtschaftliche und arbeitsmarktpolitische Bedeutung zu, weil sie beispielsweise zur Schaffung von zusätzlichen Arbeitsplätzen, insbesondere für Langzeitarbeitslose oder Personenkreise, die keine Dauerarbeiten aufnehmen wollten, beitragen könnten. Das Bundesverfassungsgericht stellte wegen Verstoßes gegen Artikel 12 Abs. 1 GG die Verfassungswidrigkeit des § 37 Abs. 3 AVAVG fest, weil durch diese Regelung die objektive Berufswahl der gewerblichen Verleihunternehmen in unverhältnismäßiger Weise eingeschränkt wurde. Es

---

[4] Pieroth, S. 10.

[5] BVerfGE 21, 245 ff.

[6] BVerfGE 21, 261 ff; a.A. Krüger, der sich grundsätzlich für ein generelles Verbot einsetzt, um den sozialen Missständen im Bereich der Arbeitnehmerüberlassung abzuhelfen.

grenzte die Arbeitsvermittlung von der gewerbsmäßigen Arbeitnehmerüberlassung insoweit ab, als dass die Arbeitsvermittlung auf die Begründung eines neuen Arbeitsverhältnisses gerichtet und mit dem Abschluss des Arbeitsvertrages beendet ist, während der Arbeitnehmer bei der Arbeitnehmerüberlassung in arbeitsrechtlichen Beziehungen zum Verleiher verbleibt.

3. Folgen der Aufhebung des Verbots durch das Bundesverfassungsgericht

Die Folge der Aufhebung des Verbots war ein enormer Aufschwung des Verleihgewerbes[7], besonders im Bereich des Baugewerbes. Damit einhergehend breiteten sich erhebliche Missstände aus. So führten viele Verleihunternehmen die Sozialversicherungsbeiträge und Lohnsteuern der Leiharbeitnehmer nicht korrekt ab, verstießen gegen Kündigungsschutzvorschriften, begingen Steuerhinterziehung und missachteten Unfallverhütungsvorschriften.[8] Ein weiterer erheblicher Nachteil war, dass das arbeitsrechtliche Prinzip der Tarifeinheit durchbrochen wurde, weil die gewerblichen Verleihunternehmen in der Regel nicht tarifgebunden waren.

4. Der Erlass und der Geltungsbereich des Arbeitnehmerüberlassungsgesetzes

Der Gesetzgeber fühlte sich verpflichtet, diesen sozialen Missständen abzuhelfen, was mit dem Erlass des Arbeitnehmerüberlassungsgesetzes (AÜG) vom 07.08.1972 als Artikelgesetz dann auch geschah (BGBl I S. 1393). Die Intention des Gesetzgebers ging dahin, den Leiharbeitnehmer zu schützen. In der amtlichen Begründung des Gesetzes heißt es, dass „die Einschränkungen der Berufsfreiheit der gewerblichen Arbeitnehmerüberlasser geboten seien, um bei der Arbeitnehmerüberlassung Verhältnisse herzustellen, die den Anforderungen eines sozialen Rechtsstaates entsprechen und eine Ausbeutung der betroffenen Arbeitnehmer auszuschließen".[9] Des weiteren sollte das neu geschaffene AÜG illegale Praktiken unterbinden, die in erster Linie bei der gewerbsmäßigen Arbeitnehmerüberlassung zu verzeichnen waren, und Störungen des Arbeitsmarktes entgegenwirken.

Der im Jahre 1967 ergangenen Entscheidung des Bundesverfassungsgerichtes im „Adia-Urteil" wurde durch dieses mildere Eingriffsmittel im Vergleich zu einem völligen Verbot Rechnung getragen. Die *gewerbsmäßige* Arbeitnehmerüberlassung steht seit dem grundsätzlich unter einem Erlaubnisvorbehalt und ist der Auf-

---

[7] Paasch, AN 2. Klasse, S. 8.

[8] Leitner, S. 18 m.w.N.

[9] Vgl. BR-DS 200/1971.

sicht der Bundesanstalt für Arbeit unterstellt. Anlässlich der Verabschiedung des Gesetzes hat der Deutsche Bundestag mit Beschluss vom 21.06.1972 die Bundesregierung ersucht, zunächst alle zwei Jahre über die Erfahrungen bei der Anwendung des Arbeitnehmerüberlassungsgesetzes zu berichten.[10] Seit dem Jahr 1980 sind die Berichte nur noch alle vier Jahre von der Bundesregierung zu erstatten.[11] Der derzeit aktuelle neunte Bericht stammt vom 04.10.2000.[12] Anhand dieser Berichte, in denen Befürworter (Wirtschaftsverbände) als auch Gegner (Gewerkschaften) der Arbeitnehmerüberlassung zu Wort kommen, wird aufgezeigt, ob die im AÜG getroffenen Maßnahmen geeignet sind, illegalen Praktiken zu begegnen oder beschäftigungswirksame Maßnahmen ergriffen werden müssen, die eine Lockerung der Bestimmung des Gesetzes zugunsten der Verleihunternehmen erfordern. Das Arbeitnehmerüberlassungsgesetz hat vor dem Hintergrund dieser Berichte zahlreiche Änderungen erfahren.

5. Änderungen des Arbeitnehmerüberlassungsgesetzes

Besonders hervorzuheben sind zunächst die durch das Gesetz zur Bekämpfung der illegalen Beschäftigung (BillBG) vom 15.12.1981[13] mit Wirkung vom 01.01.1982 eingebrachten Regelungen, die ein effektives Zurückdrängen der illegalen Arbeitnehmerüberlassung durch repressive Maßnahmen bewirken sollten. Beispielsweise wurde der Entleiher, der einen von einem Verleiher ohne Erlaubnis überlassenen Leiharbeitnehmer tätig werden lässt, mit Bußgeld bedroht. Eine weitere die gewerblichen Verleihunternehmen in ihrer Tätigkeit einschränkende Maßnahme zur Erreichung dieses Ziels war das Verbot des Überlassens von Leiharbeitnehmern in Betriebe des Baugewerbes für Arbeiten, die üblicherweise von Arbeitern verrichtet werden.[14] Diese Änderung erfolgte im Rahmen des Arbeitsförderungskonsolidierungsgesetzes (AFRG) vom 22.12.1981.[15] Auf das Verbot und seine historische Entwicklung wird später noch näher eingegangen.

In eine andere Richtung führte das Beschäftigungsförderungsgesetz vom 26.04.1985.[16] Vorderstes Ziel dieses Gesetzes war die Schaffung von Arbeitsplätzen.[17] Der Gesetzgeber sah sich zur Erreichung dieses Zieles veranlasst, die den gewerblichen Verleihunternehmen auferlegten Maßregeln zu lockern, indem er beispielsweise die Überlassungsdauer eines Leiharbeitnehmers an den selben Entleiher von bisher drei auf sechs Monate verlängerte. Diese Maßnahme verfolgte den Zweck, bei Krankheits-, Mutterschafts- und anderen längerfristigen Vertre-

---

[10] Vgl. Verhandlungen des Bundestages, 6. Wahlperiode, S. 11379.

[11] Vgl. BT-DS 9/975 , S. 5.

[12] Vgl. BT-DS 13/5498.

[13] Vgl. BGBl I S. 1390.

[14] Früher § 12 a Arbeitsförderungsgesetz.

[15] Vgl. BGBl I S. 1497.

[16] Vgl. BGBl I S. 710.

[17] Vgl. dazu auch Becker, Leitfaden, S. 12 ff.

tungen, weniger als bisher auf Überstunden zurückzugreifen, sondern statt dessen einen Anreiz für die Einstellung von Leiharbeitnehmern als zusätzliche Arbeitnehmer zu schaffen.[18]

Aber auch die Erhaltung von Arbeitsplätzen erforderte nach Ansicht des Gesetzgebers geeignete Maßnahmen. Zur Vermeidung von Kurzarbeit und Entlassungen, insbesondere im Werftbereich, forderten sowohl Vertreter von Gewerkschaften als auch Arbeitgeberverbänden Ausnahmen von der Anwendung des AÜG.[19] Diese sind nunmehr, nach Aufhebung des Artikelgesetzes, in § 1 Abs. 3 AÜG verankert.

Auf Initiative der Bauwirtschaft im Jahre 1985 wurde durch die Einfügung des § 1 Abs. 1 S. 2 AÜG infolge des 7. Gesetzes zur Änderung des AFRG vom 20.12.1985 (BGBl I S. 284) ein Teilbereich der Arbeitnehmerüberlassung unter bestimmten Voraussetzungen vom Anwendungsbereich des AÜG ausgenommen. Danach ist die Abordnung von Arbeitnehmern zu einer zur Herstellung eines Werkes gebildeten Arbeitsgemeinschaft keine Arbeitnehmerüberlassung im Rechtssinne, wenn der Arbeitgeber Mitglied der Arbeitsgemeinschaft ist, für alle Mitglieder der Arbeitsgemeinschaft Tarifverträge desselben Wirtschaftszweiges gelten und alle Mitglieder auf Grund des Arbeitsgemeinschaftsvertrages zum selbständigen Erbringen von Vertragsleistungen verpflichtet sind. Im Bereich des Baugewerbes erfolgte durch das Beschäftigungsförderungsgesetz vom 20.09.1994[20] eine weitere Lockerung des Verbots, die nunmehr in § 1 b S. 2 AÜG verankert ist. Mit Wirkung vom 30.09.1994 wurde durch Art. 1 Nr. 1 des Gesetzes zur Änderung des Arbeitsförderungsgesetzes die gewerbliche Arbeitnehmerüberlassung zwischen Baubetrieben zugelassen, wenn diese Betriebe den selben Rahmen- und Sozialkassentarifverträgen angehören oder von dessen Allgemeinverbindlichkeitserklärung erfasst werden.[21]

6. Zusammenfassung

Die obigen Ausführungen zeigen die nach wie vor bestehende sozialpolitische Bedeutung des AÜG. Aus den aufgezeigten (keineswegs vollständigen) Änderungen des AÜG lässt sich aber die Tendenz entnehmen, dass die gewerbliche Arbeitnehmerüberlassung zunehmend zugunsten der gewerblichen Verleihunternehmen erleichtert wird. Ein Beleg dafür ist, dass die Begrenzung der Überlassungsdauer von zunächst drei Monaten im Laufe des Bestehens des AÜG kontinuierlich, auf derzeit 24 Monate, angehoben wurde.

---

[18] Vgl. BT-DS 10/2102, S. 19/20 u. 42.

[19] Vgl. dazu BT-DS 10/3206.

[20] Vgl. BGBl I S. 1786.

[21] Vgl. BGBl I S. 2456.

6

Vor diesem Hintergrund ist auch die zuletzt erfolgte Änderung durch das AFRG vom 24.03.1997 zu betrachten. Nach dem Willen des Gesetzgebers ist das erklärte Ziel dieser Bestimmungen der Abbau beschäftigungshemmender Maßnahmen.[22] Das AÜG ist seit dem kein Artikelgesetz mehr und enthält weitere zahlreiche Vergünstigungen für die gewerblichen Verleihunternehmen gegenüber den vorherigen gesetzlichen Regelungen. Das zeigt sich besonders an der Aufhebung des Synchronisationsverbotes, wodurch vermieden werden sollte, dass ein Arbeitnehmer von einem Verleiher nur für die Dauer eines Arbeitseinsatzes eingestellt wird (Ersteinsatzsynchronisationsverbot).[23] Die angeführten Änderungen des AÜG gehen einher mit dem Wegfall des Arbeitsvermittlungsmonopols der Bundesanstalt für Arbeit im Zuge des Beschäftigungsförderungsgesetzes von 1994 und demonstrieren ein sozialpolitisches Umdenken des Gesetzgebers.

Wie dargestellt wollte der Gesetzgeber durch das AÜG die Leiharbeitnehmer vor sozialen Missbrauch und der Verhinderung illegaler Praktiken schützen.[24] Um den Verstößen gegen Kündigungsschutzvorschriften, Steuerhinterziehung und Unfallverhütungsvorschriften entgegenwirken zu können, war ein Regelungsinstrumentarium in Gestalt des AÜG erforderlich. Zudem sollten Störungen des Arbeitsmarktes vermieden werden.[25]

Darüber hinaus sollten die sozialen Auswirkungen der Arbeitnehmerüberlassung auf den gesamten Arbeitsmarkt betrachtet werden. Wie die statistischen Zahlen der Bundesanstalt für Arbeit belegen, werden durch die Zeitarbeit Arbeitsplätze geschaffen und die Zahlen der Arbeitnehmerüberlassungen steigen, entsprechend dem Anliegen der Wirtschaftsunternehmen nach einem flexiblen Personalbedarf, kontinuierlich.[26] Aus diesem Grund wird die Ansicht vertreten, dass sich die Zeitarbeit als „neuer Motor der Wirtschaft" etabliert[27], weil die Wirtschaftsunternehmen kostenintensive Personalreserven zum Ausgleich von Fehlzeiten infolge von Urlaub, Krankheit, Schwangerschaft oder in Zeiten des vorübergehenden Spitzenbedarfs in personalintensiven Betrieben einsparen können.[28] Durch den verstärkten Einsatz von Leiharbeitnehmern in den Betrieben könnte sich jedoch zumindest teilweise eine Umstrukturierung des bestehenden Arbeitsplatzsystems vollziehen. Die sozialen Belange sowohl der Leiharbeitnehmer als auch der Stammarbeitnehmer könnten berührt werden, weil die Arbeitgeber zugunsten einer flexiblen Personalgestaltung von einer dauerhaften Einstellung von Arbeitnehmern absehen könnten. Gerade dazu sollte die Leiharbeit aber nicht führen. Eine Umstrukturierung der bestehenden Formen des Personaleinsatzes auf diesem Weg, die bisher prinzipiell vom Einsatz von Dauerarbeitskräften ausgeht, könnte

---

[22] Vgl. BT-DS 13/4941, S. 247.

[23] Vgl. BT-DS 13/4941, S. 133.

[24] S. A II 4.

[25] Sandmann/Marschall, Anm. 21 zur Einl. zum AÜG, Schüren, Rdnr. 47 zur Einl..

[26] S. Statistik der BA, in BT-DS 14/4220.

[27] Süddeutsche Zeitung vom 14./15.2.1998, S. 37.

[28] Stefener, S. 4.

den sozialen Schutz der Arbeitnehmer beeinträchtigen. Ein Großteil des Individualarbeitsrecht ist auf den Schutz von Dauerarbeitsverhältnissen ausgerichtet. Ein Beispiel dafür ist das Kündigungsschutzgesetz, welches nach § 1 Abs. 1 KSchG erst nach einem sechsmonatigen Bestehen eines Arbeitsverhältnisses bei demselben Arbeitgeber eingreift. Der Einsatz von Leiharbeitnehmern steht einerseits der Einstellung von Dauerarbeitskräften im Entleihbetrieb entgegen. Andererseits wird auch den Leiharbeitnehmern durch die Zulässigkeit von befristeten Verträgen und die Aufhebung des Ersteinsatzsynchronisationsverbotes die Eingliederung in den Betrieb des Verleihunternehmens erschwert[29] und die Normen des Arbeitsrechts wie z.b. das Kündigungsschutzgesetz kommen nicht zum Tragen. Der Leiharbeitnehmer ist im Rahmen seiner beruflichen Tätigkeit erhöhten Belastungen ausgesetzt, weil es ihm beispielsweise durch den häufigen Wechsel des Arbeitsplatzes nicht möglich ist, eine gewisse Routine für die Verrichtungen am Arbeitsplatz zu erlangen.[30] Diesem Defizit sollte ein ausgeprägter sozialer Schutz gegenüber gestellt werden. Bei den ursprünglichen gesetzlichen Regelungen des AÜG stand der umfassende soziale Schutz der Leiharbeitnehmer im Vordergrund. Dieses Ziel musste dem der Beschäftigungsförderung zunehmend weichen. Die Aufhebung des Ersteinsatzsynchronisationsverbotes geht einseitig zu Lasten der Leiharbeitnehmer, weil sie nunmehr das finanzielle Risiko bei Arbeitslosigkeit, zumindest zwischen den ersten beiden Fremdeinsätzen, tragen. Die Arbeitnehmerüberlassung wird zu einem Instrument der gezielten mittelfristigen Personalplanung, ohne dass **neue** zusätzliche Arbeitsplätze geschaffen werden.[31] Vielmehr werden Arbeitsverhältnisse umgestaltet und ausgelagert, mit der Folge, dass den Arbeitnehmern das Erlangen tariflichen Schutzes zumindest erschwert wird, den sie selbst als zeitlich befristet eingestellter Arbeitnehmer des Entleihbetriebes erlangen würden.[32]

Da zwischen dem Entleiher und dem Leiharbeitnehmer keine vertraglichen Beziehungen bestehen, finden auf das Leiharbeitsverhältnis die Tarifverträge des Entleihbetriebes keine Anwendung.[33] Auf der anderen Seite besteht für das kommerzielle Verleihgewerbe seit 1989 kein Tarifvertrag mehr.[34] Eine Alternative dazu stellt die START Zeitarbeit NRW GmbH dar, die unter Einbindung der Bundesanstalt für Arbeit eine sozialverträgliche und wirtschaftlich tragfähige Arbeitnehmerüberlassung anstrebt. Diese Firma hat mit der Gewerkschaft ÖTV einen Tarifvertrag abgeschlossen und arbeitet mittlerweile mit über 180 Tarifen.[35]

---

[29] So auch Düwell hinsichtlich des Fortfalls des Synchronisationsverbots, BB 1997, S. 47 ff.

[30] Vgl. dazu BT-DS 8/4479, S. 17.

[31] S. dazu Feuerborn, BB 1997, S. 2530.

[32] Zur Aufhebung des Synchronisationsverbotes und Verlängerung der Überlassungsdauer s. Gesetzesentwurf der CDU/CSU- Fraktion vom 22.06.1999, in BT-DS 14/1211.

[33] LAG S-H, in DB 1972, 2166; a.A. Pfister, der eine eingeschränkte Geltung der Tarifverträge befürwortet; abgeleitet aus § 14 II S. 3 AÜG.

[34] Vgl. dazu Feuerborn, BB 1997, 2530.

[35] Vanselow , Arbeit und Beruf 1998, S. 290.

Außerdem sind gerade im Baubereich die Regelungen des Arbeitnehmerentsende-gesetzes zu beachten. Auf diese Punkte wird noch eingegangen.[36] Zusammenfas-send ist jedoch festzustellen, dass das AÜG als Schutzvorschrift unentbehrlich ist. Der Gesetzgeber kommt seinen Auftrag aus Art. 12 Abs. 1 GG nach, für ange-messene arbeitsrechtliche Rahmenbedingungen zu sorgen.[37] Eine weitergehende Lockerung der bestehenden Vorschriften des AÜG ist daher nicht zu empfehlen.

B. Ziel der Untersuchung

Die vorliegende Untersuchung befasst sich mit den rechtlichen Problemen der Arbeitnehmerüberlassung im Baubereich und den daraus resultierenden Auswir-kungen für die Praxis.

Gegenstand der Untersuchung ist vorwiegend die illegale Arbeitnehmerüberlas-sung. Ansatzpunkt ist § 1 b S. 1 AÜG, der die gewerbliche Arbeitnehmerüberlas-sung von Arbeitern in den Baubereich grundsätzlich verbietet. Das sektorale Ver-bot der Arbeitnehmerüberlassung im Baugewerbe erscheint auf den ersten Blick eine klare und verständliche Regelung zu sein, die den betroffenen Arbeitgebern und Arbeitnehmern eindeutige Verhaltensregeln auferlegt. Diese Auffassung hat das Bundesverfassungsgericht bei der Prüfung der Verfassungsmäßigkeit des „Leiharbeitsverbots" im Baugewerbe vertreten. Eine Annahme, die allerdings nur eingeschränkt zutrifft, was die vorliegende Untersuchung zeigen wird. Es handelt sich um eine schwierige, juristische Norm, welche der Praxis erhebliche Anwen-dungsschwierigkeiten bereitet. Außerdem sind seit der Entscheidung des Bundes-verfassungsgerichtes im Jahre 1987 zahlreiche gesetzliche Änderungen erfolgt, die eine Überprüfung der Verfassungsmäßigkeit des § 1 b S. 1 AÜG erfordern.

Die vorliegende Untersuchung setzt sich zudem unter Berücksichtigung der Sta-tistiken über die aufgedeckten Verstöße der illegalen Arbeitnehmerüberlassung und der Erfahrungsberichte der Bundesregierung über die Anwendung des AÜG mit der Frage auseinander, ob das Verbot in seiner rechtlichen Gesamtheit be-achtet wird und durch die Verfolgungsbehörden durchgesetzt werden kann. Stellt es ein wirksames Mittel zum Schutz der Arbeitnehmer dar oder wird es von den betroffenen Arbeitgebern und Arbeitnehmern schlichtweg umgangen? In diesem Zusammenhang wird auf die anderen Formen des drittbezogenen Personaleinsat-zes und deren rechtlichen Abgrenzung zur Arbeitnehmerüberlassung eingegan-gen.

Des weiteren wird das breite Spektrum der Formen der illegalen Arbeitnehmer-überlassung, unter Einbeziehung der rechtlichen Möglichkeiten ihr entgegenzu-wirken, aufgezeigt. Insofern werden die Ahndungsmöglichkeiten der Verfol-gungsbehörden nach den §§ 15 und 16 des AÜG, aber auch aller anderen rele-vanten Straftat- und Ordnungswidrigkeitentatbestände, untersucht. Insbesondere

---

[36] S. S. 151 ff.

[37] S. dazu BVerfG, NJW 1973, S. 1320.

wird dabei auf die Beweisführungsschwierigkeiten der für die Ahndung zuständigen Behörden eingegangen, die eine erhebliche praktische Relevanz haben. Um zu verdeutlichen, wie komplex der vom Gesetzgeber geschaffene Regelungsbereich ist, der einer illegalen Arbeitnehmerüberlassung entgegenwirken soll und wie wichtig eine effektive praktische Umsetzung ist, setzt sich diese Arbeit mit den zivil-, straf- und verwaltungsrechtlichen Folgen der illegalen Arbeitnehmerüberlassung auseinander sowie mit der Frage, inwieweit durch andere gesetzliche Maßnahmen, insbesondere durch das Arbeitnehmerentsendegesetz (AEntG), ein wirksamer sozialer Schutz insbesondere inländischer Arbeitnehmer erzielt werden kann.

Das Gesamtziel dieser Untersuchung ist es, zu klären, ob das Leiharbeitsverbot nach § 1 b S. 1 AÜG den vom Gesetzgeber beabsichtigten Zielen, die Tarifeinheit innerhalb des Baugewerbes zu wahren und für überschaubare Verhältnisse auf den Baustellen zu sorgen, gerecht werden kann. Der Erfolg der Verbotsnorm des § 1 b S. 1 AÜG hängt entscheidend davon ab, dass es von den Arbeitgebern und Arbeitnehmern beachtet und nicht durch rechtliche Konstruktionen umgangen wird. Außerdem muss die Norm des § 1 b S. 1 AÜG für die Verfolgungsbehörden praktikabel sein. Können die Verfolgungsbehörden das Verbot nicht durchsetzen, ist das Verbot nicht geeignet die gesetzgeberischen Ziele zu erreichen und wäre damit in letzter Konsequenz nicht verfassungsgemäß. Schließlich bietet die Untersuchung Lösungsansätze für eine effektive Umsetzung des Verbots nach § 1 b S. 1 AÜG und zeigt die komplexen rechtlichen Möglichkeiten für die Verfolgungsbehörden (Staatsanwaltschaft, Hauptzollämter, Bundesanstalt für Arbeit) auf, einer illegalen Arbeitnehmerüberlassung entgegenzuwirken. Die Untersuchung erörtert auch, welche rechtlichen Folgen sich für die an einer illegalen ANÜ Beteiligten ergeben können; sie soll als Beitrag verstanden werden, der illegalen Beschäftigung entgegenzuwirken.

Summa summarum wird aufgezeigt, dass der illegalen Beschäftigung ein ausgefeiltes komplexes juristisches Instrumentarium zur Bekämpfung des sozialen Missbrauchs gegenübersteht, was leider nicht effektiv durch die Praxis umgesetzt werden kann. Letztlich kommt aber der Abschreckungsfunktion der Verbotsnorm nach § 1 b S. 1 AÜG eine erhebliche Bedeutung zu. Außerdem fehlt es an sinnvollen Alternativen, so dass die bestehenden Regelungen fortlaufend an die praktischen Anforderungen anzupassen sind und die Zusammenarbeit zwischen den Verfolgungsbehörden, Gerichten und Staatsanwaltschaften ständig optimiert werden muss.

C. Das Verbot der Arbeitnehmerüberlassung im Baubereich

Die Arbeitnehmerüberlassung im Bereich des Baugewerbes hat im Gegensatz zu den übrigen Wirtschaftsbereichen, in denen viele Leiharbeitnehmer beschäftigt werden, wie beispielsweise im Metallgewerbe, eine besondere historische Ent-

wicklung aufzuweisen. Nur für diesen Teilbereich hat sich der Gesetzgeber veranlasst gesehen, ein zunächst vollständiges Verbot zu erlassen. Im Laufe der
Zeit ist die Verbotsregelung beschäftigungspolitischen Erwägungen des Gesetzgebers angepasst und immer mehr zugunsten des Verleihs von Arbeitnehmern
gelockert worden.

I. Die historische Entwicklung

Nach Erlass des „Adia-Urteils" erfolgte ein enormer Aufschwung des Verleihgewerbes. Anhand der von der Bundesanstalt für Arbeit geführten Geschäftssta-
tistiken ließ sich feststellen, dass die Verleihtätigkeit in einigen Wirtschafts-
zweigen besonders ausgeprägt war, während sie in anderen gar nicht oder kaum
vorkam.[38] Die männlichen Leiharbeitnehmer wurden überwiegend im gewerblichen Bereich eingesetzt, wobei sich als Schwerpunkt ihrer Tätigkeit die Baube-
rufe und die Tätigkeiten als Schlosser oder Mechaniker in der Metallindustrie
hervorhoben. Des weiteren ergab es sich, dass auch der Anteil der illegalen Verleihtätigkeit in diesen Bereichen sehr hoch, wenn nicht sogar ausgeprägter war.
Die im Rahmen des vierten Erfahrungsberichtes über die Anwendung des AÜG
durch den Bundesminister für Arbeits- und Sozialordnung beauftragten For-
schungsinstitute fanden bei einigen der untersuchten Baubetriebe heraus, dass
die Hälfte der Arbeitnehmer illegal entliehene Arbeitnehmer waren.[39] Dabei
manifestierte sich die illegale Leiharbeit nicht nur durch einen Verstoß gegen
die Erlaubnispflicht nach dem AÜG. Vielmehr kamen weitere erhebliche Gesetzesverstöße wie das Vorenthalten von Sozialversicherungsbeiträgen, Steuerhinterziehung und vor allem illegale Ausländerbeschäftigung hinzu. Gerade zur
Behebung dieser Missstände war das Arbeitnehmerüberlassungsgesetz erlassen
worden.[40]

Es zeigte sich somit, dass weitere gesetzliche Maßnahmen erforderlich waren,
um diesen Problemen entgegenzuwirken. Im Vergleich zu anderen Wirtschafts-
zweigen trat vor allem im Baubereich eine Verzerrung der Wettbewerbslage ein.
Die illegal beschäftigten Leiharbeitnehmer konnten den Baubetrieben im Vergleich zur Beschäftigung von Stammarbeitnehmern zu erheblich kostengünstigeren Stundensätzen angeboten werden. Die illegalen Verleiher hielten sich weder
an tarifliche Löhne (soweit vorhanden) oder leisteten die an die Sozialkassen zu
erbringenden Umlagen, noch führten sie die Sozialversicherungsbeiträge oder
Steuern für ihre Leiharbeitnehmer ab. Dies hatte zur Folge, dass sogar seriöse,
alteingesessene Betriebe sich veranlasst sahen, von illegalen Verleihern Leiharbeitnehmer zu entleihen, um wettbewerbsfähig zu bleiben.[41] Durch die Einspa-

---

[38] Vgl. dazu BT-DS 8/ 4479, S. 11.
[39] Vgl. dazu BT-DS 8/ 4479, S. 11.
[40] Vgl. Paasch, AN 2.Klasse, S. 10.
[41] Vgl. dazu BT-DS 8/ 4479, S. 18.

rung von Personalkosten war es Ihnen möglich, die Baukosten eines Projektes konkurrenzfähig niedrig zu halten.

Ein weiterer wesentlicher Umstand, der die illegale Arbeitnehmerüberlassung vor allem im Baubereich förderte, waren die erschwerten Kontrollmöglichkeiten der für die Überwachung zuständigen Behörden.[42] Die Dauer der Überlassung, gerade der Bauarbeiter, ist in der Regel sehr kurz. Sie wechseln ständig die Baustellen, je nach Wetterlage und Bauabschnitt. Das verhindert selbst nach Hinweisen von Dritten auf den illegalen Verleih oftmals ein rechtzeitiges Eingreifen der Kontrollbehörden.

Der Gesetzgeber zog aus diesen Missständen die Konsequenzen und verbot zum 01.01.1982 die gewerbsmäßige Arbeitnehmerüberlassung in Betriebe des Baugewerbes, die üblicherweise von Arbeitern verrichtet werden.[43] Wie bereits in der Einleitung angesprochen, hat der Gesetzgeber von diesem Verbot Ausnahmen zugelassen. Im Grundsatz hält er jedoch bis zum heutigen Zeitpunkt an dem Verbot fest. Im Rahmen des Arbeitsförderungsreformgesetzes vom 20.03.1997[44] wurde das in § 12 a Arbeitsförderungsgesetz (AFG) enthaltene Verbot unverändert in das AÜG übernommen. Es findet sich nun in § 1b S. 1 AÜG wieder. Nach wie vor gilt das Überlassungsverbot auch für die in § 1 Abs. 3 AÜG geregelten besonderen Fälle der Überlassungen, die insgesamt drei Ausnahmetatbestände vom Anwendungsbereich des AÜG enthalten. Nach § 1 Abs. 3 S. 1 AÜG bleibt § 1 b S. 1 AÜG z.B. bei einem Konzernverleih anwendbar. Die in § 1 Abs. 3 AÜG genannten Ausnahmefälle lassen das Verbot im Baugewerbe grundsätzlich unberührt, was die besondere Bedeutung des Leiharbeitsverbots gem. § 1 b S. 1 AÜG unterstreicht. Dies gilt beispielsweise für die Überlassung zur Vermeidung von Kurzarbeit, wenn ein für den Entleiher und Verleiher geltender Tarifvertrag dies vorsieht.

II.   Die Intention des Gesetzgebers hinsichtlich des Verbots

Der Gesetzgeber wollte die durch die Arbeitnehmerüberlassung entstandene gestörte Ordnung des Teilarbeitsmarktes Bau wieder herstellen. Er sah sich im wesentlichen aus zwei Gründen veranlasst die Arbeitnehmerüberlassung in das Bauhauptgewerbe für unzulässig zu erklären:

---

[42] Vgl. dazu BT-DS 8/ 4479, S. 18.

[43] Vgl. statt vieler Sandmann/Marschall, Anm. 1 zu Art. 1 § 1b AÜG, BGBl I, S. 149.

[44] Vgl. Feuerborn , BB 1997, 2530 ff m.w.N.

1.Wahrung der Tarifeinheit.

2.Überschaubare Verhältnisse.

Zu 1.

Die Verleihunternehmen unterliegen nicht dem persönlichen und fachlichen Geltungsbereich der tariflichen Regelungen der Bauwirtschaft. Daher erhielten die Leiharbeitnehmer als ein bedeutender Teil der im Baugewerbe tätigen Arbeitnehmer keine Leistungen der Sozialkassen der Bauwirtschaft wie die der Urlaubs- und Lohnausgleichskassen und der Zusatzversorgungskassen. Die Verleihunternehmen waren und sind somit weder zur Zahlung der Tariflöhne noch zum Abführen der Sozialkassenbeiträge verpflichtet. Sie befanden sich dadurch in einem wettbewerbsrechtlichen Vorteil gegenüber dem Baugewerbe.[45]

Zu 2.

Die im Baubereich tätigen Unternehmen beschäftigten sowohl legale als auch illegale Leiharbeitnehmer gleichzeitig, so dass im Schatten des legalen Verleihs der illegale Verleih betrieben wurde. Durch das Verbot sollte jegliche Nachfrage nach Leiharbeitnehmern unterbunden werden.

III. Die Reichweite des Verbots

Die Reichweite des Verbots in § 1 b S. 1 AÜG ist schwerer bestimmbar, als es zunächst erscheint. Der Gesetzgeber hat das Verbot nach seinem sachlichen und persönlichen Geltungsbereich beschränkt.

1. Gegenständlicher Geltungsbereich

Inhaltlich bezieht sich die Verbotsregelung nur auf *die gewerbsmäßige Arbeitnehmerüberlassung in Betriebe des Baugewerbes, die üblicherweise von Arbeitern verrichtet werden.*

a) Arbeitnehmerüberlassung

Der Begriff der Arbeitnehmerüberlassung setzt im wesentlichen voraus, dass ein Arbeitnehmer (Leiharbeitnehmer) einem Dritten (Entleiher) von seinem Arbeitgeber (Verleiher) zur Erbringung von Arbeitsleistungen für einen bestimmten oder unbestimmten Zeitraum zur Verfügung gestellt wird,[46] ohne dass Arbeitsvermittlung betrieben wird (§ 1 Abs. S. 1 AÜG).[47]

---

[45] Vgl. dazu BT-DS 9/846, S. 35.

[46] Becker, Leitfaden, S. 25 m.w.N.

[47] Wegen der Abgrenzung zur Definition der Arbeitsvermittlung s. S. 2.

Wie bereits ausgeführt[48] handelt es sich um eine Form des drittbezogenen Personaleinsatzes. Die Abgrenzung zu den anderen Formen des drittbezogenen Personaleinsatzes, die rechtlich keine Arbeitnehmerüberlassung darstellen, erfolgt im Rahmen der Untersuchung der getarnten, illegalen Arbeitnehmerüberlassung.[49]

Leiharbeitnehmer kann jede Person sein, die auch Arbeitnehmer sein kann, mithin auf Grund eines privatrechtlichen Vertrages in einem abhängigen, weisungsgebundenen Beschäftigungsverhältnis zu einem anderen (Arbeitgeber) steht und sich ihm gegenüber zur Leistung unselbständiger Dienste gegen Zahlung einer Vergütung verpflichtet hat.[50] Der Verleiher ist der Arbeitgeber des Leiharbeitnehmers und kann eine natürliche oder juristische Person des privaten oder öffentlichen Rechts sein.[51] Abweichend von einem regulären Arbeitsverhältnis, erbringt der Leiharbeitnehmer seine Leistung nicht bei seinem Arbeitgeber, sondern bei einem Dritten, dem Entleiher[52] und untersteht bei der Ausführung den Weisungen des Entleihers. Auch der Entleiher kann eine natürliche oder juristische Person des privaten oder öffentlichen Rechts sein.[53]

b) Begriff der Gewerbsmäßigkeit

Durch das AÜG wird vorwiegend die gewerbsmäßige Arbeitnehmerüberlassung reglementiert.[54] Gleiches gilt für die Verbotsregelung des § 1 b S. 1 AÜG. Die herrschende Meinung in der Rechtsprechung und Literatur legt bei der Auslegung des Begriffs „Gewerbsmäßigkeit" den gewerberechtlichen Begriff zugrunde.[55] Ein gewerbsmäßiges Handeln liegt danach vor, wenn ein Unternehmer Arbeitnehmerüberlassung nicht nur gelegentlich, sondern auf Dauer betreibt und damit wirtschaftliche Vorteile erzielen will, also in Gewinnerzielungsabsicht handelt.[56] Die beiden wesentlichen Definitionskriterien sind damit die „*Gewinnerzielungsabsicht*" und das Merkmal „*auf Dauer*".

---

[48] S. S. A I.

[49] S. dazu S. 49 ff.

[50] Vgl. Schüren, § 1 AÜG, Rdnr. 27, 28 m.w.N,, Becker, Art. 1 § 1, Rdnr.7.

[51] Schaub, § 171 a.

[52] BAG, BB 1977, S. 946.

[53] Schüren, Rdnr. 43 zu § 1 AÜG m.w.N.

[54] Ob § 1 Abs. 2 AÜG auf die nicht gewerbsmäßige Arbeitnehmerüberlassung Anwendung findet, ist umstritten; dafür: Becker/Wulfgramm, Rdnr. 46 zu § 1, dagegen:: S. Wagner, S. 23.

[55] Ismail, S. 39 m.w.N.

[56] Sandmann/Marschall, Anm. 35 zu Art. 1 § 1 AÜG m.w.N; BAG MDR 1979, 703.

aa)   Das Merkmal der Gewinnerzielungsabsicht

Die bloße Absicht einen Gewinn zu erzielen, ist ausreichend.[57] Ein Unternehmer handelt schon dann in Gewinnerzielungsabsicht, wenn er lediglich einen mittelbaren Gewinn anstrebt.[58] Es genügt daher, wenn durch den Verleih der Leiharbeitnehmer die Verluste des Unternehmers niedrig gehalten werden sollen oder der Unternehmer bei Auftragsmangel die Kosten einer Entlassung (z.b. für eine Abfindung) sowie die Kosten für eine spätere Wiedereinstellung anderer oder derselben Arbeitskräfte einspart und dadurch eine Verbesserung der Vermögenslage eintritt.[59] Die Absicht einen Gewinn zu erzielen genügt. Es kommt nicht darauf an, dass tatsächlich ein Gewinn erzielt worden ist. Bei Mischbetrieben, deren alleiniger Zweck nicht die Überlassung von Arbeitnehmern ist, genügt es, dass die Arbeitnehmerüberlassung im Einzelfall der Hauptzweck des Geschäfts ist.[60]

Allerdings fehlt die Gewinnerzielungsabsicht beispielsweise bei Selbsthilfeorganisationen der Landwirtschaft (Maschinenringe), die selbst keinen Gewinn beabsichtigen oder den Gestellungsverträgen von Pflegepersonal der religiösen Genossenschaften (DRK-Schwesternschaft), die in erster Linie ideelle Zwecke verfolgen.[61]

Außerdem wird die Gewinnerzielungsabsicht bei wirtschaftlich tätigen Unternehmen ausgeschlossen, die gemeinnützig im Sinne der §§ 52 ff AO 1977 handeln.[62] Nach § 52 Abs. 1 AO liegt gemeinnütziges Handeln vor, wenn die Tätigkeit auf eine selbstlose Förderung der Allgemeinheit auf materiellem, geistigem oder sittlichem Gebiet gerichtet ist. Dazu gehören beispielsweise auch Unternehmen deren Hauptzweck zwar die Arbeitnehmerüberlassung ist, wie die „Lübecker Handwerk hilft GmbH", deren satzungsmäßig festgelegter Geschäftszweck aber die Vermittlung von schwervermittelbaren Arbeitslosen ist.[63] Schließlich fallen die Beschäftigungsverhältnisse bei Gesamthafenbetrieben nicht unter den Anwendungsbereich des AÜG. Den Gesamthafenbetrieben ist nach § 1 Abs.1 S. 2 des Gesetzes über die Schaffung eines besonderen Arbeitgebers für Hafenarbeiter v. 03.08.1950[64] die erwerbswirtschaftliche Tätigkeit ausdrücklich untersagt.

[57] BAG Urteil v. 26.07.1984, EZ AÜG, Nr. 170.

[58] BAG Urteil v. 26.07.1984, EZ AÜG, Nr. 170.

[59] LAG Frankfurt/Main, Urteil v. 10.06. 1983, EZ AÜG Nr. 128.; a.A. Landmann/Rohmer/Kahl, Einl. Rz. 54, Becker/Wulfgramm, Rdnr. 29 zu § 1 AÜG, wenn die Arbeitnehmer lediglich zum Ausgleich oder der Minderung eigener Personalkosten überlassen werden.

[60] Hantl-Unthan, S. 9 m.w.N; a., überholte, A. BayOLG NJW 1978, 1869 (s. BT-DS 8/4479,S. 25).

[61] BAG DB 1979, S. 2282.

[62] Vgl. dazu die Entscheidung des BAG DB 1979, S. 2282 ff.

[63] Vgl. dazu S. Wagner, S. 25 – 29, Göbel, RdA, S. 204 ff.

[64] BGBl I, S. 352.

bb) auf Dauer

Die Auslegung des Merkmals „auf Dauer" ist umstritten. Wie die Rechtsprechung des Bundesarbeitsgerichts zeigt, kommt es nicht auf die Zeitdauer der
einzelnen Überlassungen (Verleih- bzw. Entleihdauer) an.[65] Eine Unterscheidung zwischen rechtserheblichen, längerfristigen und unrelevanten, kurzzeitigen
Überlassungen würde zu Rechtsunsicherheit bei Verleihern, Entleihern und Ü-
berwachungsbehörden führen.[66] Ein verbindlicher Zeitraum lässt sich nicht
festlegen, weil er den verschiedenen möglichen Kon- stellationen der Arbeitnehmerüberlassung nicht gerecht werden würde. Die Gewerbsmäßigkeit der Arbeitnehmerüberlassung von einer bestimmten Zeitdauer abhängig zu machen,
wäre kein geeignetes Abgrenzungskriterium.[67] Beispielsweise wäre es eine un-
zulässige Ungleichbehandlung zweier Sachverhalte, eine gewerbsmäßige Arbeitnehmerüberlassung anzunehmen, wenn ein Leiharbeitnehmer über einen
Zeitraum von einer Woche überlassen wird, dagegen die Arbeitnehmerüberlassung abzulehnen, wenn ein Leiharbeitnehmer innerhalb eines Zeitraumes von
zwei Wochen jeweils für zwei Tage mit anschließender zweitätiger Unterbrechung, also insgesamt sechs Tage, verliehen wird. Es würden sich zahlreiche
Rechtsfragen aufdrängen. Wären z.B. die Fälle, in denen zwanzig Arbeitnehmer
einen Tag verliehen werden, anders zu beurteilen, als die, in denen ein Arbeitnehmer zwanzig Tage verliehen wird ? Die Festlegung einer bestimmten Zeitdauer ist daher ungeeignet, den unbestimmten Rechtsbegriff der Gewerbsmäßigkeit, hier konkret, des Merkmals „auf Dauer", auszufüllen. Entscheidend
kann nur der Grund für die Arbeitnehmerüberlassung sein, d.h. ob es sich um
einen einmaligen, besonderen Ausnahmefall handelt, wie beispielsweise bei einer Hilfe in Katastrophenfällen, oder ob der Verleih auf wirtschaftlichen Gründen beruht. Ein gewerbsmäßiges Handeln liegt unstreitig vor, wenn die Intention
des Verleihers auf eine „*auf Dauer angelegte Handlung*[68] gerichtet ist, gleichgültig ob es sich um einen kurz- oder langfristigen Verleih von Arbeitnehmern
handelt. Streitig ist jedoch, wann eine Handlung auf Dauer angelegt ist. Die Entscheidungen des BAG zu dieser Frage sind widersprüchlich. Einerseits liegt
nach Auffassung des BAG gewerbsmäßige Arbeitnehmerüberlassung vor, wenn
ein Arbeitnehmer für einen längeren Zeitraum an einen anderen überlassen
wird.[69] Andererseits befand das BAG die auf unbestimmte Zeit erfolgte Abstel-
lung zweier leitender Angestellte an ein neu gegründetes Gemeinschaftsunternehmen als nicht „auf Dauer angelegt".[70] Einigkeit besteht dahingehend, dass

---

[65] BAG Urteil v. 18.02.1988, EZ AÜG Nr. 162.

[66] Sandmann/Marschall, Anm. 38 zu Art. 1 § 1 AÜG.

[67] So auch Becker/Wulfgramm, Rdnr. 28 zu § 1 AÜG.

[68] So auch Ulber, Rdnr. 151 zu § 1 AÜG; Wagner, S. 14.

[69] S. dazu BAG v. 26.07.1984, EzAÜG Nr. 170.

[70] S. dazu BAG v. 18.02.1988, EzAÜG Nr. 267.

16

bei einer Wiederholungsabsicht des Verleihers eine „auf eine gewisse Dauer angelegte Tätigkeit" vorliegt.[71]

(1) Die Entscheidung des OLG Celle

Zur Veranschaulichung der Problematik lässt sich das Urteil des Oberlandesgerichtes Celle beispielhaft heranziehen. Das OLG[72]vertrat in seinem Urteil vom 27.07.1989 folgende Auffassung, dem nachstehender Sachverhalt zugrunde liegt:
Ein auf dem Gebiet der Elektrotechnik tätiges Unternehmen verlieh für einen Zeitraum von zwei Monaten insgesamt sechzehn Arbeitnehmer an eine Elektrotechnik GmbH. Hintergrund der Überlassung war die schlechte Auftragslage der Verleiherin und der vorübergehende erhöhte Personalbedarf bei der Entleiherin. Die Entleiherin war mit der Erfüllung eines Auftrages in Zeitdruck geraten.
Das Gericht nahm Arbeitnehmerüberlassung an, verneinte aber einen dauerhaften Verleih und damit die Gewerbsmäßigkeit. Die Arbeitnehmerüberlassung erfülle nach ihrer zeitlichen Ausdehnung und nach ihren Gesamtumständen nicht das Merkmal der „Dauer". Es habe sich lediglich um eine gelegentliche Überlassung gehandelt, weil nur ein vorübergehender Personalbedarf beim Entleiher abgedeckt werden sollte und der Verleiher auf Grund des Verleihs seine eigene schlechte Auftragslage überbrücken konnte. Da die Leiharbeitnehmer vom Verleiher weiterhin versichert und entlohnt worden sind, seien auch keine sozialversicherungsrechtlichen oder sonstigen Nachteile für die Leiharbeitnehmer zu erkennen. Das AÜG diene dem Schutz des Arbeitsvermittlungsmonopols und solle aus dieser Intention heraus unseriöse Vermittler vom Arbeitsmarkt fernzuhalten. Auch aus der gesetzlichen Regelung des § 1 Abs. 3 Nr. 1 AÜG ließe sich nichts Gegenteiliges herleiten. Die Norm des § 1 Abs. 3 Nr. 1 AÜG treffe keine Aussage über die gewerbsmäßige Arbeitnehmerüberlassung, sondern erfasse jedes tatbestandliche Entleihen. Aus dem Wortlaut des § 1 Abs. 3 Nr. 1 AÜG könne nicht der Umkehrschluss gezogen werden, dass ein gelegentliches nicht unter die Voraussetzungen des § 1 Abs. 3 Nr. 1 AÜG fallendes

Entleihen von Arbeitnehmern als „gewerbsmäßig" und damit erlaubnispflichtig angesehen werden soll.

(2) Analyse des Urteils

Die vom OLG Celle vorgebrachten Gründe vermögen nicht zu überzeugen und halten einer rechtlichen Prüfung nicht stand. Zunächst zeichnet sich die Arbeit-

---

[71] Vgl. statt vieler Schüren, Rdnr. 300 zu § 1 AÜG.
[72] Urteil des OLG Celle vom 27.07.1989, 2 Ss (Owi) 133/89.

nehmerüberlassung in der Regel dadurch aus, dass sie einen kurzfristigen erhöhten Personalbedarf abdecken soll. Diese Personalsituation rechtfertigt das von dem Individualarbeitsrecht abweichende Rechtsinstitut der Arbeitnehmerüberlassung. Nach dem AÜG ist die Einsatzdauer eines Leiharbeitnehmers bei einem Entleihbetrieb zeitlich begrenzt, auch wenn derzeit eine Überlassung bis zu 24 Monate dauern kann (§ 3 Abs. 1 Nr. 6 AÜG). Das Gericht zieht die Intention des Verleihers als Beurteilungsgrundlage für die Gewerbsmäßigkeit des Verleihs heran. Die Feststellungen des OLG Celle könnten Anlass zu der Vermutung geben, dass nur die reinen Verleihfirmen den Regelungen des AÜG unterliegen, weil nur deren Intention auf einen wiederholten Verleih eines oder mehrerer Arbeitnehmer gerichtet ist. Eine derart einschränkende Auslegung des Anwendungsbereichs des AÜG, lässt sich exemplarisch durch die Rechtsprechung des Bundesverfassungsgerichts zum Leiharbeitsverbot widerlegen.[73] Das Verbot reglementiert den *gewerbsmäßigen* Verleih in das Bauhauptgewerbe. Der Begriff der Gewerbsmäßigkeit im Sinne des § 1 b S. 1 AÜG ist aus Gründen der Rechtseinheit im Rahmen des AÜG einheitlich zu definieren.[74] Das Leiharbeitsverbot stellt eine Ausnahme von der an sich zulässigen, aber erlaubnispflichtigen Arbeitnehmerüberlassung dar.[75] Der unbestimmte Begriff der Gewerbsmäßigkeit in § 1 AÜG entspricht dem des § 1 b S. 1 AÜG. Vom Leiharbeitsverbot im Baugewerbe nach § 1 b S. 1 AÜG sind aus Sicht des Bundesverfassungsgerichtes nicht nur die gewerbsmäßigen Verleiher betroffen, sondern auch die Betriebe des Bauhauptgewerbes, deren Hauptzweck nicht der Verleih von Arbeitnehmern ist, sondern das Erbringen von Bauleistungen.[76] Damit hat das Bundesverfassungsgericht auch den gelegentlichen Verleih zwischen Baubetrieben in seine rechtlichen Bewertungen einbezogen. Außerdem geht es bei dem AÜG nicht lediglich um den Schutz des Arbeitsvermittlungsmonopols oder darum, unseriöse Vermittler vom Markt fernzuhalten, sondern um ein Regelungsinstrumentarium des Arbeitskräfteverleihs. Das AÜG soll einen ordnungsgemäßen, sozialstaatlichen Arbeitskräfteverleih sicherstellen.[77]

Das OLG Celle lässt sich in seiner Argumentation offensichtlich davon leiten, dass es sich bei der oben bezeichneten Fallkonstellation um Unternehmen desselben Wirtschaftsbereiches handelt. Der Gesetzgeber hat aber in mehreren Bestimmungen des AÜG zum Ausdruck gebracht, dass derartige Umstände der Annahme einer gewerbsmäßigen Arbeitnehmerüberlassung nicht entgegenstehen. Dazu lässt sich § 1 b S. 2 AÜG anführen. Die Norm des § 1 b S. 2 AÜG enthält eine Ausnahme vom Leiharbeitsverbot und regelt die gewerbliche Arbeitnehmerüberlassung zwischen Baubetrieben, also Betrieben desselben Wirt-

---

[73] BVerfG, NJW 1988, S. 1195 ff.

[74] Auch wenn eine Einordnung nach dem Regelungsgegenstand erfolgen würde, wäre § 1b S. 1 AÜG und § 1 I AÜG der gewerberechtliche Begriff zugrunde zu legen (s. dazu Schüren, Rdnr. 270, zu § 1 AÜG).

[75] Vgl. BT-DS 9/846, S. 35.

[76] BVerfG, NJW 1988, S. 1198.

[77] Sandmann/Marschall, Anm. 21 zur Einl. zum AÜG, s. auch S. 3.

schaftszweiges. Die tatbestandlichen Voraussetzungen des § 1 b S. 2 AÜG zielen auf die Betriebe des Bauhauptgewerbes ab, die demselben Rahmen- und Sozialkassentarifvertrag und damit auch demselben Wirtschaftsbereich angehören. Würde man der Auffassung des OLG Celle konsequent folgen, wäre diese Regelung entbehrlich. Bei Baubetrieben im Sinne des § 1 b S. 2 AÜG ist eine ausreichende soziale Absicherung der Leiharbeitnehmer gegeben, weil die Leiharbeitnehmer beider Betriebe den Regelungen desselben Tarifvertrages unterliegen. Bei Betrieben desselben Rahmen- und Sozialkassentarifvertrages ist davon auszugehen, dass die Arbeitnehmer sowohl im Entleih als auch im Verleihbetrieb sozial abgesichert sind. Außerdem besteht bei einem Verleih zwischen Baubetrieben in der Regel bei der einen Firma ein akuter Personalbedarf (Entleiher) und bei einer anderen Firma ein Auftragsmangel (Verleiher). Nach Ansicht des Gesetzgebers sollte die Regelung des § 1 b S. 2 AÜG den grundsätzlich verbotenen Verleih zwischen Baubetrieben erst ermöglichen.[78] Die Auffassung des OLG Celle vermag in diesem Punkt daher nicht zu überzeugen. Schließlich kann den Ausführungen des OLG Celle zu § 1 Abs. 3 Nr. 1 AÜG auch nicht gefolgt werden. Zwar spricht der Gesetzeswortlaut der vorgenannten Vorschrift nicht von einer gewerbsmäßigen Arbeitnehmerüberlassung, bringt aber eindeutig zum Ausdruck, dass es sich um eine Ausnahme vom Anwendungsbereich des AÜG handelt. Das AÜG regelt grundsätzlich nur die gewerbsmäßige Arbeitnehmerüberlassung.[79]

(3) Ergebnis

Die vom OLG Celle aufgezeigte Fallkonstellation ist ein Fall der Kollegenhilfe[80], welche in § 1 a AÜG eine konkrete Regelung erfahren hat. Auch bei der Kollegenhilfe nach § 1 a AÜG handelt es sich um gewerbsmäßige Arbeitnehmerüberlassung, weil sich das AÜG, wie bereits ausgeführt, grundsätzlich nur auf die gewerbsmäßige Arbeitnehmerüberlassung erstreckt. Nach § 1 a AÜG kann der Arbeitgeber eines Kleinbetriebes mit weniger als fünfzig Beschäftigten zur Vermeidung von Kurzarbeit oder Entlassungen Arbeitnehmer an einen anderen Arbeitgeber ohne Erlaubnis der Bundesanstalt überlassen . Diese Form der Überlassung ist lediglich anzeigepflichtig, bedarf also keiner Erlaubnis der Bundesanstalt für Arbeit. Auch bei dieser Sachlage befindet sich der Arbeitgeber/Verleiher in einer Ausnahmesituation, in der er auf Hilfe angewiesen ist. Könnte er seine Arbeitnehmer nicht einem anderen Betrieb überlassen, um eine schlechte Auftragslage zu überbrücken, müsste er Entlassungen vornehmen oder beim Arbeitsamt Kurzarbeit anmelden. Der Entleiher, der einen erhöhten Perso-

---

[78] Vgl. BT-DS, 12/7564.
[79] S. dazu auch FN 55 auf S. 12.
[80] Vgl. BT-DS 11/4952, S. 11, BT-DS 13/4941, S. 248, die Regelung stellt eine Ausnahme von der Erlaubnispflicht dar.

nalbedarf hat, spart durch den Entleih die Einstellung von Personal, was wiederum mit einem erheblichen Verwaltungsaufwand (Auswahlverfahren, Aufsetzen von Verträgen u.s.w.) verbunden wäre. *Nach dem erklärten Willen des Gesetzgebers ist auch die Kollegenhilfe ein Fall der gewerbsmäßigen Arbeitnehmerüberlassung.* Das Gesetz unterscheidet nicht zwischen einer einmaligen Überlassung oder einem wiederholten Verleih. Die gesetzgeberische Entscheidung entspricht den realen Verhältnissen in einem Wirtschaftsunternehmen. Es wäre lebensfremd und unpraktikabel innerhalb des § 1 b S. 1 AÜG zwischen dauerhaften und kurzfristigen Arbeitseinsätzen zu differenzieren. Die Vermeidung von Kurzarbeit und Entlassungen kann und sollte kein Dauerzustand für ein Unternehmen sein. Gleichgültig, ob es sich um einen einmaligen oder wiederholten Verleih von Arbeitskräften handelt, spricht bei dem Betreiber eines Wirtschaftsunternehmens eine Vermutung dafür, dass eine vom Arbeitgeber behauptete einmalig vorgenommene Arbeitnehmerüberlassung auf Dauer angelegt ist und sich wiederholen wird oder bereits wiederholt hat. Diese Schlussfolgerung ist darin begründet, dass nach der allgemeinen Lebenserfahrung hinter dem Handeln des Inhabers eines Wirtschaftsunternehmens zwangsläufig eine wirtschaftliche auf Gewinnerzielung/Kostenersparnis gerichtete Intention steht. Dieser Zweck steht hinter sämtlichen Handeln des Inhabers eines Wirtschaftsunternehmens und dauert während des gesamten Geschäftsbetriebes an. Der Arbeitskräfteverleih erfolgt nicht aus reiner Gefälligkeit, sondern um entweder das eigene Personal arbeitstechnisch auszulasten bzw. beim Entleih, um sich Personaleinstellungskosten zu ersparen. Somit werden sowohl Verleiher wie Entleiher wiederholt auf diese Möglichkeit der Kosteneinsparung im Bedarfsfall zurückgreifen. Damit ist neben der Gewinnerzielungsabsicht zugleich auch die Komponente der Dauer erfüllt, weil es sich nicht mehr um eine gelegentliche Überlassung von Arbeitnehmern handelt, sondern um eine geplante im Bedarfsfall fortzusetzende Tätigkeit.[81] Die Arbeitnehmerüberlassung darf nicht isoliert betrachtet werden, sondern muss als Teil des wirtschaftlichen Handelns eines Wirtschaftsunternehmens gesehen werden. Betriebliche Ausnahmesituationen wie Auftragsmangel als gelegentliche, nicht gewerbsmäßige Form der Arbeitnehmerüberlassung anzusehen, widerspricht der gesetzgeberischen Intention und den realen Verhältnissen in den Wirtschaftsbetrieben.[82] Eine Ausnahmesituation liegt vielmehr nur dann vor, wenn im Einzelfall ein immaterieller, ideeller Grund wie die Hilfe in Katastrophenfällen im Vordergrund steht. Damit ist bei einem Arbeitskräfteverleih eines Gewerbetreibenden grundsätzlich von einer gewerbsmäßigen Arbeitnehmerüberlassung auszugehen.

Zieht man bei der Auslegung des unbestimmten Rechtsbegriffes der „Dauer" im Sinne des § 1 b S.1 AÜG die sogenannte systematische Auslegungsregel heran, ergibt sich nach meiner Ansicht folgendes. Aus dem Umstand, dass der Gesetz-

---

[81] Vgl. zum Tatbestandsmerkmal der Dauer, Becker/Wulfgramm, Rdnr. 30 zu Art. 1 § 1 AÜG.

[82] So aber Becker, Leitfaden, S. 128.

geber die in § 1 a AÜG geregelte Kollegenhilfe in bestimmten Situationen ausdrücklich von der Erlaubnispflicht befreit hat, lässt sich der Umkehrschluss bilden, dass nur außergewöhnliche Umstände das gewerbsmäßige Handeln eines
Gewerbetreibenden ausschließen können. Das Merkmal der „gewissen Dauer"
dient lediglich als Abgrenzungskriterium zu besonderen, einmaligen Hilfsaktio-
nen in Katastrophenfällen, die eine Unterstützung des Entleihers, vorwiegend
aus ideellen Gründen, dringend erfordern.

Wirtschaftliche Gesichtspunkte des Verleihers dürfen bei der Arbeitnehmerüberlassung keine Rolle spielen. Sobald die Arbeitnehmerüberlassung im Zusammenhang mit der unternehmerischen Tätigkeit des Gewerbetreibenden erfolgt,
ist sie als gewerbsmäßig einzustufen[83], weil auch bei einer erstmaligen Vornahme der objektive Anhaltspunkt der Gewinnerzielung für eine Wiederholungsabsicht spricht.

cc) Zusammenfassung

Zusammenfassend ist daher festzustellen, dass sich bei einem Wirtschaftsbetrieb
aus der Gewinnerzielungsabsicht auch Rückschlüsse auf das Merkmal der Dauer
eines Verleihs ziehen lassen. Bei einem Wirtschaftsbetrieb, der grundsätzlich in
Gewinnerzielungsabsicht handelt, ist ein dauerhafter Verleih schon bei einer
erstmaligen Überlassung von Arbeitnehmern an einen Betrieb (Entleihbetrieb)
zu vermuten.[84] Aus diesem Grund wird im dritten Bericht der Bundesregierung
über Erfahrungen bei der Anwendung des AÜG[85] die Gewinnerzielungsabsicht
zu Recht als das entscheidende Kriterium angesehen.

c) „in Betriebe des Baugewerbes"

Das Verbot des § 1 b S. 1 AÜG ist nicht nur auf die gewerbsmäßige Arbeitnehmerüberlassung beschränkt, sondern reglementiert die Arbeitnehmerüberlassung
in einem bestimmten Wirtschaftsbereich.
Nach dem Gesetzeswortlaut des § 1 b S. 1 AÜG ist nur der Verleih in Betriebe
des Baugewerbes grundsätzlich verboten. Durch diese Regelung wird somit die
Überlassung von Arbeitnehmern in den Baubereich hinein erfasst, nicht aber aus
der Bauwirtschaft heraus in andere Wirtschaftsbereiche.

---

[83] So im Ergebnis auch Sandmann/Marschall, Anm. 35 zu Art. 1 § 1 AÜG.

[84] S. dazu Schüren, Rdnr. 300 zu § 1 AÜG m.w.N..

[85] BT-DS 8/2025, S. 15; Becker/Wulfgramm, Rdnr. 29 zu Art. 1 § 1 AÜG.

aa) „*in*" Baugewerbebetriebe

Entscheidend ist demnach die Branchenzugehörigkeit des Entleihers,[86] weil der Gesetzgeber die Arbeitnehmerüberlassung im Tätigkeitsbereich „Bau" unterbinden wollte. Ist der Entleihbetrieb ein Betrieb des Baugewerbes, darf er keine Leiharbeitnehmer beschäftigen, die üblicherweise Arbeiten des Baugewerbes verrichten, wie beispielsweise eine Maurertätigkeit.

Unerheblich ist der Beruf des Leiharbeitnehmers oder die Betriebsart des Verleihers. Ein Verleih von Arbeitnehmern aus dem Baugewerbe heraus in andere Wirtschaftsbereiche ist nach § 1 b S. 1 AÜG nicht verboten, praktisch aber kaum relevant.[87] Der Verleih aus dem Baugewerbe heraus, unterliegt vertraglichen und gesetzlichen Anforderungen. Aus dem Individualarbeitsvertrag hat ein Arbeitnehmer dem Arbeitgeber gegenüber einen Anspruch auf eine angemessene Beschäftigung, entsprechend der vereinbarten Tätigkeit.[88] Ein für Bauarbeiten eingestellter Maurer hat damit einen individualrechtlichen Anspruch, in seinem Beruf beschäftigt zu werden. Er kann beispielsweise nicht in ein Reinigungsunternehmen zu Putzarbeiten verliehen werden, es sei denn, dass er damit einverstanden ist. Außerdem sind Arbeitnehmerüberlassungsverträge an die Formvorschriften des § 11 Abs. 1 AÜG gebunden. Nach § 11 Abs. 1 Nr. 3 AÜG sind die Art und die besonderen Merkmale der von einem Leiharbeitnehmer zu leistenden Tätigkeit im Leiharbeitsvertrag genau festzulegen. Der Verleiher darf den Leiharbeitnehmer nur entsprechend dieser Abrede einsetzen und die Besonderheiten eines Leiharbeitsverhältnisses müssen zum Ausdruck kommen. Zwischen Arbeitgeber und Arbeitnehmer muss daher eine Vereinbarung über den Einsatz als Leiharbeitnehmer getroffen worden sein oder der Arbeitnehmer muss die Zustimmung zum Verleih an einen andern Betrieb gegeben haben.[89] Die Vertragsparteien müssen sich über die verschiedenen Einsatzmöglichkeiten im Einzelnen einig sein, was bei einem sogenannten Mischunternehmen eher vorstellbar ist. Bei Mischunternehmen ist eine Arbeitnehmerüberlassung unter Beachtung der Vorschriften des AÜG in andere Wirtschaftsbereiche wahrscheinlicher.[90] Die Mischunternehmen unterhalten Betriebe und Betriebsabteilungen mit unterschiedlichen Zweckrichtungen, d.h. ein Unternehmen ist nicht nur im Baubereich tätig, sondern betreibt daneben ein Verleihunternehmen oder z.B. einen Handel mit Baustoffen. Es ist denkbar und liegt im Bereich des rechtlich Möglichen, dass ein Mischunternehmen, beispielsweise ein Baustoffhandel, der zugleich Bauleistungen (Errichten von Carports) erbringt und darüber hinaus als legales Verleihunternehmen mit Erlaubnis der Bundesanstalt für Arbeit tätig ist, Arbeitnehmer an eine Holzfabrik zur Verarbeitung von Materialien verleiht.

---

[86] Vgl. auch Paasch, AN 2. Klasse, S. 12.

[87] S. Statistik der BA im Anhang.

[88] Schaub, Arbeitsrecht, § 110 I 1 m.w.N..

[89] Ulber, Rdnr. 29 zu Art. 1 § 1a AÜG.

[90] Becker/Wulfgramm, Rdnr. 96 zu § 1 AÜG.

Handelt es sich um ein Mischunternehmen mit unterschiedlichen Produktionsbetrieben, werden die Anforderungen an die Qualifikation der Mitarbeiter so ausgestaltet sein, dass die Arbeitnehmer in allen Betrieben des Unternehmens eingesetzt werden können. Auch die Arbeitsverträge werden entsprechend abgefasst sein. Das Interesse eines flexiblen Einsatzes der Beschäftigten innerhalb des gesamten Unternehmens erstreckt sich wahrscheinlich auch auf einen Verleih in andere Wirtschaftsbereiche. Sollte es beispielsweise einen zunächst in der Betriebsabteilung Bau beschäftigten Arbeitnehmer wegen Auftragsmangels nicht mehr benötigen, bietet sich ein Verleih in einen anderes Unternehmen an. Zusammenfassend ist festzustellen, dass ein Verleih von Leiharbeitnehmern aus dem Baubereich heraus möglich ist.

bb) „Betriebe des Baugewerbes"

Welche Betriebe dem Baugewerbe zuzurechnen sind, ist umstritten.

(1) Definition der Baubetriebe gem. § 1 b S. 1 AÜG

Die herrschende Meinung zieht bei der Auslegung des Begriffes „Betriebe des Baugewerbes" die Begriffsbestimmungen der Vorschriften über die Produktive Winterbauförderung in den §§ 209 ff SGB III (ehemals §§ 75 ff AFG) heran, insbesondere § 216 Abs. 2 SGB III i.V.m. § 1 Baubetriebeverordnung (BaubetriebeVO).[91]
Nach § 211 Abs. 1 S. 1 SGB III sind Betriebe des Baugewerbes nur solche, die überwiegend Bauleistungen erbringen. Bauleistungen wiederum sind alle Bauarbeiten, die der Herstellung, Instandsetzung, Instandhaltung, Änderung oder Beseitigung von Bauwerken dienen. Auf Grund der in § 216 Abs. 2 SGB III enthaltenen Verordnungsermächtigung ist der Bundesminister für Arbeit und Sozialordnung durch Rechtsverordnung berechtigt festzulegen, in welchen Zweigen des Baugewerbes die Leistungen für die Förderung der ganzjährigen Beschäftigung erbracht werden sollen. Diese Verordnungsermächtigung entspricht im wesentlichen der des § 76 Abs. 2 AFG, der Rechtsgrundlage für den Erlass der BaubetriebeVO vom 28.10.1980, zuletzt geändert durch Art. 1 der zweiten Verordnung zur Änderung der Baubetriebeverordnung vom 13.12.1996 (BGBL, S. 1954), gewesen ist. Die BaubetriebeVO vom 13.12.1996 gilt nach Art. 83 S. 1 AFRG auch nach Wegfall des AFRG fort[92] und kann daher bei der Auslegung des § 211 Abs. 1 S. 1 SGB III herangezogen werden.
§ 1 BaubetriebeVO enthält eine Auflistung von Bauleistungen, deren ganzjährige Beschäftigung durch Leistungen der Bundesanstalt für Arbeit gefördert werden. Dazu gehören beispielsweise Brunnenarbeiten, Hochbauarbeiten und Maurerarbeiten. Die in § 1 Baubetriebe-VO bezeichneten Arbeiten werden nach ein-

---

[91] Sandmann/Marschall, Anm. 2 zu Art. 1 § 2 AÜG; Becker/Wulfgramm, Rdnr. 3 zu Art. 1 § 1 AÜG.
[92] Vgl. dazu BT-DS 13/ 4941, S. 139.

helliger Ansicht als dem Bauhauptgewerbe zugehörig angesehen. Anders verhält es sich bei den in § 2 Baubetriebe-VO aufgezählten Arbeiten, beispielsweise dem Malerhandwerk (§ 2 Nr. 7 Baubetriebe-VO). Eine Förderung durch die Bundesanstalt für Arbeit in diesem Bereich ist entbehrlich, weil die aufgelisteten Arbeiten auch im Winter erbracht werden können und nicht so witterungsabhängig sind wie z.b. Maurerarbeiten. Ebenso sind die Zweige in § 2 Baubetriebe-VO aufgenommen worden, deren Belebung nach dem gegenwärtigen Stand der Technik gar nicht möglich ist. Die in § 2 Baubetriebe-VO aufgeführten Betriebe sind daher von einer Winterbauförderung ausgeschlossen und werden als Baunebengewerbe bezeichnet.

Die h. M. wendet die in § 211 Abs. 1 S. 1 SGB III enthaltene Legaldefinition auf § 1 b S. 1 AÜG entsprechend an und beschränkt den Anwendungsbereich des Verbots damit auf das Bauhauptgewerbe.[93]

Eine Gegenansicht hält eine Beschränkung des Verbots auf das Bauhauptgewerbe mit der Wertung und Zielsetzung des § 1 b S. 1 AÜG für unvereinbar.[94] Dieser Ansicht ist zuzugestehen, dass der unbestimmte Rechtsbegriff der „Betriebe des Baugewerbes" im AÜG keine Legaldefinition erfahren hat. Die Zielsetzungen der Normen der Produktiven Winterbauförderung nach den §§ 74 ff AFG nun 209 ff SGB III (Förderung der ganzjährigen Beschäftigung in der Bauwirtschaft) und des Überlassungsverbots nach § 12 a AFG nun § 1 b AÜG erscheinen auf den ersten Blick völlig verschieden. Das sektorale Verbot der Leiharbeit dient der durch die Arbeitnehmerüberlassung entstandenen Wiederherstellung der gestörten Ordnung auf dem Teilarbeitsmarkt des Baugewerbes mit dem Ziel der Sicherung eines geordneten Arbeitsmarktes und einer stabilen arbeits- und sozialversicherungsrechtlichen Situation abhängig Beschäftigter.[95] Durch die Winterbauförderung (heute: Förderung der ganzjährigen Beschäftigung der Bauwirtschaft) will der Gesetz- und Verordnungsgeber, orientiert an der Baubetriebeverordnung, die Winterbautätigkeit in bestimmten Baubereichen durch Fördermaßnahmen beleben.

Allerdings haben sowohl die Winterbauförderung als auch das Leiharbeitsverbot das gemeinsame übergeordnete Ziel, die im Baubereich beschäftigten Arbeiter sozial abzusichern und vor einer Arbeitslosigkeit, wenn auch im Hinblick auf die Winterbauförderung nur für den Winter, zu bewahren.[96] Zudem hat sich der Gesetzgeber in den §§ 80,83 und 186 a Abs. 1 AFG und § 12 a S. 1 AFG wortgleich artikuliert.[97] Die Regelung in § 12 a S. 1 AFG nunmehr § 1 b S. 1 AÜG sollte nach dem Willen des Gesetzgebers mit den Vorschriften der Winterbau-

---

[93] Vgl. statt vieler Schüren, Rdnr. 386 zu § 1 AÜG (Ausschuss für Arbeit und Sozialordnung, BT-DS 9/966, S. 76).

[94] Paasch, AN 2. Klasse, S. 13.

[95] Vgl. auch BVerfG, NJW 1988, S. 1196.

[96] Gagel, Rdnr. 1 zu § 80 AFG.

[97] So im Ergebnis der Ausschuss für Arbeit und Sozialordnung in seiner Begründung zur geänderten Fassung des § 12 A AFG, vgl. BT DS 9/966, S. 76.

förderung übereinstimmen und die Tätigkeit der „Arbeiter in den Betrieben des Baugewerbes" erfassen.[98]

Zusammenfassend lässt sich daher feststellen, dass der Gesetzgeber sich bei der Formulierung des § 1 b S. 1 AÜG an den Vorschriften über die Winterbauförderung orientiert und den Begriff der „Betriebe des Baugewerbes" bewusst in beiden Normen in Übereinstimmung gebracht hat. Er hat den Regelungsinhalt des § 12 a S. 1 AFG nunmehr § 1 b S. 1 AÜG gezielt auf die Betriebe im Sinne der Baubetriebeverordnung begrenzt. Ein Grund für das gesetzgeberische Handeln könnte die Vermeidung von Wettbewerbsverzerrungen sein, die durch die Regelungen über die Winterbauförderung im Baubereich zu Lasten des Bauhauptgewerbes hätten entstehen können. Da die Winterbauförderung über eine Umlage finanziert wurde und auch nach Erlass des SGB III wird[99], trägt das Verbot des § 1 b S. 1 AÜG in seiner eingeschränkten Fassung dazu bei, Wettbewerbsverzerrungen zu vermeiden. Umlagepflichtig sind nach § 354 SGB III die Arbeitgeber des Baugewerbes, in deren Betrieben die ganzjährige Beschäftigung zu fördern ist. Die Höhe der Umlage ergibt sich aus der Winterbauumlageverordnung vom 13.07.1972.[100] Der Betriebszweck der Verleihfirmen beinhaltet die Überlassung von Arbeitnehmern. Sie sind damit keine Betriebe des Bauhauptgewerbes. Ohne das Verbot nach § 1 b S. 1 AÜG hätten die nicht umlagepflichtigen Verleihfirmen gegenüber diesen Betrieben des Bauhauptgewerbes einen erheblichen wirtschaftlichen Vorteil. Aus diesem Grund war für die umlagepflichtigen Betriebe des Bauhauptgewerbes eine gesetzgeberische Maßnahme erforderlich, um die Position der Bauwirtschaft zu stärken und gleichzeitig an dem Ziel Winterbauförderung festhalten zu können. Das Leiharbeitsverbot im Baugewerbe verhindert, dass die Betriebe des Bauhauptgewerbes auf Grund der Belastung durch die Winterbauumlage gegenüber den Verleihunternehmen wirtschaftlich geschwächt werden. Erklärtes Ziel des Leiharbeitsverbotes ist es, die gestörte Ordnung auf den Teilarbeitsmarkt Bau wiederherzustellen.[101] Es bestand somit ein Handlungsbedarf seitens des Gesetzgebers, einen sozialen Ausgleich für die Betriebe des Bauhauptgewerbes zu schaffen. Die Normen der Winterbauförderung und des Leiharbeitsverbots haben neben den aufgeführten Zielen das gemeinsame Ziel, die Bauwirtschaft wirtschaftlich zu stärken.
Die Befürworter einer uneingeschränkten Anwendung des Verbots nach § 1 b S. 1 AÜG auf alle Baubetriebe berücksichtigen zu wenig, dass ein wesentlicher Grund für dessen Erlass die Korrektur von Wettbewerbsverzerrungen im Baubereich gewesen ist. Gerade in diesem Punkt unterscheidet sich die Bauwirtschaft von anderen Wirtschaftsbereichen. Der Berufsbereich der Schlosser, Mechani-

---

[98] Ebenso schon in BT DS 9/846: Der Begriff der Bauwirtschaft im dritten Abschnitt des AFG hat hier ebenfalls Geltung.

[99] S. dazu § 354 SGB III.

[100] Vgl. BGBL I, S. 1201.

[101] S. C II.

ker und ähnlicher Berufe wies vor Erlass des Verbots am 31.12.1979 in der Bundesrepublik eine fast viermal höhere Anzahl von Leiharbeitnehmern auf, als in den Bauberufen beschäftigt waren.[102] Folglich war der Anteil an Arbeitnehmerüberlassung in diesem Wirtschaftszweig wesentlich höher. Trotzdem hat der Gesetzgeber nur für den Baubereich eine Regelung in Gestalt eines Leiharbeitsverbots getroffen. Die Beschränkung des Gesetzgebers auf bestimmte Baubetriebe beruht auf dem Umstand, dass nur für diesen Bereich durch die Winterbauförderung eine Regelung getroffen und dadurch in den freien Wettbewerb eingegriffen wurde.

Auf jeden Fall trägt die Anwendung der Baubetriebeverordnung bei der Auslegung des Begriffes „Betriebe des Baugewerbes" zur Rechtssicherheit bei.[103] Allerdings ist die Baubetriebeverordnung in ihrem Regelungsgehalt nicht abschließend. Für die Zuordnung eines Betriebes zum Baugewerbe im Sinne des § 1 b S. 1 AÜG ist im Einzelfall zu prüfen, ob es sich um einen Betrieb handelt, der überwiegend Bauleistungen erbringt. Fest steht jedoch, dass die Betriebe im Sinne des § 2 der Baubetriebeverordnung nach herrschender Meinung keine Betriebe des Baugewerbes sind.[104]

Betriebe des Baugewerbes sind somit die des Bauhauptgewerbes im Sinne des § 1 Baubetriebe-VO.

(2) Mischunternehmen

Nach § 211 Abs. 1 S. 4 SGB III ist ein Betrieb im Sinne der Vorschriften über die Förderung der ganzjährigen Beschäftigung in der Bauwirtschaft auch eine Betriebsabteilung.

Der Betriebsbegriff entspricht dem des Arbeitsrechts und ist dann gegeben, wenn es sich um eine selbständige organisatorische Einheit handelt, innerhalb derer bestimmte arbeitstechnische Zwecke fortgesetzt verfolgt werden.[105] Die Mischunternehmen zeichnen sich dadurch aus, dass sie nicht nur einen baugewerblichen Zweck, sondern auch andere Ziele wie beispielsweise die Produktion von Baumaschinen verfolgen. In diesen Fällen unterliegen nur die Betriebsabteilungen dem Leiharbeitsverbot nach § 1 b S. 1 AÜG, die überwiegend, d.h. mindestens zur Hälfte,[106] Bauleistungen erbringen. Davon ist in der Regel auszugehen, wenn mehr als 50 Prozent der betrieblichen Gesamtarbeitszeit auf baugewerbliche Tätigkeiten im Sinne des § 1 der Baubetriebe-VO fallen.[107] Als Bei-

---

[102] Vgl. BT- DS 8/ 4479, S. 38.

[103] So auch Becker, Leitfaden, S. 144.

[104] Sandmann/Marschall, Anm. 8 zu § 1 b AÜG.

[105] Vgl. z.B. BAG AP Nr. 9 zu § 111 BetrVG 72.

[106] Paasch, AN 2.Kl.asse, S. 12, Henning/Kühl/Heuer, Anm. 9 zu § 75.

[107] Ulber, Rdnr. 15 zu Art. 1 § 1 b AÜG; Für die Zugehörigkeit zum Geltungsbereich des BRTV-Bau hat das BAG mit Urteil vom 22.04.1987 ebenfalls auf das Beurteilungskriterium der überwiegenden Arbeitszeit der Arbeitnehmer abgestellt (Nr. 215 EzAÜG).

spiel lässt sich die Abteilung eines Energieunternehmens anführen, welche Rohrleitungstiefbauarbeiten im Bereich der Wasserversorgung ausführt.[108]

(3) Praxisprobleme

Probleme für die Praxis ergeben sich, wenn ein Betrieb nicht zweifelsfrei einem der Tatbestände der §§ 1 bzw. 2 der Baubetriebe-VO zugeordnet werden kann. Es kommt zu Abgrenzungsschwierigkeiten. Ob ein Entleihbetrieb überwiegend Bauleistungen erbringt und dem Bauhauptgewerbe zuzurechnen ist, lässt sich in manchen Fällen nur durch eine umfangreiche Prüfung der Geschäftsunterlagen und dem Studium der organisatorischen Struktur eines Unternehmens feststellen. Als Beispiel lässt sich folgender Sachverhalt anführen: Während einer Baustellenkontrolle gem. § 304 ff SGB III treffen die Mitarbeiter des Hauptzollamtes Leiharbeitnehmer der Verleihfirma Persomanager, die für die Firma Stahlbaufix 15 m hohe Eisenregalen aufstellt. Die Firma Stahlbaufix ist ein Unternehmen, welches laut Firmenangaben Stahlbauarbeiten aller Art, Fliesenlegerarbeiten und Gerüstbauarbeiten durchführt. Ist das Aufstellen der Regale für einen Entleihbetrieb erfolgt, der dem Bauhauptgewerbe zuzurechnen ist ? Die Prüfung der Zuordnung eines Betriebes zum Bauhauptgewerbe kann sich über Wochen hinziehen. Es ist zu klären, ob das Unternehmen verschiedene Betriebe unterhält und welche überwiegenden Geschäftszwecke jene verfolgen. Ist eine Entscheidung dann gefallen, ist es für eine Aufklärung des Sachverhaltes[109] oder die Verhinderung einer illegalen Arbeitnehmerüberlassung in der Regel zu spät. Die Bauarbeiten, hier das Aufstellen der Regale, sind abgeschlossen. Den beteiligten Firmen können nur eingeschränkt Schuldvorwürfe im Sinne des Straf- oder Ordnungswidrigkeitenrechts gemacht werden, wenn selbst den Verfolgungsbehörden eine rechtliche Einordnung schwer fällt. Steht die Zugehörigkeit eines Betriebes zum Bauhauptgewerbe fest, ergeben sich allerdings Auswirkungen für die Zukunft. Der Entleihbetrieb darf zukünftig keine Leiharbeitnehmer (Bauarbeiter) beschäftigen. Ansonsten muss er mit Sanktionen im Sinne des Straf- oder Ordnungswidrigkeitenrechts rechnen.

(4) Zusammenfassung

Zusammenfassend ist daher festzustellen, dass von dem Leiharbeitsverbot gemäß § 1 b S. 1 AÜG zum einen die Betriebe des Baugewerbes im Sinne des § 1 der Baubetriebe-VO erfasst werden, die ausschließlich oder mindestens zur Hälfte Bauleistungen erbringen. Zum anderen gehören dazu die selbständigen Betriebsabteilungen der Mischunternehmen, die überwiegend Bauleistungen erbringen. In Einzelfällen kann die Zuordnung eines Unternehmens bzw. einer

---

[108] Vgl. Paasch , AN 2.Klasse, S. 13.

[109] Dazu gehören die konkrete Dauer der Überlassung, Stundennachweise, Abrechnungen u.sw..

selbständigen Betriebsabteilung zum Bauhauptgewerbe problematisch und sehr umfangreich sein.

2. Persönlicher Geltungsbereich

Auch in personeller Hinsicht ist eine Einschränkung der Verbotsnorm des § 1 b S. 1 AÜG vorgenommen worden. Da sich das Verbot nur auf Arbeiten beschränkt, die üblicherweise von Arbeitern verrichtet werden, sind Angestelltentätigkeiten ausgenommen. Dabei ist es gleichgültig, ob die Arbeitertätigkeiten von Arbeitern oder Angestellten wahrgenommen werden. Für das Verbot ist die Art der Tätigkeit, nicht der arbeitsrechtliche Status maßgeblich.[110] Um den Begriff der Arbeitertätigkeit zu bestimmen, greift die h.M. auf das im Anhang zum BRTV-Bau vereinbarte Berufsgruppenverzeichnis zurück.[111] Danach sind z.b. als Angestellte anzusehen: Architekten, Bauingenieure, Bauaufseher, Poliere, Maurermeister und Zimmermeister. Unter die Bezeichnung Baufacharbeiter fallen beispielsweise Fertigbauer, Fuger, Eisenbieger, Rohrleger und Schalungsbauer.[112] Ein Baubetrieb darf zwar einen Polier, der entsprechende Tätigkeiten in einen anderen Baubetrieb (Entleiher) wahrnehmen soll, an diesen ausleihen. Dagegen darf er den Polier nicht zu Maurerarbeiten verleihen. Im übrigen kann bei der Einordnung Arbeiter oder Angestelltentätigkeit die allgemeinen, im Arbeitsrecht geltenden, Unterscheidungskriterien zurückgegriffen werden.[113] Danach nehmen Angestellte überwiegend geistige Aufgaben wahr, während Arbeiter vorwiegend mechanisch-körperliche Tätigkeiten verrichten.[114]

3. Räumlicher Geltungsbereich

Nach dem Territorialitätsprinzip erstreckt sich der Geltungsbereich des AÜG einschließlich der Verbotsregelung des § 1 b S. 1 AÜG auf die gewerbsmäßige Arbeitnehmerüberlassung in Betriebe des Baugewerbes innerhalb der Bundesrepublik Deutschland.[115] Damit ist der Wirkungsbereich auf das Inland beschränkt.

Schon nach den bisherigen Ausführungen lässt sich feststellen, dass die praktische Anwendung des Leiharbeitsverbots gemäß § 1 b S. 1 AÜG mit einer Vielzahl von Rechtsproblemen belastet ist. Der Gesetzgeber hat den Regelungsbe-

---

[110] Düwell in BB 1995 , S. 1083.

[111] Paasch, AN 2. Klasse, S. 14.

[112] Becker/Wulfgramm, Rdnr. 87, 88 zu § 1 AÜG.

[113] So auch Sandmann/Marschall, Anm. 2 e zu § 2 AÜG.

[114] Brill, DB 1981, S. 316.

[115] Becker/Wulfgramm, Rdnr. 97 zu § 1 AÜG; Sandmann/Marschall, Anm. 2a zu § 1 AÜG.

28

reich des Leiharbeitsverbots aber nicht nur inhaltlich beschränkt, sondern Ausnahmen zugelassen, die nachstehend dargestellt werden.

IV. Erste Ausnahme: Die Abordnung oder Freistellung zu einer Arbeitsgemeinschaft

Nach § 1 Abs. 1 S.2 AÜG ist unter den dort genannten Voraussetzungen die Abordnung von Arbeitnehmern zu einer zur Herstellung eines Werkes gebildeten Arbeitsgemeinschaft keine Arbeitnehmerüberlassung. Unter einer Arbeitsgemeinschaft ist nach einhelliger Ansicht der Zusammenschluss mehrerer Unternehmen mit einem gemeinsamen Ziel zur Verfolgung eines gemeinsamen Zweckes zu verstehen.[116] Eine in diesem Zusammenhang relevante Bauarbeitsgemeinschaft ist ein Zusammenschluss verschiedener Bauunternehmen, meistens in der Rechtsform einer BGB-Gesellschaft im Sinne der §§ 705 ff BGB. Diese wollen gemeinsam ein Bauvorhaben, zumeist ein größeres Projekt, welches die Leistungskraft einzelner Unternehmen übersteigt, erstellen.[117] Als Beispiel lässt sich der Bau eines Fachhochschulkomplexes anführen. Der Vertragspartner des Bauherrn bzw. Auftraggebers für das Bauprojekt ist die Arbeitsgemeinschaft, welche die Verantwortung für die Fertigstellung des Gesamtwerkes und damit das Unternehmerrisiko trägt. Es sind zwei unterschiedliche vertragliche Ausgestaltungen der Arbeitsverhältnisse im Rahmen von Arbeitsgemeinschaften zu unterscheiden. Zum einen die nach § 9 des Bundesrahmentarifvertrages für das Baugewerbe (BRT-Bau) tariflichen vorgesehene Freistellung von Arbeitnehmern, zum anderen die durch den Gesetzgeber nach § 1 Abs. 1 S. 2 AÜG ermöglichte Abordnung von Arbeitnehmern.

1. Abordnung der Arbeitnehmer

Die Abordnung von Arbeitnehmern im Sinne des § 1 Abs. 1 S. 2 AÜG stellt einen gesetzlichen Ausnahmetatbestand vom Recht der Arbeitnehmerüberlassung dar. Nach der Konstellation liegt de facto eine gewerbsmäßige Arbeitnehmerüberlassung vor, auf die aber auf Grund der gesetzlichen Fiktion des § 1 Abs. 1 S. 2 AÜG das AÜG keine Anwendung findet.
Nach dem Wortlaut des § 1 Abs. 1 S. 2 AÜG ist die Abordnung von Arbeitnehmern zu einer zur Herstellung eines Werkes gebildeten Arbeitsgemeinschaft keine Arbeitnehmerüberlassung, wenn der Arbeitgeber Mitglied der Arbeitsgemeinschaft ist, für alle Mitglieder der Arbeitsgemeinschaft Tarifverträge des selben Wirtschaftszweiges gelten und alle Mitglieder auf Grund des Arbeitsgemeinschaftsvertrages verpflichtet sind, selbständige Vertragsleistungen zu erbringen. Bei dieser Regelung handelt es sich rechtstechnisch um eine gesetzliche Fiktion, durch die der Gesetzgeber einen Sachverhalt, der an sich als Arbeitnehmerüber-

---

[116] Schwab, S. 3, Knigge, S. 2
[117] Vgl. BAG AP Nr. 1 zu § 705 BGB.

lassung anzusehen ist, von dem Anwendungsbereich des AÜG ausnimmt.[118] Das Rechtsinstitut der Abordnung ist vor allem für die Bauwirtschaft praktisch bedeutsam. Die Einfügung dieser Vorschrift erfolgte auf eine Initiative der Gewerkschaften und der Arbeitgeberverbände der Bauwirtschaft.[119] Die Abordnung eines Arbeitnehmers zu einer Arbeitsgemeinschaft ist de facto eine Arbeitnehmerüberlassung, weil bei einem abgeordneten Arbeitnehmer im Sinne des § 1 Abs. 1 S. 2 AÜG das Arbeitsverhältnis zum ursprünglichen Arbeitgeber während der Tätigkeit für die Arbeitsgemeinschaft fortdauert.[120] Während der Zeit der Überlassung des Arbeitnehmers an die Arbeitsgemeinschaft untersteht der Arbeitnehmer nicht nur dem Weisungsrecht des Arbeitgebers, sondern auch der Arbeitsgemeinschaft. Nach dem Wortlaut des § 1 Abs.1 S. 2 AÜG sind die Mitglieder des Arbeitsgemeinschaftsvertrages zwar zur selbständigen Erbringung der Arbeitsleistung verpflichtet. Daraus folgt, dass sie ihre Teilleistungen in eigener Verantwortung erbringen müssen.[121] Die einzelnen Mitglieder der Arbeitsgemeinschaft behalten somit grundsätzlich, in ihrer Eigenschaft als Arbeitgeber, Weisungsrechte gegenüber ihren Arbeitnehmern. Daneben stehen jedoch der Arbeitsgemeinschaft als Institution Weisungsrechte zu, weil sie die einzelnen Werke zu einem Gesamtwerk verbinden muss. Die Arbeitsgemeinschaft muss die Arbeitsabläufe koordinieren und die Repräsentanten der Arbeitsgemeinschaft müssen daher auch fachliche Weisungsrechte hinsichtlich der Ausführung der Arbeit gegenüber den Arbeitnehmern der einzelnen Mitgliedsunternehmen haben, um dieser Aufgabe gerecht werden zu können.[122] Wird das Weisungsrecht hinsichtlich der Arbeitsleistung nicht vom Arbeitgeber ausgeübt, handelt es sich an sich um ein Indiz für das Vorliegen von Arbeitnehmerüberlassung. Ein weiteres Indiz für das Vorliegen von Arbeitnehmerüberlassung ist der Umstand, dass nicht das einzelne Mitgliedsunternehmern, sondern der Verbund, die Arbeitsgemeinschaft, das Unternehmerrisiko trägt.[123] Die Arbeitsgemeinschaft könnte als Entleiher anzusehen sein, die Arbeitnehmer von den Mitgliedsunternehmen (Verleihern) zur Arbeitsleistung überlassen erhält. Im Rahmen der Abordnung steht der Annahme einer Arbeitnehmerüberlassung allerdings die gesetzliche Fiktion des § 1 Abs. 1 S. 2 AÜG entgegen. Der Gesetzgeber hat durch diese Regelung gravierend in das Recht der Arbeitnehmerüberlassung eingegriffen und einen Ausnahmetatbestand geschaffen, der den gesetzgeberischen Zielen des AÜG widersprechen könnte. Um die Ziele des AÜG dennoch zu verwirklichen, wie beispielsweise die Erhaltung der Ordnung des Arbeitsmarktes, der Sicherstellung des arbeitsrechtlichen sowie des sozialen Schutzes der betroffenen Arbeitnehmer und der Vermeidung von Wett-

---

[118] Vgl. BT-DS 10/4211, S. 33.

[119] Art. 11 des 7. Gesetzes zur Änderung des AFG vom 20.12.1985 (BGBL I S. 2484).

[120] Sandmann/Marschall, Anm. 52 b zu Art. 1 § 1 AÜG.

[121] Weisemann in BB 1989, S. 908.

[122] So auch Weisemann in BB 1989, S. 908.

[123] Vgl. dazu VII 1 a) cc.

bewerbsverzerrungen[124], ist die Abordnung nach § 1 Abs. 1 S. 2 AÜG von weiteren Voraussetzungen abhängig gemacht worden.[125] Der Gesetzgeber wollte die Unternehmen, deren Tätigkeit sich auf den Verleih von Arbeitskräften beschränkt, wie die Tätigkeit der Zeitarbeitsfirmen, von der Ausnahmeregelung und der Beteiligung an einer Arbeitsgemeinschaft ausschließen.[126] Deshalb müssen die einzelnen Mitglieder der Arbeitsgemeinschaft einen Teil des der Arbeitsgemeinschaft obliegenden Werkes selbständig erbringen und nicht lediglich Arbeitskräfte zur Arbeitsleistung zur Verfügung stellen.[127] Ein Weisungsrecht eines Arbeitgebers eines Mitgliedunternehmens gegenüber Arbeitnehmern eines anderen Mitgliedunternehmens ist auszuschließen. Das Weisungsrecht steht nur den Repräsentanten der Arbeitsgemeinschaft zu. Der Umfang des Weisungsrechtes kann im Arbeitsgemeinschaftsvertrag unterschiedlich ausgestaltet sein und so weit gehen, dass das Weisungsrecht des der Arbeitsgemeinschaft zur Verfügung gestellten Personals auf die Arbeitsgemeinschaft übertragen wird.[128] Auch in diesen Fällen greift § 1 Abs. 1 S. 2 AÜG, weil der einzelne Arbeitgeber die Auswahl und die Entscheidung über die Anzahl des einzusetzenden Personals trifft und nicht das einzelne Mitgliedsunternehmen das Unternehmerrisiko trägt, wie es bei einem Subunternehmer in der Regel der Fall ist[129], sondern die Arbeitsgemeinschaft. Schließlich müssen die Mitgliedsunternehmen der Arbeitsgemeinschaft den Tarifverträgen desselben Wirtschaftszweiges unterliegen, also hier dem relevanten Wirtschaftszweig „Baugewerbe" angehören.[130] Dieses Begriffsmerkmal ist weit auszulegen, weil die Intention des Gesetzgebers vornehmlich darin bestand, die Verleihfirmen auszuschließen, deren Hauptzweck die Arbeitnehmerüberlassung ist.[131] Maßgeblich ist damit nicht nur der Geltungsbereich des Bundesrahmentarifvertrages Bau (BRT-Bau), sondern darüber hinausgehend die in der Baubetriebeverordnung aufgelisteten Betriebe. Zum Baugewerbe gehören damit auch das Dachdeckerhandwerk, das Gerüstbaugewerbe und das Steinmetzhandwerk. Möglich ist somit die Abordnung eines Arbeitnehmers aus dem Dackdeckerhandwerk an eine Arbeitsgemeinschaft, zu deren Mitgliedern auch Betriebe des Bauhauptgewerbes gehören.

---

[124] S. dazu auch C II.

[125] Vgl. BT-DS. 10/4211, S. 33.

[126] Vgl. statt vieler Weisemann in BB 1989, S. 908.

[127] Vgl. dazu BT-DS 10/3923.

[128] A.A. Ulber, Rdnr. 182 zu Art. 1 § 1 AÜG, der bei einer Abordnung nach § 12 Arge-Mustervertrag von ANÜ ausgeht, weil das Weisungsrecht bezüglich des der Arbeitsgemeinschaft zur Verfügung gestellten Personals auf die Arbeitsgemeinschaft übertragen wird.

[129] S. dazu S. VII 1a) cc .

[130] Sandmann/Marschall, Anm. 52 k zu Art. 1 § 1 AÜG.

[131] S. statt vieler Sandmann/Marschall, Anm. 52 k zu § 1 AÜG; Anm. 18 zu § 1 b AÜG, BT-DS 10/3923, S. 32

2. Freistellung der Arbeitnehmer nach § 9 Bundesrahmentarifvertrag (Bau)

Die Freistellung eines Arbeitnehmers zu einer Arbeitsgemeinschaft im Sinne des § 9 Bundesrahmentarifvertrag (Bau) [BRTV-Bau] kann nach zutreffender, allgemeiner Ansicht keine Arbeitnehmerüberlassung im Sinne des AÜG sein.[132] Durch die Freistellung entsteht eine Art Zwischenarbeitsverhältnis des Arbeitnehmers zur Arbeitsgemeinschaft[133], während das Arbeitsverhältnis zum ursprünglichen Arbeitgeber in dieser Zeit ruht.[134] Der Arbeitnehmer wird zum Arbeitnehmer der Arbeitsgemeinschaft, die ihrerseits die tariflichen Ansprüche nach dem Rahmentarifvertrag für das Baugewerbe zu erfüllen hat. Der Arbeitnehmer behält alle tariflichen Ansprüche, die ihm gegenüber seinem Stammbetrieb zustehen würden (Besitzstandswahrung z.B. hinsichtlich der Fahrkostenabgeltung). Nachdem die Arbeitsgemeinschaft ihren Auftrag ausgeführt hat, hier das Bauwerk erstellt hat, lebt das ursprüngliche Arbeitsverhältnis wieder auf.[135] Da diese Form für die Arbeitgeber und für die Arbeitnehmer Nachteile aufweist, wurde sie von der Praxis so gut wie gar nicht genutzt.[136] Der Arbeitsgemeinschaft obliegen neben der Lenkung der Arbeitskräfte zusätzliche Arbeitgeberpflichten, die für sie mit einem hohen Organisations- und Verwaltungsaufwand verbunden sind. Der Arbeitnehmer muss ein eigenes, neues Arbeitsverhältnis zur Arbeitsgemeinschaft begründen, für das der Abschluss eines gesonderten Vertrages erforderlich ist. Außerdem ist der Abschluss eines neuen Arbeitsvertrages nur möglich, wenn der Arbeitnehmer dem zustimmt. Der Arbeitgeber muss sich daher mit dem Arbeitnehmer über die Freistellung zu einer Arbeitsgemeinschaft abstimmen. Die Arbeitnehmer erleiden durch den Abschluss eines neuen Arbeitsvertrages betriebsverfassungsrechtliche Nachteile. Bei einer neu entstandenen Arbeitsgemeinschaft müssten die Arbeitnehmer erst einen Betriebsrat wählen, was sich wegen der Kandidatensuche und des damit verbundenen organisatorischen Aufwandes nur bei sehr langfristigen Freistellungsphasen realisieren lässt. Da das Arbeitsverhältnis zum Stammbetrieb ruht, kann der Arbeitnehmer sich mit seinen Belangen auch nicht an den Betriebsrat des Stammbetriebes wenden. In vielen Fällen entfällt daher für den Arbeitnehmer der Arbeitsgemeinschaft, während der Dauer der Tätigkeit für die Arbeitsgemeinschaft, der betriebsverfassungsrechtliche Schutz,[137] was sie davon abhalten könnte, einer Freistellung zur Arbeitsgemeinschaft zuzustimmen.

---

[132] BT-DS 9/966, S. 76, LAG Düsseldorf in AuR 1975, S. 121,statt vieler: Schüren, Rdnr. 377 zu § 1 AÜG.

[133] Vgl. dazu Schwab, S. 9-13; Schüren, Rdnr. 448-454 zu § 1 AÜG.

[134] § 9 Ziff. 2.1 BRTV-Bau.

[135] Weisemann in BB 1989, 907.

[136] Vgl. dazu Feststellungen in BT-DS 10/3923, S. 32, Boewer in DB 1982, S. 2083.

[137] Schwab, S. 12.

3. Konsequenz dieser Ausnahmeregelung

Da weder die Freistellung noch die Abordnung im Sinne des § 1 Abs. 1 S. 2 AÜG rechtlich als Arbeitnehmerüberlassung zu qualifizieren sind, greift in diesen Fällen auch das Verbot nach § 1 b S. 1 AÜG nicht ein. Es wird vielmehr die Anwendung des gesamten Rechts der Arbeitnehmerüberlassung ausgeschlossen.[138] Hervorzuheben ist aber, dass die gewerblichen Verleihfirmen (Zeitarbeitsfirmen) die Voraussetzungen für eine Abordnung oder Freistellung der Arbeitnehmer nicht erfüllen. Sie unterliegen nicht dem Tarifbereich eines Tarifvertrages des Baugewerbes. Der Gesetzgeber hat die gewerblichen Verleihfirmen bewusst vom Anwendungsbereich des § 1 Abs. 1 S. 2 AÜG ausgenommen.[139]

4. Zusammenfassung

Zusammenfassend ist festzustellen, dass die gesetzgeberischen Ziele des AÜG durch die oben aufgeführte Ausnahmeregelung nicht beeinträchtigt wird. Es stellt sich jedoch die Frage, ob sich dies auf die Durchsetzbarkeit des Verbots nachteilig auswirkt. Diese Frage wird unter VI.5 erörtert.

V. Zweite Ausnahme: Verleih zwischen Betrieben des Baugewerbes

Eine weitere Ausnahme stellt der Verleih zwischen Betrieben des Baugewerbes nach § 1 b S. 2 AÜG dar.

1. Geltungsbereich des § 1 b S. 2 AÜG

Danach ist ein gewerbsmäßiger Verleih zwischen Baubetrieben im Sinne des § 1 BaubetriebeVO zulässig, wenn sowohl Verleih- als auch Entleihbetrieb von demselben Rahmen- und Sozialkassentarifvertrag oder von deren Allgemeinverbindlichkeitserklärung erfasst werden.[140] Folglich muss für Entleiher und Verleiher der selbe Tarifvertrag gelten, was entweder der Fall ist, wenn beide aufgrund ihrer Verbandszugehörigkeit zu einer Tarifpartei auf der Arbeitgeberseite gebunden sind oder die Tarifverträge für allgemein verbindlich erklärt worden sind.[141] Entscheidend ist der sachliche Geltungsbereich eines Rahmentarifvertrages, nicht der örtliche.[142] Im Baubereich existieren seit Jahrzehnten vier Tarifbereiche, deren Rahmentarifverträge allesamt für allgemeinverbindlich erklärt worden und somit von Arbeitgebern, die unter deren Geltungsbereich fallen, zwingend zu beachten

[138] Vgl. statt vieler Düwell in BB 1995, 1084.

[139] S. C V 2.

[140] Es empfiehlt sich hier die gleiche Auslegung wie im Satz 1, da es sich schließlich um ein und den selben Paragraphen handelt. Eine andere Auslegung wäre willkürlich und nicht sachgerecht..

[141] Sandmann/Marschall, Anm. 18 zu Art. 1 § 1 b AÜG.

[142] Vgl. BT-DS 12/7688 S. 7.

sind.[143] Es handelt sich dabei zum einen um den BRTV-Bau des Bauhauptgewerbes, dessen sachlicher Geltungsbereich weitgehend mit dem des § 1 Abs. 1 Baubetriebe-VO übereinstimmt, mit Ausnahme der Steinmetzarbeiten, für die ein gesonderter allgemeinverbindlicher Rahmentarifvertrag existiert[144] (Nr. 30 der § 1 Abs. 1 BaubetriebeVO).[145] Des weiteren zählen dazu die Tarifverträge des Garten- und Landschaftsbaus (§ 1 Abs. 4 BaubetriebeVO), des Gerüstbaus und das Dachdeckerhandwerkes (§ 1 Abs. 3 BaubetriebeVO).[146] Im Rahmen der Tarifbereiche sind Sozialkassen im Sinne des § 4 Abs. 2 Tarifvertragsgesetzes (TVG) errichtet worden, wie beispielsweise die Sozialkasse des Gerüstbaugewerbes in Wiesbaden. Die von den verschiedenen Kassen zu erbringenden Leistungen sind vom Umfang und der Höhe her unterschiedlich ausgestaltet, so dass der Gesetzgeber die Ausnahmeregelung auf einen Verleih innerhalb eines Sozialkassentarifvertrages beschränkte, um so Wettbewerbsverzerrungen zwischen den Tarifbereichen zu vermeiden.[147] Sowohl der entleihende Betrieb als auch der verleihende Betrieb müssen demselben Tarifbereich des Rahmentarifvertrages angehören. Zulässig ist daher ein Verleih zwischen einer Tiefbau- und einer Hochbaufirma, nicht aber von einem Betrieb des Garten- und Landschaftsbaus in einen Betrieb des Bauhauptgewerbes. Da § 1 der Baubetriebeverordnung sich weitestgehend mit dem Anwendungsbereich des Bundesrahmentarifvertrages (Bau) deckt, kann bei der Einordnung eines Betriebes als dem Bauhauptgewerbe zugehörig, auf die Rechtsprechung des BAG zum Geltungsbereich des BRTV-Bau zurückgegriffen werden. Im einzelnen kann die Zuordnung eines Betriebes zum Baurahmentarifvertrag jedoch problematisch sein.[148] Bei den bereits erwähnten Mischunternehmen ist auf den überwiegenden Geschäftszweck abzustellen.[149] Ist beispielsweise der Hauptzweck eines Unternehmens zu mehr als fünfzig Prozent auf das Erbringen baulicher Leistungen gerichtet und betreibt das Unternehmen zu einem geringeren Anteil einen Handel mit Baustoffen, unterliegt es dem BRTV-Bau. Ein weiteres Beispiel: Ein Unternehmen, welches Raummodule (Container), die an Baustellen als Baubüros und Bauunterkünfte dienen sollen, dadurch gebrauchsfähig macht, dass es für die Standfestigkeit der Container sorgt, sie mit dem Erdboden verbindet, abdichtet und verkleidet, unterhält einen baubetrieblichen Betrieb im

---

[143] Sahl/Bachner, NZA 1994, S. 1065.

[144] Sahl/Bachner, NZA 1994, S. 1065.

[144] Auszugsweise abgedruckt in : Koberski/Sahl/Hold, S. 189 ff.

[145] S. § 1, insbesondere Abschnitt IV des Baurechtsrahmentarifvertrages v. 3..2.1981.

[146] Sandmann/Marschall., Anm. 18 zu Art. 1 § 1 b AÜG.

[147] BT-DS 12/7688 S. 7.

[148] S. dazu Einzelentscheidungen, BAG AP § 1 TVG Tarifverträge Bau.

[149] AP Nr. 81 zu § 1 TVG Tarifverträge Bau.

Sinne der Bautarifverträge und dem BRTV-Bau.[150] Ebenso unterliegen Betriebe, die überwiegend Heizungsrohre isolieren, dem BRTV-Bau.[151]

2. Negativabgrenzung

Die Verleihfirmen, deren Hauptzweck die Arbeitnehmerüberlassung ist, können sich auch auf diese Ausnahmeregelung nicht berufen, weil sich der sachliche Geltungsbereich der Bautarifverträge nicht auf sie erstreckt.[152] Außerdem sind sie nicht als Baubetriebe im Sinne der Baubetriebeverordnung anzusehen, weil sie nicht überwiegend Bauleistungen erbringen. Die Unternehmen mit Sitz im Ausland unterliegen nicht dem Geltungsbereich eines inländischen Tarifvertrages.[153] Der Verleih eines Unternehmens mit Sitz im Ausland in das inländische Bauhauptgewerbe ist daher nicht möglich, weil das ausländische Unternehmen nicht an einen inländischen Rahmen- und Sozialkassentarifvertrag des Baugewerbes gebunden ist. Gleiches gilt auch für den Konzernverleih, wenn das ausländisches Unternehmen Leiharbeitnehmer vom Ausland her an ein inländisches Unternehmen desselben Konzerns verleihen möchte.[154] Durch die Regelung des § 1 Abs. 3 S. 1 AÜG wird klar gestellt, dass § 1 b AÜG auch im Rahmen des Konzernverleihs gilt. Der Konzernverleih von einem nicht tarifgebundenen Konzernunternehmen mit Sitz im Ausland, welches Leiharbeitnehmer in ein inländisches, tarifgebundenes Konzernunternehmern des Bauhauptgewerbes überlassen will, ist daher nach § 1 b S. 1 AÜG verboten. Unternehmen mit Sitz im Ausland werden auch nicht durch die Regelungen des AEntG an einen für allgemein verbindlich erklärten Tarifvertrag gebunden. Zwar erklärt § 1 Abs. 1 S. 1 AEntG die Rechtsnormen eines für allgemeinverbindlich erklärten Tarifvertrages des Bauhauptgewerbes auf nicht tarifgebundene Unternehmen mit Sitz im Ausland für anwendbar, aber nur für einzelne Tarifteile. Der sachliche Geltungsbereich des AEntG erstreckt sich ausschließlich auf die Regelungen des Mindestarbeitsentgeltes (§ 1 Abs. 1 S. 1 Nr. 1 AEntG) und des Urlaubs (§ 1 Abs. 1 S. 1 Nr. 2 AEntG)[155], also nicht auf alle Regelungen der Rahmen- und Sozialkassentarifverträge. Gegenstand der Ausnahmeregelung des § 1 b S. 2 AÜG ist aber eine umfassende Bindung an die Tarifverträge, weil nur dadurch alle im Baubereich beschäftigten Arbeitnehmer die gleichen tariflichen Arbeitsbedingungen erhalten und Wettbewerbsverzerrungen vermieden werden.[156] Verleihunternehmen und Unternehmen

---

[150] LAG Hessen, NZA-RR 2001, S. 429.

[151] AP Nr. 21 zu § 1 TVG Tarifverträge Bau.

[152] Vgl. Sahl/Bachner in NZA 1994, S. 1066.

[153] Beispielhaft für alle allgemeinverbindlichen Tarifverträge der Rahmentarifvertrag für die gewerblichen Arbeitnehmer im Steinmetz-und Steinbildhauerwerk, auszugsweise abgedruckt in Koberski/Sahl/Hold, S. 189 ff.

[154] Gaul in NJW 1998, S. 647, Ende VIII.

[155] S. dazu Ulber, Rdnr. 17 zu § 1 AEntG.

[156] So im Ergebnis Sandmann/Marschall, Anm. 17 zu § 1 b AÜG.

mit Sitz im Ausland sind nicht an die Tarifverträge des Baugewerbes gebunden und erfüllen damit nicht die Voraussetzungen des § 1 b S. 2 AÜG.

3. Rechtsfolgen

Die Norm des § 1 b S. 2 AÜG stellt nach seinem Wortlaut und seiner systematischen Einordnung lediglich eine Ausnahme vom Verbot nach § 1 b S. 1 AÜG dar, d.h. die übrigen Regelungen des AÜG bleiben anwendbar.[157] Folglich benötigt ein Betrieb des Bauhauptgewerbes, der Leiharbeitnehmer in einen anderen Betrieb des Bauhauptgewerbes gewerbsmäßig überlassen möchte, grundsätzlich eine Verleiherlaubnis nach § 1 Abs. 1 AÜG. Im übrigen gelten alle anderen Vorschriften wie die des § 1 Abs. 3 AÜG (erlaubnisfreie Arbeitnehmerüberlassung) oder des § 1 a AÜG (anzeigepflichtige Arbeitnehmerüberlassung).

4. Zusammenfassung

Auch dieser Ausnahmetatbestand steht den gesetzgeberischen Zielen des AÜG nicht entgegen. Der Ausnahmetatbestand des § 1 b S. 2 AÜG ist so ausgestaltet, dass Wettbewerbsverzerrungen im Baubereich vermieden werden. Zugleich wird die Beschäftigung von Bauarbeitern gefördert, weil durch die Zulassung des Arbeitskräfteverleihs zwischen Baubetrieben die Baubetriebe davon abgehalten werden, Arbeitskräfte aus Auftragsmangel zu entlassen. Es stellt sich jedoch auch hier die Frage, ob ein weiterer Ausnahmetatbestand die praktische Durchsetzbarkeit des Leiharbeitsverbots gem. § 1 b S. 1 AÜG beeinträchtigt.[158]

VI. Die Verfassungsmäßigkeit des Verbots

Seit dem 01.01.1982 besteht das sektorale Verbot der Arbeitnehmerüberlassung im Baugewerbe. Schon kurz nach seinem Inkrafttreten erhoben mehrere Verleihunternehmen, Betriebe des Baugewerbes und ein Zimmermann Verfassungsbeschwerde hiergegen. Mit Beschluss vom 06.10.1987 hat das Bundesverfassungsgericht sämtliche Verfassungsbeschwerden zurückgewiesen.[159] Seit diesem Zeitpunkt haben sowohl das Leiharbeitsverbot als das AÜG rechtliche Änderungen erfahren. Das Leiharbeitsverbot im Baugewerbe war zunächst in § 12 a AFG geregelt. Durch das AFRG vom 20.03.1997 ist das AFG aufgehoben und durch das SGB III ersetzt worden. Das Leiharbeitsverbot ist aus dem AFG wortgleich übernommen und in das AÜG eingegliedert worden. Zum Zeitpunkt der Entscheidung des Bundesverfassungsgerichts am 06.10.1967 existierte noch keine Ausnahme vom Leiharbeitsverbot, wie es nunmehr in § 1 b S. 2 AÜG geregelt ist. Außerdem bestand zum damaligen Zeitpunkt das Arbeitsvermitt-

---

[157] BT-DS 12/7688, S. 7/8.

[158] S. die nachfolgenden Ausführungen.

[159] S. BVerfGE, NJW 1988, S. 1195 ff.

lungsmonopol der Bundesanstalt für Arbeit noch, welches vom Bundesverfassungsgericht bei der Prüfung der Verfassungsmäßigkeit des Leiharbeitsverbots herangezogen und berücksichtigt worden ist. Durch den Erlass des AEntG ist eine gesetzliche Materie geschaffen worden, die eine sinnvolle Alternative zu dem Leiharbeitsverbot darstellen könnte und möglicherweise das Verbot entbehrlich werden lässt. Anlass genug, die Verfassungsmäßigkeit des Leiharbeitsverbots neu zu überdenken und nochmals, unter Einbeziehung der Entscheidung des Bundesverfassungsgerichts aus dem Jahr 1987, rechtlich zu prüfen.

1. Umgehung der Zustimmungsbedürftigkeit der Regelung durch den Bundesrat

Im Gegensatz zum AÜG sind die Regelungen des AFG nicht von der Zustimmung des Bundesrates nach Art 84 Abs. 1, 80 Abs. 2 GG abhängig gewesen. Da das Leiharbeitsverbot zunächst in § 12 a AFG geregelt war, bestanden ursprünglich rechtliche Bedenken dahingehend, dass die Zustimmungsbedürftigkeit des Gesetzes bewusst umgangen wird.[160] Seit dem 01.01.1998 befindet sich die Verbotsregelung in § 1 b AÜG, so dass dieser Einwand obsolet geworden ist.

2. Die Bindungswirkung nach § 31 BVerfGG

Das Verbot nach § 1 b S. 1 AÜG steht nicht im Widerspruch zum sog. „Adia-Urteil".[161] Die Entscheidungen des Bundesverfassungsgerichts binden alle Verfassungsorgane, Gerichte und Behörden von Bund und Ländern (§ 31 Abs. 1 BVerfGG). Nach Absatz zwei dieser Vorschrift haben Normenkontrollentscheidungen des Bundesverfassungsgerichts Gesetzeskraft. Der Gesetzgeber ist auf Grund der Bindungswirkung in § 31 BVerfGG an die Rechtsauffassung des Gerichts gebunden, woraus sich ein „Wiederholungsverbot" für ihn ergibt.[162] § 1 b S. 1 AÜG ist kein sogenannter „Normwiederholungsakt". Bei einem Normwiederholungsakt handelt es sich um ein Gesetz, das einer für nichtig erklärten Norm inhaltlich gleich oder zumindest gleichartig ist.[163] Zweifelsohne ist die Entscheidung des Bundesverfassungsgerichts vom 04.04.1967, die § 37 Abs. 3 AVAVAG für nichtig erklärt hat,[164] eine Normenkontrollentscheidung. Das partielle Verbot der Arbeitnehmerüberlassung in Betriebe des Baugewerbes ist allerdings mit dem vollständigen Verbot der Arbeitnehmerüberlassung nach § 37 AVAVG weder inhaltsgleich noch gleichartig. Denn während nach der damali-

---

[160] Vgl. beispielsweise Becker/Wulfgramm, Rdnr. 83 zu § 1 AÜG.

[161] BVerfGE 21, S. 261 ff.

[162] Vgl. dazu BVerfGE 20, S. 86 ff; BVerfGE 1, S. 15.

[163] Pestalozza, Rdnr. 85-87 zu § 20 V.

[164] Vgl. S. A II 2.

gen Rechtslage die gesamte Arbeitnehmerüberlassung dem Arbeitsvermittlungsmonopol der Bundesanstalt für Arbeit unterstellt wurde und damit eine Be-
rufswahlregelung darstellte, ist die Verbotsnorm des § 1 b S. 1 AÜG lediglich
eine Berufsausübungsregelung. Schließlich ist nur ein Teilbereich, das Bauhauptgewerbe, von dem Verbot betroffen, während in anderen Wirtschaftszwei-
gen, auch des Baunebengewerbes wie des Elektrohandwerks, das Verleihgewerbe ausgeübt werden kann.[165] Dagegen war auf Grund der Regelung des § 37
AVAVG jegliche Verleihtätigkeit ausgeschlossen. Darüber hinaus ist nach Auffassung des Bundesverfassungsgerichts der Erlass einer inhaltsgleichen Regelung durch den Gesetzgeber zulässig, um eine mit einer rechts- und sozialstaatlichen Demokratie unvereinbare Erstarrung der Rechtsentwicklung vorzubeu-
gen.[166] Der Grund für die Einführung des Leiharbeitsverbots im Baugewerbe
waren sozialstaatliche Missstände, wie z.B. Lohndumping und Steuerhinterziehung.[167] Ein Einschreiten des Gesetzgebers zum Schutz der Arbeitnehmer und
des Sozialstaates war daher zwingend erforderlich. Der Norm des § 1 b S. 1
AÜG steht das „Adia-Urteil" daher nicht entgegen.Einer nochmaligen Überprüfung der Verfassungsmäßigkeit des § 1 b S. 1 AÜG steht der Beschluss des
Bundesverfassungsgerichts aus dem Jahre 1987 nicht entgegen.
Die Überprüfung einer Verfassungsentscheidung ist zulässig, wenn nach der
Rechtskraft der Entscheidung des Bundesverfassungsgerichts neue Tatsachen
aufgetreten sind, weil sich die Rechtskraft einer Entscheidung auf den Zeitpunkt
bezieht, in dem die Entscheidung ergangen ist.[168] Neue Tatsachen sind auch Ge-
setzesänderungen.[169] Nach Rechtskraft des Beschlusses des Bundesverfassungsgerichts vom 06.10.1987 ist das AÜG mehrfach geändert worden. Dazu zählt
der Erlass der Ausnahmetatbestände der §§ 1 Abs. 1 S. 2 AÜG und 1 b S. 2
AÜG. Darüber hinaus ist das Arbeitsvermittlungsmonopol im Zuge des Beschäftigungsförderungsgesetzes 1994 weggefallen.

3. Bestimmtheitsgrundsatz

Das Leiharbeitsverbot gem. § 1 b S.1 AÜG erfüllt die Anforderungen an das Be-
stimmtheitsgebot im Sinne des Art. 20 Abs. 3 GG.
Aus dem Rechtsstaatsprinzip des Art. 20 Abs. 3 GG folgt nach Ansicht des
Bundesverfassungsgerichts[170], dass der Einzelne die ihm obliegenden Pflichten
überschauen kann. Ein Gesetz muss in seinen Voraussetzungen und in seinem
Inhalt so klar formuliert sein, dass der Betroffene die Rechtslage erkennen und

---

[165] Vgl. Pieroth,, S. 97 ff.

[166] BVerfGE, NJW 1988, S. 1195.

[167] Vgl. A II 3.

[168] Umbach/Clemens, Rdnr. 47 zu § 31.

[169] Differenzierend, aber im Ergebnis zustimmend: Pestalozza, Rdnr. 60, 61 zu § 20 V.

[170] BVerfGE 17, S. 306.

sein Verhalten danach bestimmen kann. Wie bereits angesprochen,[171] könnten diesbezüglich bei der Vorschrift des § 1 b S. 1 AÜG Zweifel aufkommen. Die Norm besteht aus einer Reihe von unbestimmten Rechtsbegriffen, deren Auslegung zum Teil umstritten ist. Allerdings ist das Gebot der Gleichbehandlung aller Sachverhalte nach Art. 3 Abs. 1 GG nur zu verwirklichen, wenn der Gesetzgeber unbestimmte Rechtsbegriffe verwendet.[172] Er räumt der Exekutive einen für sie notwendigen Spielraum ein, um den verschiedenen individuellen Fallgestaltungen gerecht werden zu können. Hervorzuheben ist hier, dass sich für die Begriffe „gewerbsmäßige Arbeitnehmerüberlassung" und „Arbeiten, die üblicherweise von Arbeitern verrichtet werden" eine gefestigte arbeitsrechtliche Rechtsprechung entwickelt hat. Die Auslegung des Begriffs „Betriebe des Baugewerbes" lehnt sich nach dem Willen des Gesetzgebers an die Vorschriften über die Winterbauförderung und die Baubetriebeverordnung an und ist damit inhaltlich bestimmt. Im übrigen genügen Abgrenzungsschwierigkeiten allein nicht, um eine Regelung als „unbestimmt" erscheinen zu lassen.[173] Sie sind in Einzelfällen nicht auszuschließen und müssen daher hingenommen werden.

4. Die Freiheit der Berufswahl des Verleihers

Die Verleiher werden durch das Leiharbeitsverbot gem. § 1 b S. 1 AÜG nicht in ihrer freien Berufswahl verletzt.

Verleiher im Sinne der nachstehenden Ausführungen können zum einen die gewerblichen Verleihunternehmen (Zeitarbeitsfirmen) sein, deren vorrangiger Geschäftszweck der Verleih von Arbeitskräften ist, als auch Unternehmen, die den Verleih lediglich als Nebenzweck betreiben.[174]

Das Leiharbeitsverbot greift in den Schutzbereich der Berufsfreiheit der Verleiher nach Art. 12 Abs. 1 GG ein. Von dem Schutzbereich des Art. 12 Abs. 1 GG werden sowohl die freie Berufswahl als auch die Berufsausübung erfasst.[175] Unter Beruf ist eine auf Dauer angelegte, selbständige oder unselbständige Tätigkeit zu verstehen, die der Schaffung und Erhaltung einer Lebensgrundlage dienen kann.[176] Dazu gehören die Berufe, denen ein bestimmtes traditionell oder gesetzlich fixiertes Berufsbild zu Grunde liegt, wie das des Maurers, aber auch Betätigungen, aus denen sich neue feste Berufsbilder ergeben können.[177] Der gewerbsmäßige Verleih von Arbeitnehmern im Sinne des § 1 Abs. 1 AÜG ist

---

[171] S. unter B.

[172] Maurer, Rdnr. 32.

[173] BVerfGE, NJW 1988, S. 1199.

[174] S. die Ausführungen unter C V.

[175] S. BVerfGE 7, S. 397.

[176] S. BVerfGE 7, S. 397.

[177] S. BVerfGE 14, S. 22.

eine auf Dauer angelegte Tätigkeit,[178] wird mit Gewinnerzielungsabsicht betrieben und ist daher geeignet, den Verleihern als Lebensgrundlage zu dienen. Mit dem Verbot der Überlassung von Arbeitnehmern an einen bestimmten Personenkreis zu einem bestimmten Zweck werden weder objektive noch subjektive Zulassungsvoraussetzungen für den Beruf eines Verleihers aufgestellt.[179] Bei dem sektoralen Leiharbeitsverbot nach § 1 b S. 1 AÜG handelt es sich nicht um eine Berufswahlregel im Sinne von Art. 12 Abs. 1 GG, weil die Tätigkeit der Verleiher nur für einen bestimmten Teilbereich der Arbeitnehmerüberlassung ausgeschlossen ist. Die gewerblichen Verleiher werden durch das Leiharbeitsverbot nicht in ihrer Berufswahl beschränkt. Sie haben zwar auf Grund des Verbotes nach § 1 b S. 1 AÜG nicht mehr die Möglichkeit, Arbeitnehmer zur Verrichtung von Arbeitertätigkeiten in den Baubereich zu verleihen. Sie können aber Beschäftigte für Aufgaben von Angestellten in den Baubereich oder in andere Wirtschaftsbereiche verleihen. Den gewerblichen Verleihern wird durch das Leiharbeitsverbot nicht im vollen Umfang die Existenzgrundlage entzogen. Sie werden lediglich in ihrer Berufsausübung beschränkt. Die Verleihtätigkeit in den Baubereich ist kein eigenständiger Beruf im Sinne des Art. 12 Abs. 1 GG mit einem traditionell und auch gesetzlich ausgeprägten Berufsbild.[180] Die Verleiherlaubnis wird branchenübergreifend erteilt. Eine Spezialisierung einiger Verleihunternehmen auf bestimmte Teilbereiche lässt den Schutzbereich des Art. 12 Abs. 1 GG im Hinblick auf die Berufswahl unangetastet und führt nicht automatisch zu einer neuen Berufsgruppe mit einem eigenen Berufsbild. Das Überlassungsverbot greift somit nicht in die Freiheit der Berufswahl der gewerbsmäßigen Verleiher ein, stellt sich jedoch als eine Berufsausübungsregelung dar und berührt insoweit das Grundrecht der Berufsfreiheit der Verleiher.

5. Die Freiheit der Berufsausübung durch die Verleiher

Die Verleiher werden jedoch nicht verfassungsrechtlich unzulässig in ihrer Berufsausübung beschränkt.

Durch das Verbot des § 1 b S. 1 AÜG sind die gewerbsmäßigen Verleiher in ihrer Freiheit der Berufsausübung dahingehend berührt, dass sie ihre Tätigkeit im Teilbereich „Bauwirtschaft" nur noch erheblich eingeschränkt wahrnehmen können. Der Schutzbereich des Art. 12 Abs. 1 GG ist daher tangiert. Problematisch ist, ob der Eingriff in die Berufsfreiheit der gewerbsmäßigen Verleiher durch das Leiharbeitsverbot nach § 1 b S. 1 AÜG verfassungsrechtlich zulässig ist. Die Ausübung des Grundrechts der Berufsfreiheit, hier in Gestalt der Berufsausübung, unterliegt gesetzlichen Schranken. Das den Schutzbereich des Art. 12 Abs. 1 GG einschränkende Gesetz muss im Einklang mit den übrigen

---

[178] S. dazu III C 1b) bb.

[179] BVerfGE, NJW 1988, S. 1196.

[180] BVerfG, NJW 1988, S. 1196.

Verfassungsnormen stehen und dem Verhältnismäßigkeitsgrundsatz entsprechen. Den Verhältnismäßigkeitsgrundsatz hat das Bundesverfassungsgericht durch die sog. Dreistufentheorie konkretisiert.[181] Danach ist ein Eingriff in die freie Berufsausübung schon dann gerechtfertigt, wenn vernünftige Erwägungen des Gemeinwohls dies erfordern.[182] Berücksichtigt man die Situation der Verleiher, die überwiegend in das Baugewerbe verliehen haben und durch das Leiharbeitsverbot in ihrer wirtschaftlichen Existenz bedroht worden sind, ist es angemessen, die Anforderungen an die Grundrechtsschranke entsprechend den Beschränkungen bei Eingriffen in die Berufswahl zu erhöhen.[183] Eine Beschränkung ist insoweit nur zulässig, wenn die Allgemeininteressen zur Vermeidung drohender Gefahren eine Regelung dringend erfordern. Die Verbotsregelung des § 1 b S. 1 AÜG verfolgt mehrere Zwecke im Interesse der Allgemeinheit. Zum einen soll diese Regelung zu einem geordneten Arbeitsmarkt beitragen und eine stabile arbeits- und sozialversicherungsrechtliche Situation abhängig Beschäftigter bewirken, weil beispielsweise den Sozialversicherungen durch die illegale Arbeitnehmerüberlassung Beiträge in erheblicher Höhe vorenthalten wurden.[184] Zum anderen soll die Effektivität tarifvertraglicher Normsetzung gewährleistet werden, an die in der Baubranche grundsätzlich weder die legalen gewerbsmäßigen Zeitarbeitsfirmen und erst recht nicht die illegalen Verleiher gebunden sind. Zusammenfassend ist daher festzustellen, dass es ihm um den Schutz des Sozialstaates und der Solidargemeinschaft der gewerblichen Arbeitnehmer im Baubereich ging. Ob die Verwirklichung dieser Ziele eine gesetzliche Regelung wie die des § 1 b S. 1 AÜG zwingend erfordern, soll nachstehend untersucht werden.

a) Geeignetheit des Verbots

Die Eignung des Verbots war und ist in der Literatur umstritten und von seinen Gegnern stark angezweifelt worden.[185] Auf den ersten Blick erscheinen die Einwände berechtigt. Das Verbot der Arbeitnehmerüberlassung in den Baubereich traf zunächst die legalen Verleiher. Diese unterstanden jedoch der Kontrolle durch die Bundesanstalt für Arbeit und verhielten sich überwiegend gesetzeskonform.[186] Die illegalen Verleiher hingegen bewegten sich auch ohne das Leiharbeitsverbot nach nunmehr § 1 b S. 1 AÜG im gesetzwidrigem Raum und ließen sich durch gesetzliche Normen in ihrer Handlungsweise nicht beeinflussen. Aus diesem Grund wurde angenommen, dass der bis zum Erlass des Leihar-

[181] Vgl. BVerfGE 30, S. 317.
[182] BVerfGE 7, S. 377.
[183] So das BVerfG, NJW 1988, S. 1196.
[184] Vgl. dazu BVerfGE 70, S. 1 ff, S. 26 u.30.
[185] Gick, S. 48; Becker in DB 1982, S. 2384 ff, S. 2351 u.. 2353.
[186] S. BVerfG, NJW 1988, S.1196.

beitsverbots legal stattfindender Arbeitskräfteverleih in die Illegalität abgleiten würde.[187]

Dieser Auffassung kann nicht gefolgt werden. Genaue Aussagen zum illegalen Verleih lassen sich nicht treffen, aber aus den Statistiken der Bundesanstalt für Arbeit ergeben sich keine Anhaltspunkte für einen gravierenden Anstieg von Verstößen gegen das Leiharbeitsverbot nach § 1 b S. 1 AÜG.[188] Vielmehr belegt diese Statistik, dass das Verbot überwiegend beachtet wird.[189]

aa) Übersichtlichkeit auf den Baustellen

Die Befürworter des Leiharbeitsverbots gem. § 1 b S. 1 AÜG heben hervor, dass sich vor dessen Erlass, im Bereich des Baugewerbes, der legale Verleih nicht klar genug vom illegalen trennen ließ. Die Ursache lag und liegt nach wie vor in den erschwerten Kontrollmöglichkeiten der Baustellen. Der illegale Verleih lässt sich nur während einer Baustellenkontrolle aufdecken, wobei eine Überprüfung jedes einzelnen Arbeitnehmers mit einem erheblichen Verwaltungs- und Personalaufwand verbunden ist. Dies hat zur Folge, dass nicht jedes Bauvorhaben kontrolliert werden kann. Die Behörden sind insofern auf Hinweise oder Anhaltspunkte angewiesen, die sie durch die Bevölkerung erhalten und die ihnen bei der Observation einzelner Bauvorhaben auffallen. Zudem wechseln die Bauarbeitnehmer häufig die Baustellen. Selbst wenn Anhaltspunkte für eine Arbeitnehmerüberlassung vorliegen, z.B. auf Grund eines entsprechenden Hinweises, ist es durchaus möglich, dass am Prüftag keine Arbeitnehmer auf dem Bauvorhaben tätig sind. Dem Gesetzgeber ging es im wesentlichen darum, klare Abgrenzungsverhältnisse zu schaffen.[190] Die legal überlassenen Arbeitnehmer sollen nicht mit den illegal überlassenen Arbeitskräften vermischt werden können, um den Kontrollbehörden die Arbeit nicht zusätzlich zu erschweren. Eine externe Person, der Betriebsrat oder der Bauleiter, wären nicht in der Lage, legal beschäftigte Arbeitnehmer von illegal tätigen Arbeitskräften zu unterscheiden. Das Verbot ist also grundsätzlich geeignet, jegliche Nachfrage nach Leiharbeitnehmern im Baubereich zu unterbinden und ein Vermischen der Arbeitskräfte vom Ansatz her zu vermeiden.[191]

bb) Auswirkungen des § 1 b S. 2 AÜG

Es stellt sich jedoch die Frage, inwieweit sich die in § 1 b S. 2 AÜG getroffene Ausnahmeregelung auf die Eignung des Verbots auswirkt. Wie bereits ausge-

---

[187] Becker, DB 1982, S. 2348 ff, S. 2350.

[188] S. dazu die Statistik der BA in der Anlage.

[189] S. dazu die Ausführungen C III X.

[190] Mayer/Paasch in ArbuR 1983, S. 336.

[191] BVerfGE , NJW 1988, S. 96.

42

führt[192] wird durch § 1 b S. 2 AÜG die gewerbsmäßige Arbeitnehmerüberlassung zwischen Betrieben des Baugewerbes zugelassen, wenn diese Betriebe von demselben Rahmen- und Sozialkassentarifvertrag erfasst werden. Damit ist ein legaler Verleih in das Baugewerbe möglich geworden, wodurch eine Nachfrage nach Leiharbeitskräften geweckt worden und es denkbar ist, dass im Schatten des legalen, illegaler Verleih betrieben wird. Die Ausnahmeregelung des § 1 b S. 2 AÜG durchbricht das Prinzip der „überschaubaren Verhältnisse" auf den Baustellen. Die erlaubte Arbeitnehmerüberlassung zwischen Betrieben des Baugewerbes lässt sich für Außenstehende, wie z.b. für die Baustellenkontrolleure, nicht vom illegalen Verleih unterscheiden. Werden die Kontrollmöglichkeiten erschwert, können illegale Verleihpraktiken erleichtert und durch die die Einhaltung des Leiharbeitsverbots gem. § 1 b S. 1 AÜG kontrollierenden Behörden nicht festgestellt werden. Die Intention des Gesetzgebers, wie beispielsweise die finanzielle Stabilität der Sozialversicherungen zu sichern, könnte verfehlt werden und das Verbot wäre als ungeeignet anzusehen. Allerdings ist zu berücksichtigen, dass der Ausnahmetatbestand des § 1 b S. 2 AÜG nur die Arbeitnehmerüberlassung zwischen Baubetrieben zulässt. Die gewerblichen Zeitarbeitsfirmen dürfen keine Arbeitnehmer zur Verrichtung von Arbeitertätigkeiten in den Baubereich verleihen, weil sie nicht zu den Baubetrieben gehören. Der persönliche Anwendungsbereich der Tarifverträge der Bauwirtschaft erstreckt sich nicht auf sie.[193] Jegliche rein kommerzielle Arbeitnehmerüberlassung ist untersagt. Darüber hinaus wird dem Interesse des Gesetzgebers an der Stärkung einer effektiven tarifvertraglichen Normsetzung[194] auch durch die Regelung in § 1 b S. 2 AÜG Rechnung getragen. Der Verleih von Arbeitnehmern ist nur zwischen Betrieben zulässig, die dem selben Tarifbereich angehören. Die Betriebe unterliegen dem selben Sozialkassentarifvertragssystem und die in einem Entleihbetrieb eingesetzten Leiharbeitnehmer haben die selben Ansprüche gegenüber den Sozialkassen wie die Stammarbeitnehmer.[195] Folglich werden Wettbewerbsverzerrungen vermieden, wie es bei einer Konkurrenz zwischen Baubetrieben und den nicht tarifgebundenen Verleihunternehmen (Zeitarbeitsfirmen) der Fall wäre. Störungen des Teilarbeitsmarkts Bau treten somit nicht auf. Die Regelung des § 1 b S. 2 AÜG steht den Zielen, die durch das Leiharbeitsverbot erreicht werden sollen, nicht entgegen und diskriminiert auch nicht die tarifgebundenen gewerblichen Verleihfirmen unangemessen. Den Kontrollbehörden wird die Arbeit durch die Lockerung des Verbots erschwert, was aber nicht dazu geführt hat, dass die Aufklärungsrate der Verstöße gegen das Leiharbeitsverbot zurückgegangen ist.[196] Die Ausnahme vom Verbot des § 1 b S. 1 AÜG ist in seinen Voraussetzungen sehr eingeschränkt und legalisiert nur einen kleinen Teilbereich der Arbeitnehmerüberlassung in das Baugewerbe. Die

---

[192] S. C III V.
[193] S. dazu C III V 2.
[194] BVerfGE , NJW 1988, S. 1196.
[195] Vgl. dazu Sahl/Bachner in NZA 1994, S. 1064/1065.
[196] S. die in der Anlage beigefügte Statistik der Bundesanstalt für Arbeit, S. C III X.

Auswirkungen hinsichtlich des Verleihs halten sich in Grenzen[197] und berühren nicht die Eignung des Verbots.

cc) Stärkung der Tarifeinheit

Ein weiterer Aspekt für die stringente Regelung des Leiharbeitsverbots ist die Stärkung der Tarifeinheit. In kaum einem anderen Wirtschaftszweig bestehen derartig umfassende soziale tarifliche Regelungen wie im Baubereich, so z.b. die Regelungen über die Urlaubskassen. Diese Regelungen erhalten eine besondere gesetzliche Bedeutung, weil sie für allgemeinverbindlich erklärt worden sind und damit nicht nur zwischen den tarifgebundenen Tarifpartnern wirken. Die gewerblichen Verleihunternehmen (Zeitarbeitsfirmen), gleichgültig, ob legale oder illegale, unterliegen aber nicht dem persönlichen Geltungsbereich dieser Verträge. Sie waren und sind nicht tarifgebunden. Ein Verbot der Arbeitnehmerüberlassung im Baubereich ist daher geeignet, Wettbewerbsverzerrungen zwischen tarifgebundenen und nicht tarifgebundenen Unternehmen zu beseitigen und die Tarifautonomie zu stärken.

b) Erforderlichkeit des Verbots

Hinsichtlich der Erforderlichkeit des Verbots bestehen verfassungsrechtliche Bedenken. Es ist zu klären, ob weniger einschränkende Maßnahmen als ein sektorales Leiharbeitsverbot bestehen, um die vom Gesetzgeber erstrebten Zwecke zu erreichen.

Als Alternativvorschläge kommen in Betracht:

a) Einführung eines Bauarbeiterpasses
b) Ausbau der personellen, sachlichen, organisatorischen und informationellen Mittel der mit der Überwachung betrauten Behörden.
c) Verstärkung der Überwachungs- und Eingriffsbefugnisse in Verleih- und Entleihbetrieben
d) Änderung des Tarifvertragsgesetzes
e) Regelungen des AEntG

Bei der Prüfung der in Betracht zu ziehenden Alternativen ist zu berücksichtigen, dass der Gesetzgeber auf dem Gebiet der Arbeitsmarkt-, Sozial- und Wirtschaftsförderung einen Gestaltungsspielraum hat[198], der ihm einen Beurteilungsspielraum einräumt, mit welchen Mitteln er seine Ziele erreichen kann.

---

[197] S. ANBA 1997 für die Jahre 1993 bis 1997; langsam ansteigende Tendenz des Verleihs in das Baugewerbe.

[198] Aus dem Sozialstaatsprinzip (Art. 20 Abs. 1 GG) ergibt sich die Verpflichtung des Gesetzgebers einen sozialen Mindeststandard zu gewährleisten. Die Entscheidung über die Art und Weise obliegt seinem Gestaltungsspielraum (vgl. BVerfGE 8, S. 274 ff, S. 329).

44

zu a) Einführung eines Bauarbeiterpasses

Den Gedanken an die Einführung eines Bauarbeiterpasses verwarf der Gesetzgeber aus datenschutzrechtlichen Gesichtspunkten.[199] Durch die Ausweiskarte für die Bauarbeiter wäre erheblich in das allgemeine Persönlichkeitsrecht der Bauarbeiter nach Art. 2 Abs.1 GG eingegriffen worden, weil aus ihm die Zeiten und die Dauer eines Arbeitseinsatzes sowie der jeweilige Arbeitgeber des Bauarbeiters ersichtlich geworden wären.[200] Daher hat der Gesetzgeber als das Persönlichkeitsrecht weniger einschneidende Maßnahme für die Arbeitnehmer des Baugewerbes eine Verpflichtung zur Mitführung des Sozialversicherungsausweises normiert (§ 99 Abs. 2 SGB IV), was die Identitätsfeststellung eines auf einem Bauvorhaben angetroffenen Bauarbeiters erleichtern soll. Die Bauarbeiter müssen bei ihrer Tätigkeit im Baugewerbe, z.b. bei Maurerarbeiten, ihren Sozialversicherungsausweis bei sich führen. Der Sozialversicherungsausweis enthält die Versicherungsnummer, den Familien- und Vornamen und ist mit einem Lichtbild auszustatten (§ 97 I u. II SGB IV). Nach § 95 I SGB IV müssen die Bauarbeiter den Ausweis den Kontrollbehörden zur Aufdeckung von illegalen Beschäftigungsverhältnissen während einer Baustellenkontrolle nach den §§ 304 ff SGB III vorlegen. Die Bundesanstalt für Arbeit darf die im Sozialversicherungsausweis enthaltenen Daten einsehen[201], um u.a. Verstöße gegen das Arbeitnehmerüberlassungsgesetz aufzudecken (§§ 305 Abs. 1, 308 Abs. 1 und 3 SGB III). Die Einführung der Mitführungspflicht des Sozialversicherungsausweises erleichtert den Kontrollbehörden (Arbeitsämtern, Hauptzollämtern) die Überprüfung der auf einem Bauvorhaben angetroffenen Arbeitnehmer, stellt aber keinen Ersatz für das Leiharbeitsverbot gem. § 1 b S. 1 AÜG dar. Die Sozialversicherungsausweise sind nicht fälschungssicher, weil das Lichtbild nicht vom Sozialversicherungsträger, also von Amts wegen, eingefügt wird, sondern von dem jeweiligen Ausweisinhaber. Außerdem kann ein Arbeitnehmer im Besitz von mehreren Ausweisen sein, weil nach § 96 Abs.2 SGB IV ein neuer Ausweis (Ersatzausweis) auszustellen ist, wenn der Sozialversicherungsausweis zerstört oder abhanden gekommen ist. Besitzt ein Arbeitnehmer mehrere Ausweise kann er einen seiner Ausweise einen Dritten überlassen, der sein Lichtbild einkleben und unter einem anderen Namen illegal tätig werden kann. Des weiteren sind die personellen und finanziellen Kapazitäten der Kontrollbehörden begrenzt, so dass unmöglich jeder auf einem Bauvorhaben tätige Arbeitnehmer überprüft werden kann.[202]
Der illegale Verleih von Arbeitskräften lässt sich schwer schätzen. Anhand der Erfahrungsberichte der Bundesregierung über die Anwendung des AÜG zeigt sich jedoch, dass eine Verbesserung der Aufklärungsmethoden zur Bekämpfung

---

[199] BT-DS 10/2777, S. 40 f.
[200] Vgl. Paasch, AN 2. Kl., S. 21.
[201] S. § 95 Abs. 1 SGB IV.
[202] S. dazu S. 9-10.

der illegalen Beschäftigung zu einer erhöhten Aufklärungsrate führt.[203] Die Einführung und Mitführungspflicht des Sozialversicherungsausweises allein lässt das Leiharbeitsverbot nach § 1 b AÜG jedoch nicht entbehrlich werden.

Zu b) Ausbau der personellen, sachlichen, organisatorischen und
informationellen Mittel der mit der Überwachung betrauten Behörden

Wie bereits ausgeführt sind Baustellenüberprüfungen mit einem erheblichen finanziellen und personellen Aufwand verbunden[204] Andererseits stehen dem Staat nur begrenzte Mittel zur Verfügung. Durch die Einrichtung des Außendienstes Bau bei den Bekämpfungsstellen der illegalen Beschäftigung hat die Bundesanstalt für Arbeit eine personelle Aufstockung zur Kontrolle von illegalen Beschäftigungsverhältnissen im Baubereich vorgenommen. Durch diese mobile Einsatztruppe soll eine effektive Kontrolle möglichst vieler Bauvorhaben erreicht werden.[205] Nach der Rechtsprechung des Bundesverfassungsgerichts sind Grundrechtsverletzungen hinzunehmen, wenn der Aufwand finanzieller Mittel zur Beseitigung sozialer Missstände das vertretbare Maß überschreiten würde[206] So liegt der Fall hier. Niemand kann vom Gesetzgeber vernünftigerweise erwarten, dass er in Anbetracht seiner vielfältigen Aufgaben der Aufdeckung der illegalen Arbeitnehmerüberlassung, hier dem Verstoß gegen das Leiharbeitsverbot gem. § 1 b S. 1 AÜG, alleinige Priorität einräumt. Der Umfang an Mitteln, die eine umfassende Kontrolle ermöglichen könnten, ginge über das Maß hinaus, was von der Gesellschaft erwartet werden kann.[207] In Anbetracht der historischen Entwicklung der Arbeitnehmerüberlassung im Baubereich ist die Entscheidung des Gesetzgebers, ein sektorales Leiharbeitsverbot wie das des § 1 b S. 1 AÜG zu erlassen, sachgerecht.[208]

Zu c) Verstärkung der Überwachungs- und Eingriffsbefugnisse in
Verleih- und Entleihbetrieben

Unter der Verstärkung der Überwachungs- und Eingriffsbefugnisse ist eine Bandbreite von Maßnahmen zu verstehen, wie z.B. die Schaffung neuer Straf- und Ordnungswidrigkeitentatbestände, die Ausdehnung bestehender Sanktionsnormen oder die Erweiterung von Haftungstatbeständen.
Die sanktionsrechtlichen Eingriffsbefugnisse der Kontrollbehörden sind durch den Gesetzgeber kontinuierlich ausgedehnt worden. Als Beispiele lassen sich die

---

[203] S. BT-DS 13/5498, S. 30 f.

[204] S. dazu S. C I.

[205] S. dazu BT-DS 13/5498, S. 71.

[206] BVerfGE , NJW 1988, S. 1197.

[207] Beschluss des DT BT v. 12.11.1981; DS 9/975.

[208] S. C I , vgl. Meyer/Paasch in BB 1984, S. 1943 ff, S. 1945.

Erhöhung der Strafrahmen in den §§ 15 (Illegaler Verleih von nichtdeutschen Arbeitnehmern ohne Arbeitserlaubnis) und 16 Abs. 2 AÜG[209] bis hin zur Verantwortung des Auftraggebers im Sinne des Ordnungswidrigkeitentatbestandes nach § 404 Abs. 1 Nr. 2 SGB III[210] anführen. Im Bereich der illegalen Arbeitnehmerüberlassung in das Baugewerbe wurde der Ordnungswidrigkeitentatbestand des § 16 Abs. 1 Nr. 1 b AÜG auf die Fälle der Überlassung durch einen Verleiher ohne Erlaubnis ausgedehnt.[211] Bis zu dieser Änderung galt der § 228 Abs. 1 Nr. 3 AFG, der nur den illegalen Verleih in das Baugewerbe erfasste, der durch einen Verleiher mit Verleiherlaubnis ausgeübt wurde. Hinsichtlich eines illegalen Verleihs in das Bauhauptgewerbe durch einen Verleih ohne Verleiherlaubnis ging § 16 Abs.1 Nr. 1 AÜG als lex specialis vor. Die Folge war, dass die unter den Ausnahmekatalog nach § 1 Abs. 3 AÜG fallenden Verleihtätigkeiten nicht im Sinne des Ordnungswidrigkeitenrechts relevant wurden. Durch die Neuregelung in § 16 Abs. 1 Nr. 1 b AÜG und die Ergänzung in § 1 Abs. 3 S. 1 AÜG um die Worte - § 16 Abs. 1 Nr. 1 b, Abs. 2 bis 5 sowie der §§ 17 und 18 - ist nunmehr auch z.b. der Konzernverleih in das Bauhauptgewerbe mit Bußgeld bedroht.[212]

Auch aus den nachfolgenden Ausführungen ergibt sich, dass ein umfassendes Instrumentarium zur Bekämpfung der illegalen Arbeitnehmerüberlassung zur Verfügung steht.[213] Trotzdem lässt sich die Problematik der illegalen Arbeitnehmerüberlassung in das Baugewerbe nicht allein durch verbesserte Überwachungs- und Eingriffsbefugnisse lösen, wie sich, wenn auch nur leicht, an der steigenden Anzahl von aufgedeckten Verstößen nach § 16 Abs. 1 Nr. 1 b AÜG zeigt.[214]

Zu d) Änderung des Tarifvertragsgesetzes

Durch eine Änderung des § 5 Abs. 4 des Tarifvertragsgesetzes (TVG) könnten die bei einem gewerbsmäßigen Verleiher (Zeitarbeitsfirma) beschäftigten Bauarbeiter in die allgemeinverbindlichen Bautarifverträge einbezogen werden.[215] Beispielsweise wäre es denkbar, einen S. 2 mit folgendem Wortlaut hinzuzufügen: Der Geltungsbereich des Tarifvertrages kann im Einzelfall unter den Voraussetzungen des § 5 Abs. 2 TVG auf weitere Arbeitgeber und deren Arbeitnehmer erweitert werden.

Eine Ausdehnung der Rechtswirkungen eines für allgemein verbindlich erklärten Tarifvertrages über seinen sachlichen und räumlichen Geltungsbereich hin-

---

[209] EGStGB vom 02.03.1974 (BGBL I S. 469).

[210] Eingeführt mit 1. SGB-Änderungsgesetz vom 16.12.1997 (BGBL I, S. 2970).

[211] Gültig ab 01.01.1998, s. Ulber, Rdnr. 8 a zu § 16 AÜG.

[212] Vgl. amtl. Begr. BT-DS 13/8994, S. 95.

[213] S. dazu C VIII 3d.

[214] S. Statistik der BA in der Anlage.

[215] So Becker, DB 1982 (Fußn. 27), S. 2353.

aus, hätte gravierende Folgen für die gewerblichen Verleihunternehmen (Zeitarbeitsfirmen). Die Verleiher überlassen ihre Leiharbeitnehmer in verschiedene Betriebe der Baubranche, für die unterschiedliche Tarifverträge gelten, z.b. in Betriebe des Fassadenreinigungsgewerbes und des Elektrohandwerks. Die für das Arbeitsverhältnis maßgeblichen tarifvertraglichen Bestimmungen wären je nach Einsatzort des Leiharbeitnehmers unterschiedlich.[216] Außerdem würde der Leiharbeitnehmer tarifvertraglich dem Entleiher zugeordnet werden, was eine Abgrenzung zwischen Arbeitsvermittlung und Arbeitnehmerüberlassung erschwert. Der Verleiher wäre in seiner Arbeitgeberfunktion betroffen und könnte dann nicht mehr als alleiniger Arbeitgeber der Leiharbeitnehmer angesehen werden. Er wäre dann nur noch Vermittler. Ein solches Ergebnis hätte zum Zeitpunkt des Erlasses des § 12 a AFG der arbeitsmarktpolitischen Ordnungsfunktion des Vermittlungsmonopols widersprochen[217] und hat auch nach Wegfall des Vermittlungsmonopols noch Relevanz.[218]

aa) Aufhebung des Vermittlungsmonopols und dessen Auswirkungen im Hinblick auf eine Ausdehnung der Tarifbindung des BRTV-Bau auf die Leiharbeitnehmer eines Zeitarbeitsunternehmens (Art. 9 Abs. 3 GG)

Im Zuge des Beschäftigungsförderungsgesetzes 1994 ist das Arbeitsvermittlungsmonopol der Bundesanstalt für Arbeit entfallen und der Weg für private Vermittler freigegeben worden.[219] Durch Art. 12 des Gesetzes zur Vereinfachung der Wahl der Arbeitnehmervertreter in den Aufsichtsrat vom 23.03.2002 sind zudem die Erlaubnisvorschriften für die private Arbeitsvermittlung fortgefallen.[220] Es könnte eine Abgrenzung der nun nicht mehr verbotenen Arbeitsvermittlung von der Arbeitnehmerüberlassung entbehrlich geworden sein, weil keine hoheitlichen Maßnahmen zum Schutz des ehemals bestandenen Vermittlungsmonopols mehr erforderlich sind. Eine Ausdehnung der Rechtswirkungen der Tarifverträge auf die Leiharbeitnehmer eines auf Arbeitnehmerüberlassung spezialisierten, gewerblichen Verleihers (Zeitarbeitsfirmen) könnten keine Hinderungsgründe mehr entgegenstehen. Werden die Leiharbeitnehmer in die tariflichen Regelungen des Entleihbetriebes einbezogen, ist eine Abgrenzung zwischen Arbeitsvermittlung und Arbeitnehmerüberlassung schwer möglich. Wegen des ehemals bestehenden Arbeitsvermittlungsmonopols wurde nach überwiegender Ansicht eine Ausdehnung der tarifvertraglichen Bindungen des Entleihers auf die Leiharbeitnehmer abgelehnt, weil eine Abgrenzung zwischen der ehemals verbotenen Arbeitsvermittlung und der Arbeitnehmerüberlassung dann nicht mehr möglich gewesen

---

[216] So auch Paasch, AN 2. Klasse, S. 22.

[217] Vgl. BSG, BB 1977, S. 651; vgl. dazu auch G. Engelbrecht, S. 72.

[218] S. dazu die nachfolgenden Ausführungen.

[219] BGBL I, S. 2456.

[220] BGBl I, S. 1130, in Kraft ab 27.03.2002.

wäre.[221] Der Leiharbeitnehmer wäre zu den Arbeitsbedingungen des Entleihers eingesetzt worden, so dass jener als „Arbeitgeber" nach außen hin in Erscheinung getreten und nicht der Verleiher als alleiniger Arbeitgeber aufgetreten wäre.

Auf das AÜG hat sich der Wegfall des Arbeitsvermittlungsmonopols konkret durch den Fortfall des § 13 AÜG ausgewirkt. Der Gesetzgeber hat diese Norm ersatzlos gestrichen, wodurch die Schutzwirkung des § 13 AÜG zugunsten der Leiharbeitnehmer weggefallen ist.[222] Die Vorschrift stellte die unerlaubte vermutete Arbeitsvermittlung nach § 1 Abs. 2 AÜG in ihren Rechtsfolgen der unerlaubten Arbeitnehmerüberlassung gleich, was zu einem fingierten Arbeitsverhältnis zwischen dem Leiharbeitnehmer und Entleiher führte und das Leiharbeitsverhältnis selbst bei vorhandener Überlassungserlaubnis unwirksam werden ließ.[223] Ein Beispielsfall ist der Verleih eines Elektroinstallateurs (Leiharbeitnehmers) an ein und denselben Elektrobetrieb (Entleiher) über die gesetzlich (derzeit zwölf Monate) vorgeschriebene Überlassungsdauer hinaus. In diesem Fall wird nach § 1 Abs. 2 AÜG Arbeitsvermittlung vermutet. Vor dem Wegfall des § 13 AÜG wäre zwischen dem Elektroinstallateur und dem Elektrobetrieb ein Arbeitsverhältnis begründet worden. Die gesetzliche Fiktionsregelung eines Arbeitsverhältnisses nach § 13 AÜG ist nun entfallen. An der Regelung des § 1 Abs. 2 AÜG hat der Gesetzgeber jedoch festgehalten, weil auch nach Wegfall des Arbeitsvermittlungsmonopols eine Abgrenzung zwischen Arbeitsvermittlung und Arbeitnehmerüberlassung nicht entbehrlich geworden ist. Der Gesetzgeber unterscheidet nach wie vor zwischen Arbeitsvermittlung und Arbeitnehmerüberlassung.[224] Die unterschiedlichen Rechtsfolgen für die Arbeitnehmer auf Grund von Arbeitsvermittlung und der Arbeitnehmerüberlassung gebieten eine eindeutige Abgrenzung. Der Arbeitnehmer muss wissen, wer sein Arbeitgeber ist und an wen er sich mit seinen vertraglichen Ansprüchen z.B. auf Auszahlung des Lohnes halten muss.[225] Bei der Arbeitsvermittlung ist der Betriebsinhaber des Einsatzbetriebes Arbeitgeber; bei der Arbeitnehmerüberlassung der gewerbliche Verleiher. Eine Unterscheidung zwischen Arbeitsvermittlung und Arbeitnehmerüberlassung ist somit erforderlich. Es drängt sich jedoch die Frage auf, ob eine Ausdehnung des BRTV-Bau auf die sog. Verleihunternehmen (Zeitarbeitsfirmen) eine geeignetere Maßnahme des Gesetzgebers zum Schutz der Effektivität tarifvertraglicher Normsetzung im Baugewerbe wäre. Einer Änderung des Tarifvertragsgesetzes könnte Art. 9 Abs. 3 GG entgegenstehen. Die Tarifvertragsparteien legen im Rahmen ihrer Tarifautonomie den Geltungsbereich eines Tarifvertrages fest.[226] Eine Einmi-

---

[221] Vgl. statt vieler BVerfG, NJW 1988, S. 1198.

[222] Mit Wirkung v. 01.04.1997 durch Art. 63 Nr. 9 des AFGRG v. 24.03.1997 (BGBL I S. 594) aufgehoben.

[223] Vgl. dazu Feuerborn , BB 1997, S. 2534.

[224] S. beispielsweise § 1 Abs. 2 AÜG und §§ 296 ff SGB III.

[225] Feuerborn in BB 1997, S. 2534.

[226] S. § 3 TVG.

schung des Gesetzgebers muss daher mit besonderer Vorsicht erfolgen. Es ist ihm zuzubilligen, auf eine Einmischung zu verzichten. Zudem garantiert Art. 9 Abs. 3 GG nicht nur eine positive Koalitionsfreiheit, sondern auch eine negative.[227] Werden die Verleihfirmen in den Geltungsbereich eines für sie nicht geltenden Tarifvertrages einbezogen, liegt insofern ebenfalls ein Grundrechtseingriff vor. Es obliegt der Beurteilung des Gesetzgebers, welche Grundrechtsbeeinträchtigung er für schwerwiegender erachtet[228] und welches von mehreren geeigneten Mitteln er wählt. Ein anderes Mittel ist nur dann geeigneter, wenn es die Grundrechte Dritter auf weniger fühlbar einschränkende Weise beeinträchtigt.[229] Die Änderung des Tarifvertragsgesetzes würden die Verleiher ebenfalls erheblich in ihren Grundrechten treffen.

bb) Ergebnis

Die Einbeziehung der gewerblichen Verleiher in den Wirkungsbereich der Bautarifverträge ist keine geeignetere Maßnahme als das Leiharbeitsverbot.

Zu e) Regelungen des AEntG

Eine andere adäquate, die Verleiher weniger beeinträchtigende Maßnahme, könnte § 1 Abs. 2 a AEntG sein. Danach findet der für allgemeinverbindlich erklärte Tarifvertrag des Bauhauptgewerbes zur Regelung eines Mindestlohnes (TV Mindestlohn)[230] auf die in einem Entleihbetrieb des Bauhauptgewerbes eingesetzten Leiharbeitnehmer Anwendung. Der Verleiher ist verpflichtet den im TV-Mindestlohn festgesetzten Mindestlohn zu zahlen.[231] Nach § 1 Abs. 1 S. 4 AEntG werden von dem Geltungsbereich des AEntG nicht nur die aus dem Ausland in das Inland entsandten Arbeitnehmer erfasst, sondern auch die Arbeitnehmer inländischer Arbeitgeber. Trotzdem kann § 1 Abs. 2 a AEntG das Leiharbeitsverbot nach § 1 b S. 1 AÜG nicht ersetzen.

Die Norm des § 1 Abs. 2 a AEntG verpflichtet die Verleiher lediglich zur Zahlung eines in einem gesonderten Tarifvertrag festgelegten Mindestlohnes. Es erfolgt keine Anbindung der Verleihfirmen an die Tarifverträge des Bauhauptgewerbes, sondern ein gesonderter, wenn auch essentieller, im Hinblick auf das AEntG abgeschlossener Tarifvertrag wird auf die Leiharbeitnehmer für anwendbar erklärt. Der zur Zeit für das Bauhauptgewerbe verbindliche Mindestlohn weicht erheblich von dem im Baubereich zu zahlenden Tariflohn ab. Der Min-

---

[227] Vgl. v. Münch/Kunig, Rdnr. 85 zu Art. 9 GG.

[228] Vgl. BVerfG, NJW 1988, S. 1196.

[229] BVerfGE 40, S. 196 ff (223).

[230] Tarifvertrag zur Regelung eines Mindestlohnes im Baugewerbe im Gebiet der Bundesrepublik Deutschland (TV Mindestlohn) vom 02.06.2000, BGBL I S. 1292 ff.

[231] Vgl. Ulber, Rdnr. 24 a ff zu § 1 AEntG.

destlohn (Gesamttarifstundenlohn) orientiert sich am Lohn der Berufsgruppe VII
2 und betrug ab 01.09.2001 für alle Berufsgruppen einheitlich 16,60 DM (8,49
Euro) pro Stunde für die neuen deutschen Länder und 18,87 DM (9,65 Euro) pro
Stunde für die alten Bundesländer (§ 2 IV TV-Mindestlohn).[232] Er liegt unter-
halb des tariflichen Lohnes von durchschnittlich ca. 22 DM (11,25 Euro) pro
Stunde. Das erklärte Ziel des § 1 b S. 1 AÜG der Wahrung der Tarifeinheit[233]
und damit des Schutzes des Tarifvertragssystems ist durch die Einführung des
§ 1 Abs. 2 a AEntG keinesfalls entbehrlich geworden,[234] weil im TV-Mindestlohn lediglich ein unterer Schwellenwert für den Lohn festgelegt wird. Die Berufsgruppe VII 2 erfasst die Arbeitnehmer, die einfache Bauarbeiten verrichten.
Der Mindestlohn gilt einheitlich für alle vom Geltungsbereich des BRTV-Bau
erfassten Arbeitnehmer, unabhängig von deren Einordnung in eine Berufsgruppe
und deren fachlicher Qualifikation wie es im TV zur Regelung der Löhne und
Ausbildungsvergütungen im Baugewerbe im Gebiet der BRD mit Ausnahme des
Beitrittsgebiets der Fall ist. Außerdem erstreckt sich der Geltungsbereich des § 1
Abs. 2 a AEntG auch nicht auf die Sozialkassentarifverträge, sondern nur auf
den TV-Mindestlohn.
Eine drohende Gefahr für die durch § 1 b S. 1 AÜG zu schützenden Rechtsgüter
wie beispielsweise der Schutz des Sozialversicherungssystems[235] besteht auch
nach Einführung des § 1 Abs. 2 a AEntG. Das Instrument der Arbeitnehmerüberlassung wurde im Baubereich erheblich missbraucht, um illegale Praktiken
zu verschleiern. Die in den Erfahrungsberichten der Bundesregierung über die
Anwendung des AÜG zum Ausdruck gebrachten Erkenntnisse haben gezeigt[236],
dass zur Vermeidung illegaler Praktiken eine eindeutige Verbotsregelung erforderlich ist.
Es ist nicht ersichtlich, dass der Gesetzgeber mit der Verbotsregelung des § 1 b
S. 1 AÜG seinen Beurteilungsspielraum überschreitet. Von einem Überschreiten
könnte nur gesprochen werden, wenn die Erwägungen des Gesetzgebers offensichtlich fehlerhaft sind, so dass sie keine Grundlage für gesetzgeberische Maßnahmen abgeben könnten.[237] In Anbetracht der im Baubereich herrschenden besonders komplexen, schwer überschaubaren und unklaren Verhältnisse, ist die
Entscheidung des Gesetzgebers nachvollziehbar und eben nicht offensichtlich
fehlerhaft. Die Regelung des § 1 Abs. 2 a AEntG ist keine das Leiharbeitsverbot
ersetzende Alternative, sondern allenfalls eine die Leiharbeitnehmer, im Hinblick auf einen Mindestverdienst, schützende Ergänzung. Das Leiharbeitsverbot

[232] S. Anlage 1 zur zweiten Verordnung über zwingende Arbeitsbedingungen im Baugewerbe, BGBL I S. 1294.

[233] S. C II.

[234] Vgl. Tarifvertrag zur Regelung eines Mindestlohnes im Baugewerbe vom 02.06.2000; Tarifvertrag zur Regelung der Löhne und Ausbildungsvergütungen im Baugewerbe im Gebiet der BRD mit Aus-nahme des Beitrittsgebiets vom 10.04.1996; abgedruckt in Koberski/Sahl/Hold, S. 198 ff.

[235] S. zu den Schutzgütern des § 1 b AÜG unter C II,II.

[236] S. z.B. BT-DS 8/4479, S. 6 f.

[237] Vgl. BVerfGE 30, 292 ff, S. 317.

nach § 1 b S. 1 AÜG ist erforderlich die gesetzgeberischen Ziele der Wahrung der Tarifeinheit, der Sicherung des Sozialversicherungssystems und der Vermeidung illegaler Praktiken entgegenzuwirken.

c) Verhältnismäßigkeit des Verbots

Nach der bisherigen Prüfung ist zwangsläufig auch die Angemessenheit der Regelung des § 1 b S. 1 AÜG anzunehmen. Zum einen ist die besondere Bedeutung der vom Gesetzgeber für schutzbedürftig erachteten Gemeinwohlbelange wie z.b. die Stärkung der Tarifeinheit zu betonen und zum anderen stehen weniger einschneidende aber ebenso erfolgreiche Mittel nicht zur Verfügung. Die Berufsfreiheit der Verleiher aus Art. 12 Abs. 1 GG (freie Berufsausübung) hat gegenüber den Zielen des § 1 b S. 1 AÜG zurückzustehen. Nur durch ein vollständiges Verbot können Abgrenzungsschwierigkeiten zwischen illegalen und legalen Verleih vermieden werden. Dabei ist dem gewerbsmäßigen Verleiher (Zeitarbeitsfirmen) zuzumuten, sich auf andere Branchen festzulegen. Verleiher, die nicht vorrangig oder ausschließlich in das Baugewerbe verleihen oder die sog. Mischbetriebe, die nicht nur als gewerbliche Verleiher tätig sind, sondern auch andere Geschäftszwecke wie beispielsweise den Verkauf von Baumaschinen betreiben, verlieren lediglich eine zusätzliche wirtschaftliche Verwertungsmöglichkeit.[238] Auch der Umstand, dass pflichtgemäß handelnde Verleiher für das Verhalten illegal handelnder Dritter einstehen müssen, ändert nichts an der Tatsache, dass die legale Arbeitnehmerüberlassung in den Baubereich Rahmenbedingungen geschaffen hat, innerhalb derer sich die illegale Arbeitnehmerüberlassung ausbreiten konnte und die Möglichkeit zur Verschleierung erleichtert wurde.

6. Weitere Grundrechtsbeschränkungen des Verleihers

Als weitere Grundrechtsverletzungen der Verleiher durch das Verbot des § 1 b S. 1 AÜG kommen Eingriffe in die Art. 14 Abs. 1, Art. 3 Abs. 1 und Art. 2 Abs.1 GG in Betracht. Die Verleiher können sich nicht auf eine Grundrechtsverletzung des Art. 14 Abs. 1 GG stützen, insbesondere in das Recht des eingerichteten und ausgeübten Gewerbebetriebes. Nach der Rechtsprechung des Bundesverfassungsgerichts fällt lediglich die „Sach- und Rechtsgesamtheit des Gewerbebetriebes" unter die Eigentumsgarantie, was bedeutet, dass der Eingriff in die Substanz des Betriebes erfolgen muss.[239] Regelungen, die lediglich die Ausübung des Gewerbes betreffen, dienen in der Regel nur dazu, den Inhalt der Eigentumsgarantie festzulegen.[240] Im Gegensatz zu anderen Grundrechten hat der Gesetzgeber in diesem Bereich einen relativ weiten Regelungsspielraum. Der

---

[238] S.a. Mayer/Paasch , ArbuR 1983, S. 336.

[239] BVerfGE 1, S. 264 ff, S. 277 f.

[240] Vgl. Mayer/Paasch, BB 1984, S. 1946, Art. 14 Abs. 1 S. 2 GG.

Schutzbereich des Art. 14 Abs. 1 GG wird durch die Sozialbindung des Art. 14 Abs. 2 GG und die Ausgestaltungsbefugnisse des Gesetzgebers (gesetzliche Regelungen) bestimmt,[241] denn Eigentum verpflichtet und steht damit in einem besonderen sozialen Bezug. Zu prüfen ist daher, ob das Grundrecht in seinem Wesensgehalt angetastet wird. Die Regelung des § 1 b S. 1 AÜG ist als Inhaltsbestimmung zu werten. Durch das Verbot werden die Verleiher nicht daran gehindert, Verleihtätigkeiten und damit auch ihr Gewerbe auszuüben. Die Verbotsregelung des § 1 b S. 1 AÜG sieht nur für den Baubereich eine Ausnahme der im Grunde zulässigen Arbeitnehmerüberlassung vor. Durch die gesetzliche Maßnahme sind die gewerbsmäßigen Verleiher lediglich in ihren Vermögensinteressen betroffen, weil sie sich auf einem Teilmarkt wirtschaftlich nicht mehr betätigen können. Reine Vermögensinteressen unterliegen nach der Rechtsprechung des Bundesverfassungsgerichtes aber nicht dem Schutzbereich des Art. 14 Abs. 1 GG.[242]

Ebenso besteht keine verfassungswidrige Gleichbehandlung der verschiedenen Verleihunternehmen, wie Mischbetriebe des Baugewerbes, Mischverleiher und ausschließlich für das Baugewerbe tätige Verleiher. Um eine effektive Wirkung des Verbots zu erreichen, müssen auf den Baustellen klare Verhältnisse geschaffen werden. Eine komplizierte gesetzliche Regelung steht diesem Ziel entgegen.[243]

Die Norm des Art. 2 Abs. 1 GG als Grundrecht der wirtschaftlichen Betätigungsfreiheit scheidet als Prüfungsmaßstab aus, weil insofern das Grundrecht nach Art. 12 Abs. 1 GG als speziellere Regelung vorgeht.[244]

7. Grundrechtsbeschränkungen der Entleiher

Die Entleiher könnten durch die Regelung des § 1 b S. 1 AÜG in ihrer Berufsausübungsfreiheit nach Art. 12 Abs. 1 S. 2 GG betroffen sein.

Art. 12 Abs. 1 S. 1 GG gewährleistet dem Einzelnen das Recht, jede Arbeit, für die er sich geeignet hält, als „Beruf" zu ergreifen und zur Grundlage seiner Lebensführung zu machen.[245] Unter Beruf ist daher jede der Schaffung und Erhaltung dienende erlaubte Tätigkeit zu verstehen, welche ein traditionell und auch gesetzlich ausgeprägtes Berufsbild darstellt.[246] Art. 12 Abs. 1 S. 2 GG garantiert das Recht, den gewählten Beruf auszuüben. Im Gegensatz zum Verleiher, dessen Geschäftsgegenstand der „Verleih von Arbeitskräften" ist, liegt beim Entleiher der Tätigkeitsschwerpunkt nicht im Entleih von Arbeitskräften, sondern in der Ausführung von gewerblichen Aufträgen, wie beispielsweise bei einem

---

[241] Von Münch/Kunig, Rdnr. 11 zu Art. 14 m.w.N.

[242] Vgl. BVerfGE 65, S. 196 ff, S. 209.

[243] Vgl. BVerfGE 70, S. 1 ff, S. 34 f.

[244] Vgl. BVerfGE 68, S. 193 ff, S. 223 f.

[245] Vgl. Pieroth, S. 34; BVerfGE 7, S. 377.

[246] BVerfG, NJW 1988, S. 1196.

Hochbauunternehmen die Maurerarbeiten. Durch das Verbot werden die Entleiher nicht in ihrer geschäftlichen Tätigkeit bzw. in der Grundlage ihrer Lebensführung beeinträchtigt. Zwar hat das Verbot des § 1 b S. 1 AÜG Auswirkungen auf die personalpolitische Flexibilität der Entleiher, was aber nur eine Einschränkung der wirtschaftlichen Betätigungsfreiheit darstellt.[247] Die wirtschaftliche Betätigungsfreiheit wiederum ist ein Schutzgut der allgemeinen Handlungsfreiheit nach Art. 2 Abs. 1 GG.[248]
Eine Begrenzung der allgemeinen Handlungsfreiheit ist durch „allgemeine Gesetze" zulässig, also nicht erst dann, wenn eine Regelung zur Abwendung drohender Gefahren für die Allgemeinheit dringend erforderlich ist. Bereits jede verhältnismäßige Maßnahme des Gesetzgebers, die geeignet ist, das gesetzgeberische Ziel zu erreichen, erweist sich als verfassungsmäßig zulässige Schranke. Die Anforderungen an die Grundrechtsschranke „allgemeine Gesetze" sind damit nicht so hoch anzusetzen wie bei Art. 12 Abs. 1 S. 2 GG. Im übrigen ist die sozial- und arbeitsrechtliche Verantwortung der Entleiher für ihre Arbeitskräfte hervorzuheben. Reine betriebswirtschaftliche Interessen wie die Personalplanung und die Möglichkeit die Arbeitskräfte Dritter variabel einzusetzen, sind keine Gemeinschaftsgüter von verfassungsrechtlichen Rang.[249]

Weitere Grundrechtsverletzungen kommen nicht in Betracht. Die unternehmerische Dispositionsfreiheit in Gestalt der flexiblen Personalpolitik berührt letztlich nur die Vermögensinteressen der Entleiher. Die unterschiedliche Behandlung der Entleihunternehmen der Bauwirtschaft im Vergleich zu Betrieben anderer Wirtschaftszweige beruht auf den branchenspezifischen Besonderheiten im Baubereich, die eine Beschränkung des Verbots nach § 1 b S. 1 AÜG auf das Bauhauptgewerbe sachlich rechtfertigen.[250]

8. Grundrechtsbeschränkungen der Leiharbeitnehmer

Die Leiharbeitnehmer könnten in ihrem Grundrecht auf freie Wahl des Berufes nach Art. 12 Abs.1 S. 1 GG betroffen sein. Die freie Berufswahl beinhaltet das Recht seinen Beruf, Arbeitsplatz und seine Ausbildungsstätte frei zu wählen.
Einer Beschränkung der Berufswahl steht entgegen, dass die Funktion als „Leiharbeitnehmer" keinen Beruf darstellt. Der Beruf des Leiharbeitnehmers ist der von ihm erlernte oder in der Regel ausgeübte, z.B. der eines Maurers, Putzers oder Hilfsarbeiters. Der Einsatz als Leiharbeitnehmer ist lediglich eine Funktionsbezeichnung, weil für die Tätigkeit als Leiharbeitnehmer keine besonderen fachlichen Qualifikationen im Vergleich zu den direkt vom Arbeitgeber ange-

---

[247] S. auch Mayer/Paasch in BB 1984, S. 1943.

[248] Vgl. auch Ausf. zu Art. 14 Abs. 1 GG auf Seite 46; die Eigentumsnutzung im Hinblick auf Vermögensinteressen wird nicht geschützt..

[249] Vgl. dazu BVerfGE 30, S. 292 ff, S. 326.

[250] Vgl. dazu BVerfGE 71, S. 146 ff, S. 154 f.

54

stellten Beschäftigten vorausgesetzt werden.[251] Daran ändern auch die im AÜG enthaltenen arbeits- und sozialrechtlichen Schutzregelungen wie z.b. über die inhaltlichen Anforderungen an den Arbeitsvertrag zwischen Verleiher und Leiharbeitnehmer nach § 11 AÜG nichts. Die Vorschriften des AÜG sind reine Schutzvorschriften für die Leiharbeitnehmer und setzen keine spezifischen beruflichen Tätigkeitsmerkmale für Leiharbeitnehmer fest. Die Möglichkeit einen Bauberuf wie den des Maurers zu ergreifen, besteht trotz des Verbots nach § 1 b S. 1 AÜG. Lediglich die Tätigkeit als Leiharbeitnehmer im Bereich des Bauhauptgewerbes ist für einen Maurer nur eingeschränkt möglich. Ebenso liegt keine verfassungswidrige Regelung der Berufsausübung vor. Durch das Verbot nach § 1 b S. 1 AÜG ist es z.b. einem Maurer nur eingeschränkt möglich, seinen Beruf als Leiharbeitnehmer im Bauhauptgewerbe auszuüben.[252] Der Schutzbereich des Art. 12 Abs. 1 S. 2 GG könnte daher berührt sein. Das Verbot nach § 1 b S. 1 AÜG ist jedoch eine arbeitsrechtliche Schutzregelung zugunsten der Leiharbeitnehmer. Durch die zwingende Regelungen des Arbeitsrechts, wozu auch § 1 b S. 1 AÜG zählt, wird gewährleistet, dass die Arbeitnehmer ihr Grundrecht aus Art. 12 Abs. 1 GG unter sozial angemessenen Bedingungen verwirklichen können. Das Rechtsinstitut des individuellen Arbeitsvertrages genügt nicht, um sozial angemessene Arbeitsverhältnisse zu begründen, weil sich die Arbeitnehmer in der Regel in einer sozial schwächeren Position befinden.[253] Die illegalen Beschäftigungsverhältnisse sind weniger kostenintensiv. Die illegal tätigen Verleiher führen keine Steuern oder Sozialversicherungsbeiträge ab und verdrängen daher die legalen Beschäftigungsverhältnisse.[254] Der Gesetzgeber sah sich zum Erlass des Leiharbeitsverbots nach § 1 b S. 1 AÜG veranlasst, weil er die legalen Beschäftigungsverhältnisse schützen und die Arbeitnehmer des Bauhauptgewerbes sozial absichern wollte.[255] Ein wesentliches Instrument der Arbeitnehmer, sozial angemessene Arbeitsbedingungen für sich auszuhandeln ist der Abschluss von Tarifverträgen. Das Leiharbeitsverbot soll sicherstellen, dass die im Bauhauptgewerbe tätigen Arbeiter den Tariflohn erhalten. Es damit als Schutzgesetz zugunsten der Leiharbeitnehmer zu verstehen. Die Leiharbeitnehmer sind durch ein Schutzgesetz nicht in ihren Grundrechten beschwert. Ein grundrechtlicher Schutz vor einem Schutzgesetz stellt einen Widerspruch in sich dar.

Eine Verletzung des Gleichbehandlungsgrundsatzes nach Art. 3 Abs. 1 GG liegt ebenfalls nicht vor. Eine unsachgemäße Ungleichbehandlung gegenüber anderen Arbeitnehmern, Leiharbeitnehmern oder Direktangestellten im Bauhauptgewerbe, liegt nicht vor. Die besonderen tatsächlichen Verhältnisse im Baubereich und

[251] Vgl. dazu BVerfG, NJW 1988, S. 1198.

[252] Bei Vorliegen eines Ausnahmetatbestandes nach § 1 b S. 1 AÜG oder nach § 1 Abs. 1 S. 1 AÜG.

[253] Vgl. BVerfG, NJW 73, S. 1320.

[254] S. dazu C I.

[255] S. S. C II.

die dargelegten illegale Betätigungen von Verleihern[256] erforderten eine Reglementierung in Gestalt des Leiharbeitsverbots gem. § 1 b S. 1 AÜG.

9. Zusammenfassung

Zusammenfassend ist festzustellen, dass das Leiharbeitsverbot nach § 1 b S. 1 AÜG eine sachgerechte und erforderliche Maßnahme ist, die sozialen Missstände im Baubereich zu bekämpfen und insbesondere die Sozialkassen zu schützen. Die Verfassungsmäßigkeit des Verbots in das Bauhauptgewerbe nach § 1 b S. 1 AÜG kann nicht anhand einzelner Merkmale wie z.b. der Wahrung der Tarifeinheit innerhalb des Baugewerbes beurteilt werden. Alle Faktoren gemeinsam, die besonderen Arbeitsbedingungen der gewerblichen Arbeitnehmer, der ausgeprägte Tarifschutz im Baugewerbe und die tariflichen Einrichtungen sowie der erhebliche sozialstaatliche Missbrauch in diesem Bereich rechtfertigten das Verbot. Auch die seit dem Erlass eingetretenen gesetzlichen Änderungen wie z.B. der Wegfall des Arbeitsvermittlungsmonopols oder die Einführung des § 1 b S. 2 AÜG führen zu keiner anderen verfassungsrechtlichen Beurteilung.

VII. Die illegale Arbeitnehmerüberlassung in das Bauhauptgewerbe

Die nachstehenden Ausführungen werden zeigen, dass die illegale Arbeitnehmerüberlassung in Betriebe des Baugewerbes viele Ausprägungen hat und in verschiedenen Erscheinungsformen auftritt. Sie beschränkt sich nicht auf einen isolierten Verstoß gegen das Leiharbeitsverbot gem. § 1 b S. 1 AÜG. Das Verbot der Arbeitnehmerüberlassung in den Baubereich nach § 1 b S. 1 AÜG wird in vielen Fällen dadurch umgangen, dass die Beteiligten versuchen entweder über das Vorliegen einer Arbeitnehmerüberlassung an sich, der Gewerbsmäßigkeit der Arbeitnehmerüberlassung oder über das Vorliegen einer Arbeitnehmerüberlassung speziell in einen Betrieb des Baubereichs hinwegzutäuschen.[257] Die beteiligten Firmen tarnen die in Wirklichkeit bestehende illegale Arbeitnehmerüberlassung durch andere Formen des drittbezogenen Personaleinsatzes und wollen sich auf diese Weise ihren Arbeitgeberverpflichtungen, wie z.B. der Beachtung des Arbeitsschutzes und des Abführens der Sozialversicherungsbeiträge, entziehen. Die Illegalität der Arbeitnehmerüberlassung kann sich aber auch aus der von den Beteiligten gewählten, rechtlichen Konstruktion der vertraglichen Beziehungen ergeben. Die unter VII 1 stehenden Ausführungen beziehen sich daher auf die Abgrenzung der Arbeitnehmerüberlassung von den anderen Formen des drittbezogenen Personaleinsatzes und deren Verschleierungsmethoden, aber auch auf andere mögliche Erscheinungsformen der illegalen Arbeitnehmerüberlassung. Es wird vorausgesetzt, dass der Auftraggeber (Entleiher) ein Betrieb des Bauhauptgewer-

---

[256] S. C II.

[257] BT-DS 14/4220, S. 34.

bes ist und es sich um Arbeitertätigkeiten handelt. Die illegale Arbeitnehmerüberlassung führt damit auch zu einem Verstoß gegen das Leiharbeitsverbot gem. § 1 b S. 1 AÜG.

1. Illegale Arbeitnehmerüberlassung durch Vorgeben anderer Formen des drittbezogenen Personaleinsatzes und Täuschen über das Nichtvorliegen von Tatbestandsvoraussetzungen des § 1 b S. 1 AÜG

Nachdem nunmehr der Inhalt, Umfang und die Verfassungsmäßigkeit des Leiharbeitsverbots nach § 1 b S. 1 AÜG feststehen, ist zu untersuchen, inwieweit es von den betroffenen Bauunternehmen befolgt und durch die für die Verfolgung der illegalen Arbeitnehmerüberlassung zuständigen Behörden durchgesetzt werden kann und wird. Die Verbotsregelung gem. § 1 b S. 1 AÜG wird nur dann Wirkung entfalten und deren dahinter stehende gesetzgeberische Intention kann nur erreicht werden, wenn das Verbot von den Betroffenen beachtet wird. Die Einhaltung des § 1 b S. 1 AÜG durch die Verleih- und Entleihfirmen ist jedoch keine Selbstverständlichkeit, weil der illegale Verleih von Arbeitskräften für die Beteiligten profitabel ist. Mit der illegalen Überlassung von Arbeitnehmern lassen sich zum Teil erhebliche Kostenersparnisse erzielen, weil die illegal handelnden Unternehmen nicht nur gegen die Vorschriften des AÜG verstoßen, sondern zugleich auch gegen andere Vorschriften des Arbeits-, Sozialversicherungs- und des Steuerrechts.[258] Die von den illegal handelnden Unternehmen an die Leiharbeitnehmer ausgezahlten Löhne sind reine „Nettolöhne", bei denen die Lohnbestandteile der an die Einzugsstelle abzuführenden Sozialversicherungsbeiträge und die an die Finanzbehörden zu zahlenden Steuern fehlen und eingespart werden. Durch diese Gesetzesverstöße verschaffen sich illegal handelnde Unternehmen einen wirtschaftlichen, wettbewerbsrechtlichen Vorteil gegenüber seriösen Unternehmen. Sie können ihre Bauleistungen auf dem Markt zu einem Preis anbieten, der für legal handelnde Bauunternehmen, bei Einhaltung aller gesetzlichen Bestimmungen, nur unter Hinnahme von wirtschaftlichen Verlusten kalkulierbar ist. Als Beispiel lässt sich das Marktsegment „Stahlarmierung" anführen. Bis vor zehn Jahren konnte für das Verlegen von Baustahl ein durchschnittlicher Preis von ca. 900 DM/t (450,- Euro) erzielt werden. Für diese Werkleistung sind derzeit Preise von 300 DM/t (150,- Euro) und darunter die Regel. Diese Preise sind jedoch für ein legal handelndes Bauunternehmen nicht kalkulierbar, weil dafür Voraussetzung ist, dass lediglich ein Stundenlohn zwischen 10,- DM (5,- Euro) und 30,- DM (15,- Euro) an die Arbeitnehmer gezahlt wird. Bei Zahlung des Mindesttariflohnes müssten jedoch (ohne Wagnis- und Gewinnkalkulation) etwa 40,- DM (20,- Euro) pro Stunde aufgewendet werden.[259] Die legal handelnden Bauunternehmen

---

[258] Vgl. BT-DS 13/5498, S. 33, BT-DS 14/4220, S. 39.

[259] Erkenntnis des Bundeskriminalamtes, veröffentlicht in BT-DS 14/4220, S. 39.

werden auf diese Art und Weise vom Markt verdrängt. Da die illegal handelnden Verleiher und Entleiher sich kaum einer strafrechtlichen Verfolgung aussetzen und sich selbst anzeigen werden[260] und die betroffenen Leiharbeitnehmer aus Angst vor Repressalien durch den Arbeitgeber und arbeitsvertraglichen Konsequenzen (Kündigung des Arbeitsverhältnisses) und der Hoffnung auf einen kurzfristigen Gewinn[261] ebenfalls zu keiner Anzeige bereit sein werden, obliegt dem Staat die Kontrolle über die Einhaltung des Leiharbeitsverbots gem. § 1 b S. 1 AÜG. Außerdem hat der Staat ein nachvollziehbares, ausgeprägtes wirtschaftliches und soziales Interesse daran, dass die Sozialversicherungsbeiträge und die Steuern in der gesetzlich vorgegebenen bzw. vertraglich festgelegten (Krankenkassenbeiträge) Höhe an ihn abgeführt werden. Die staatliche Überwachung der im Bauhauptgewerbe tätigen Unternehmen im Hinblick auf die Einhaltung des Leiharbeitsverbots gem. § 1 b S. 1 AÜG ist daher unerlässlich. Für die Aufdeckung und Verfolgung der illegalen Arbeitnehmerüberlassung sind u.a. die Bearbeitungsstellen zur Bekämpfung der illegalen Beschäftigung der Bundesanstalt für Arbeit zuständig.[262] Den am Wirtschaftsleben Beteiligten ist bekannt, daß die legale Arbeitnehmerüberlassung den Bestimmungen des AÜG unterliegt und sektoral, im Bereich des Bauhauptgewerbes, nach § 1 b S. 1 AÜG verboten ist. Die wohl im Baubereich am häufigsten verwendete Form zur Verschleierung einer illegalen Arbeitnehmerüberlassung ist der sog. „Scheinwerkvertrag".[263] Bei einem „Scheinwerkvertrag" wird das Vorliegen eines Werkvertrages lediglich vorgetäuscht. Der Regelungsbereich des § 1 b S. 1 AÜG verbietet den Verleih von Arbeitskräften zur Verrichtung von Arbeitertätigkeiten in Betriebe des Bauhauptgewerbes. Rechtlich möglich ist aber der Abschluss eines Werkvertrages zwischen einem ausländischen und einem inländischen Bauunternehmen des Bauhauptgewerbes, z.B. über die Maurerarbeiten zur Erstellung eines Rohbaues. Daher werden in der Praxis Vertragsverhältnisse gegenüber Dritten z.B. dem Betriebsrat und den staatlichen Überwachungsbehörden als Werkverträge ausgegeben, bei denen es sich in Wirklichkeit um illegale Arbeitnehmerüberlassung handelt. Der Werkvertrag unterscheidet sich von der Arbeitnehmerüberlassung durch nachstehend aufgeführte Kriterien.

a) Werkvertrag

Die Begriffsbestimmung des Werkvertrages findet sich in § 631 Abs. 1 BGB. Durch den Werkvertrag wird der Unternehmer zur Herstellung des versprochenen Werkes und der Besteller zur Errichtung der vereinbarten Vergütung verpflichtet. Der Werkunternehmer (Inhaber eines Baubetriebes) verpflichtet sich, ein bestimmtes Arbeitsergebnis, einen konkreten Erfolg herbeizuführen. Als Beispiel

---

[260] S. dazu zur Strafbarkeit des Verleihers S. 132 ff.

[261] Es werden immer wieder Fälle bekannt, in denen die illegal handelnden Verleiher, ihre Arbeitnehmer um den vereinbarten Lohn betrügen, vgl. BT-DS 14/4220, S. 39.

[262] S. Ausf. bei Krone, S. 131 f.

[263] S.auch Ismail, S. 82, BT-DS 14/4220, S. 34.

läßt sich eine Hochbaufirma anführen, die den Auftrag zum Bau eines Einfamilienhauses hat und einen „Unterauftrag" z.b. die Estricharbeiten an ein anderes Werkunternehmen, einen sog. „Subunternehmer", vergibt. Das vom „Subunternehmer" zu liefernde Arbeitsergebnis im Sinne des § 631 Abs. 1 BGB besteht darin, Estricharbeiten im Rohbau des Einfamilienhauses zu erbringen. Der „Unterauftrag" kann sich auf das gesamte Gebäude, aber auch auf vereinzelte Räume, das Treppenhaus oder lediglich den Keller eines Hauses erstrecken. Um eine eindeutige Abgrenzung des Werkvertrages von der Arbeitnehmerüberlassung zu ermöglichen, können eine Reihe von Abgrenzungskriterien herangezogen werden,[264] die durch die Rechtsprechung der mit der Arbeitnehmerüberlassung befaßten obersten Gerichte zur rechtlichen Beurteilung herangezogen werden.[265]

aa) Die Organisationsgewalt

Bei einem Werkvertrag organisiert der Unternehmer die zur Erreichung des Erfolges notwendigen Handlungen selbst, wobei er sich Erfüllungsgehilfen bedienen kann. Die Herstellung des Werkes obliegt der Verantwortung des Werkunternehmers, hier des Inhabers des Baubetriebes.[266] Aus den Normen der §§ 642 und 645 BGB ergeben sich zwar Weisungsmöglichkeiten des Bestellers. Diese Befugnisse beschränken sich jedoch auf das herzustellende Werk. Die Art und Weise der Herstellung und damit die Arbeitsabläufe organisiert der Werkunternehmer in eigener Regie.[267] Dazu gehört beispielsweise zu entscheiden, mit welcher Zahl von Arbeitnehmern er das Werk ausführt und ob er bereits vor dem Herstellungstermin fertig sein will.[268] Der Bauunternehmer bestimmt somit selbst wie viele Arbeiter er für die Estricharbeiten einsetzt. Vertragliche Abreden, die den Auftraggeber ermächtigen, bestimmte Arbeitnehmer auszuwählen oder Qualifikationen der einzusetzenden Arbeitnehmer voraussetzen, sprechen gegen das Vorliegen eines Werkvertrages. Derartige Vereinbarungen stellen eine erhebliche Einschränkung der Organisationsgewalt des Werkunternehmers/Auftragnehmers dar[269] und sind eher ein Indiz für Arbeitnehmerüberlassung. Die Interessenlage der Vertragsparteien/Bauunternehmen erfordert die unterschiedlichsten Vertragsgestaltungen. Grundsätzlich obliegt dem Werkvertragsunternehmer die Organisationsgewalt. Er bestimmt als Arbeitgeber die zeitliche Dauer des Arbeitseinsatzes seiner Arbeitnehmer. Unter Umständen ist eine Absprache zwischen Auftragge-

---

[264] Marschall in NZA 1984, S. 150 ff; Sandmann/Marschall, Anm. 13 zu § 1; Ismail, S. 83 ff; Pelzer, S. 193 ff.

[265] BAG in AP Nr. 2 zu § 1 AÜG; BGH, NJW 1980, 452; BSG Urt. Vom 27.11.1980-12 Rar 9/79; BVerwG, NJW 1980, S. 2035.

[266] BAG v. 18.01.1989, AP Nr. 2 zu § 14 AÜG.

[267] So auch Becker in BlStSozArbR 1980, S. 372.

[268] Vgl. Göbel ,in BlStSozArbR 1973, S. 330.

[269] S. Hoyningen-Huene., S. 1672.

ber und Werkunternehmer hinsichtlich der Arbeitszeiten erforderlich[270], welche die Organisationsgewalt des Werkunternehmers einschränken. Werden z.b. Baumaßnahmen auf dem Gelände eines Betriebes durchgeführt, der nur zu bestimmten Zeiten für die Arbeiter zugänglich ist, muss der Werkvertragsunternehmer die Arbeitszeiten seiner Arbeiter diesen Zeiten anpassen. Er wird zwar dadurch in seiner Organisationsgewalt beschränkt, was aber nicht dazu führen kann, das Vorliegen eines Werkvertrages abzulehnen, wenn der Vertrag im übrigen als Werkvertrag ausgestaltet ist.

bb) Die Weisungsbefugnis

Im Rahmen eines Werkvertrages obliegt dem Werkunternehmer als Arbeitgeber die Weisungsbefugnis gegenüber seinen Arbeitnehmern.[271] Diese beinhaltet beispielsweise die Festlegung der Arbeitszeit und die Überwachung des Arbeitsablaufs.[272] Der Werkunternehmer bestimmt maßgeblich das inhaltliche Arbeitsverhältnis der Arbeitnehmer, an dessen Regeln sie sich halten müssen. Im Gegensatz dazu werden Leiharbeitnehmer in den Drittbetrieb/des Bestellers eingegliedert.[273] Sie unterstehen den Weisungen des Inhabers des Drittbetriebes. Er stellt ihnen das Material und Werkzeug zur Verfügung, welches sie für ihre Tätigkeit benötigen. Die Leiharbeitnehmer werden organisatorisch in den Drittbetrieb eingegliedert, was sich beispielsweise durch ein „Hand in Hand" arbeiten mit der Stammbelegschaft zeigt.[274] Eine Unterscheidung während des Arbeitsablaufs zwischen Leih- und Stammarbeitnehmern ist rein äußerlich nicht mehr möglich, weil sie die selben Geräte und Einrichtungen benutzen. Aber auch bei einem Werkvertrag wird der Erfüllungsgehilfe durch die Benutzung der selben Einrichtungen „äußerlich" in die Betriebsorganisation des Auftraggebers/Werkunternehmers eingegliedert.[275] Es erfolgt aber keine innere „Integration" wie bei Leiharbeitnehmern in den Betrieb des Entleihers. Während in der Vergangenheit die Arbeitnehmerüberlassung durch eine offensichtliche arbeitsorganisatorische Vermischung von Leiharbeitnehmern mit Stammarbeitnehmern des Entleihbetriebes nachgewiesen werden konnte, trifft man heute eine derartige Vermischung selten an.[276] Vielmehr werden die Leiharbeitnehmer vorzugsweise als Arbeitskolonne mit eigenen Kolonnenführer eingesetzt, wobei der Kolonnenführer die Weisungen des Entleihers entgegennimmt und für die Umsetzung durch die Kolonne sorgt.[277] Im Baubereich tritt diese Form der Arbeitnehmerüberlassung verstärkt im Rahmen der

[270] W. Hamann, S. 193; LAG, BB 1983, S. 1161 unter 2e der Gründe.

[271] Vgl. beispielsweise BVerwG NJW 1980, 2035 f; BAG, BB 1977, S. 945.

[272] Vgl. Halbach in DB 1980, S. 2392.

[273] S.auch Urteil des BAG v. 09.11.1994 – 7 AZR 217/94 in ZAP, Fach 17 R, S. 141.

[274] Ismail,, S. 90.

[275] Hartwig, S. 191.

[276] BT-DS 14/4220, S. 34

[277] S. dazu C VII 1 a) gg.

60

Kontingentwerkverträge auf.[278] Die Kolonne besteht aus ausländischen Arbeitnehmern und der Kolonnenführer übernimmt die Funktion des Dolmetschers.
Aber selbst wenn eine Vermischung von Leiharbeitnehmern und Stammarbeitnehmern stattfindet, ist der Nachweis einer Arbeitnehmerüberlassung kaum zu
erbringen. Für Außenstehende wie z. B. die Mitarbeiter der Überwachungsbehörden ist bei einer Baustellenkontrolle die Betriebszugehörigkeit eines Bauarbeiters
rein äußerlich nicht erkennbar. Verlegt z. B. der „Hauptunternehmer" im Treppenhaus den Estrich, während diese Arbeiten im Keller durch einen „Subunternehmer" durchgeführt werden sollen, handelt es sich um zwei selbständige Auf-
tragsleistungen. Die Arbeiter beider Betriebe halten sich aber im selben Gebäude
auf und verwenden das gleiche Arbeitsmaterial. Rein äußerlich können die Arbeiter keinem Betrieb zugeordnet werden. Der Nachweis einer Arbeitnehmerüberlassung läßt sich dann führen, wenn ein Arbeiter des „Hauptunternehmers" mit einem Arbeiter des „Subunternehmers" „Hand in Hand" arbeitet und beide gemeinsam z.B. im Keller des Hauses den Estrich verlegen. Arbeiten die Arbeitnehmer
der verschiedenen Betriebe dagegen räumlich getrennt, ist davon auszugehen,
dass beide Betriebe/Werkunternehmen selbständige, voneinander unabhängige
Vertragsleistungen, erbringen und die Arbeitnehmer des „Subunternehmers" nicht
lediglich nach den Weisungen des „Hauptunternehmers" handeln. Bei einer Baustellenkontrolle nach den §§ 304 ff SGB III kann ein vermischtes Arbeiten durch
Befragen der Arbeitnehmer festgestellt werden, in dem jene gezielt nach ihrer Betriebszugehörigkeit befragt werden. In der Praxis stellt sich die Situation jedoch
so dar, dass bei einer Kontrolle die Arbeiter ihr Werkzeug niederlegen, ihren Arbeitsplatz verlassen und z.B. behaupten, sich nur mit dem Kollegen der anderen
Firma unterhalten zu haben. Das Antreffen zweier Arbeitnehmer, die für verschiedene Firmen „Hand in Hand" arbeiten, ist selten.

cc) Die Risikoverteilung

Hinter dem Begriff der Risikoverteilung verbirgt sich die Haftung des Werkunternehmers. Der Werkvertrag bringt es mit sich, dass der Auftragnehmer/Werk-
unternehmer nach § 633 Abs. 1 BGB die Gewährleistung für das hergestellte
Werk trägt. Sollte z. B. der Rohbau eines Hauses Mängel, wie etwa Risse im
Mauerwerk, aufweisen, muss die den Rohbau erstellende Baufirma, für diese
Mängel einstehen. Der Werkunternehmer ist verpflichtet, diesen Mangel innerhalb einer vom Auftraggeber gesetzten angemessenen Frist zu beseitigen oder ein
neues Werk herzustellen (§ 635 Abs. 1 BGB). Kommt er dieser Pflicht nicht nach,
kann der Auftraggeber/Besteller nach § 638 BGB die Vergütung herabsetzen
(Minderung), nach den §§ 634 Nr. 3, 636, 323 und 326 Abs. 5 BGB vom Vertrag
zurücktreten (Wandlung) oder Aufwendungsersatz verlangen (§ 634 Nr. 2 BGB
i.V.m. § 637 BGB). Nach § 634 Nr. 4 BGB i.V.m. den §§ 636, 280, 281, 283 u.
311 a BGB hat der Auftraggeber einen Schadenersatzanspruch gegen den Werk-

---

[278] S. zu den Kontingentwerkverträgen, C VII 1 a) gg.

unternehmer, wenn der Unternehmer den Mangel zu vertreten hat. Der Werkunternehmer muss sich dabei das Verhalten seiner Erfüllungsgehilfen nach § 278 BGB zurechnen lassen. Die Erfüllungsgehilfen sind in diesem Fall die Arbeitnehmer (Maurer). Errichten die Maurer beispielsweise das Mauerwerk entgegen der vom Architekten vorgegebenen Maße und kommt es dadurch zu Rissen und Öffnungen im Mauerwerk des Rohbaus, liegt fahrlässiges Handeln der Arbeitnehmer vor. Der Werkunternehmer muss sich dieses Verhalten nach § 278 S. 1 BGB zurechnen lassen und ist dann dem Auftraggeber/Besteller gegenüber nach den §§ 634 Nr. 4, 280, 281 BGB schadenersatzpflichtig. Diese Haftung kann nicht im vollen Umfang vertraglich ausgeschlossen werden, sondern unterliegt den Beschränkungen des § 639 BGB und bei Formularverträgen der Inhaltskontrolle des AGBG.[279] Schließen zwei Bauunternehmen einen Vertrag über z.B. die Errichtung eines Mehrfamilienhauses ab, spricht ein wesentliches Indiz für das Vorliegen eines Werkvertrages, wenn der Auftragnehmer die Haftung bzw. Gewährleistung für die Bauleistung übernimmt. Im Gegensatz dazu ist Arbeitnehmerüberlassung anzunehmen, wenn der Auftragnehmer lediglich für die ordnungsgemäße Auswahl der überlassenen Arbeitnehmer einzustehen hat und keine Verantwortung für das herzustellende Gesamtwerk, hier den Rohbau, übernimmt.[280]

dd) Die Berechnung der Vergütung

Die Vergütung ist das Entgelt für das hergestellte Werk. Für den Werkvertrag ergibt sich die Fälligkeit der Vergütung aus § 641 Abs. 1 BGB. Danach ist die Vergütung mit Abnahme des Werkes zu entrichten.[281] Die Verpflichtung das vertragsmäßig hergestellte Werk abzunehmen ergibt sich aus § 640 Abs. 1 BGB. Der Vergütungsanspruch ist somit erfolgsbezogen.[282] Dagegen wird bei der Arbeitnehmerüberlassung in der Regel nach den durch Leiharbeitnehmer geleisteten Stunden (Zeiteinheiten) abgerechnet.[283] Der Schwerpunkt des Arbeitnehmerüberlassungsvertrages besteht in der zur Verfügung gestellten Arbeitsleistung eines Arbeitnehmers für eine bestimmte Zeitspanne, unabhängig vom Erfolg. Allerdings sind gerade im Baubereich illegal handelnde Verleiher dazu übergegangen die Stunden in Maßeinheiten umzurechnen, um den illegalen Verleih zu verschleiern.[284]

---

[279] Vgl. Palandt-Sprau, Rdnr. 1 zu § 637; der Haftungsausschluß unterliegt den Inhaltskontrollen des AGBG und des § 138 BGB.

[280] BAG EzAÜG Bd. 3 Nr. 186; BAG DB 1989, S.131.

[281] Sonderregelungen sind z.B. in der HOAI oder in der VOB enthalten. Nach § 16 Nr. 1 VOB hat der Unternehmer bei vereinbarter Pauschalvergütung Anspruch auf Abschlagszahlungen.

[282] BAG EzAÜG Bd. 1 Nr. 32.

[283] BAG EzAÜG Bd. 3 Nr. 186.

[284] BT-DS 13/5498, S. 34.

ee) Zwischenergebnis

Liegen die o.a. für einen Werkvertrag sprechenden Kriterien kumulativ vor, ist von einem Werkvertrag im Sinne von § 631 Abs. 1 BGB auszugehen. Ein Werkvertrag liegt aber nicht schon deshalb vor, weil ein Erfolgshonorar vereinbart wurde.[285] Sprechen die anderen Vertragsumstände für einen Arbeitnehmerüberlassungsvertrag, kann Arbeitnehmübelassung vorliegen. Auf der anderen Seite kann auch bei einem Werkvertrag eine Vergütung nach Zeiteinheiten erfolgen, insbesondere dann, wenn es sich um Nebenleistungen handelt wie beispielsweise bei Aufräum- und Reinigungsarbeiten, sog. Bauhelfertätigkeiten.[286] Weichen die Vertragsparteien (hier die beteiligten Bauunternehmen) von einem für den Werkvertrag typischen Kriterium ab, spricht dieser Umstand nicht grundsätzlich gegen das Vorliegen eines Werkvertrages. Vielmehr sind dann die Gesamtumstände des Vertrages abzuwägen und es ist im Einzelfall zu prüfen, welche Vertragselemente überwiegen, die eines Werkvertrages oder die eines Arbeitnehmerüberlassungsvertrages.

ff) Die sogenannten „Scheinwerkverträge"

Um die Vorschriften des Arbeitnehmerüberlassungsrechts und das Leiharbeitsverbot nach § 1 b S. 1 AÜG zu umgehen, werden in vielen Fällen von Verleihern und Entleihern zum Schein Werkverträge abgeschlossen.[287] Die Parteien sind sich darüber einig, daß diese Werkverträge keine Gültigkeit haben sollen, sondern in Wirklichkeit der Verleih von Arbeitnehmern gewollt ist.[288]Während sich früher in den Verträgen noch Vereinbarungen finden ließen, die auf Arbeitnehmerüberlassung hindeuteten, werden solche Klauseln heute meistens vermieden.[289] Im Baubereich ist der Einsatz von „Subunternehmern" eine gängige Praxis. Übernimmt ein Bauunternehmer, z.B. eine Hochbaufirma, die Erstellung eines „schlüsselfertigen" Einfamilienhauses, ist davon auszugehen, dass diese Firma nicht in der Lage ist, alle fachlichen Arbeiten selbst ausführen zu können. Die fachfremden Leistungen wird sie an Nachunternehmen, die sog. „Subunternehmen" vergeben. Dazu zählen Malereibetriebe, Bautischlereien, Heizungsbaubetriebe, Sanitärbetriebe u.s.w. Allerdings werden aus Kapazitäts- und Kostengründen häufig auch die Arbeiten an Subunternehmer vergeben, die eigentlich dem fachlichen Leistungsspektrum des Auftraggebers zugeordnet werden können. Bei einem Hochbauunternehmen sind dies z.B. Putz- und Estricharbeiten. Vergibt ein Hochbauunternehmen z.B. die Putzarbeiten für einen Rohbau an einen sog. „Subunternehmer", ist das Vorliegen eines Werkvertrages besonders genau zu prüfen. Es könn-

---

[285] Vgl. BGH MDR 1995, S. 573.

[286] Vgl. Becker in ZIP 1981, S. 705.

[287] Vgl. BT-DS 13/5498, S. 33.

[288] S. anstatt vieler Mayer, AN 2. KL., S. 32.

[289] BT-DS 13/5498, S. 33.

te sein, dass das Hochbauunternehmen lediglich zusätzliche Arbeitskräfte benötigt und der „Subunternehmer" keine eigene Auftragsleistung erbringt, sondern die Arbeitskräfte des „Subunternehmers" den Weisungen des Auftraggebers unterstehen. Nachfolgende Beispiele enthalten Vereinbarungen, die ein Indiz für Arbeitnehmerüberlassung darstellen können:

- Der „Subunternehmer" ist vertraglich verpflichtet, eine bestimmte Anzahl von Erfüllungsgehilfen einzusetzen[290] oder der Besteller ist befugt, bestimmte Arbeitnehmer des „Subunternehmers" zurückzuweisen bzw. eine bestimmte Qualifikation der Arbeitnehmer zu verlangen.[291]

Durch solche Vereinbarungen wird die Dispositionsbefugnis des angeblichen Werkunternehmers erheblich eingeschränkt, so daß Arbeitnehmerüberlassung nahe liegt. Zu klären bleibt, ob dem „Subunternehmer" ein Mindestmaß an Dispositionsmöglichkeiten bleibt, z.b. hinsichtlich der Organisation der Arbeitsabläufe.[292]

- Die Haftung des „Subunternehmers" für das Gesamtwerk wird ganz oder zum großen Teil ausgeschlossen[293] oder lediglich auf die Beseitigung von Mängeln beschränkt, die auf ein unsachgemäße Arbeitsausführung zurückzuführen sind.[294] Die Übernahme des Haftungsrisikos des Werkunternehmers ist ein wesentlicher Bestandteil des Werkvertrages, weil der Besteller ansonsten unangemessen im Sinne von Treu und Glauben nach § 242 BGB benachteiligt werden würde.[295]

- Die Parteien vereinbaren, daß die Vergütung nach den von den angeblichen Erfüllungsgehilfen geleisteten Arbeitsstunden berechnet wird[296] und dafür Stundenzettel geführt werden müssen. Die Abrechnung erfolgt anhand dieser Stundenzettel. In diesen Fällen kann nicht mehr von einer erfolgsbezogenen Vergütung gesprochen werden.

- Der Entleiher gewährt dem Leiharbeitnehmer Urlaub oder sonstige Freiheiten.[297]

Die vorstehend aufgeführten Vereinbarungen sind in der Praxis in der Vergangenheit verwendet worden. Da die obigen vertraglichen Formulierungen Rückschlüsse auf einen illegalen Arbeitskräfteverleih zuließen, sind durch die illegal

---

[290] Frerichs/Möller/Ulber, S. 104.

[291] Hoyningen-Huene in BB 1985.,S. 1669 ff, S. 1672.

[292] Kritisch zu den Abgrenzungskriterien, W. Hamann, S. 94 ff.

[293] Marschall in NZA 1984, S. 154.

[294] LSG Niedersachsen, Urt. v. 15.05.1985, EzAÜG Bd. 3, 160.

[295] S. zur Risikoverteilung C VII 1 a) cc.

[296] ArbG Stuttgart, EzAÜG GW Nr. 222.

[297] Hunold., S. 92, 94.

64

handelnden Vertragsparteien andere vertragliche Konstruktionen entwickelt worden. Beispielsweise sind illegale Verleiher dazu übergegangen, Arbeitnehmerstunden in Aufmaßeinheiten umzurechnen.[298] Der Nachweis der illegalen Arbeitnehmerüberlassung bzw. eines Verstoßes gegen das Leiharbeitsverbots gem. § 1 b S. 1 AÜG wird den Überwachungsbehörden (Bundesanstalt für Arbeit, Hauptzollämter) dadurch erschwert. Letztlich kommt es aber nicht darauf an, wie die Parteien einen Vertrag bezeichnen oder ob die inhaltlichen, schriftlich festgelegten, Regelungen die Annahme eines Werkvertrages rechtfertigen.[299] Für die rechtliche Einordnung des Vertrages gibt allein dessen praktische Durchführung den Ausschlag.[300] Im Baubereich ist die Einschaltung von „Subunternehmern" gängige Praxis, die ihrerseits wieder Subunternehmer beauftragen und so weiter. Es entstehen regelrechte Untervergabeketten, die für Außenstehende schwer durchschaubar sind.[301] Beispielsweise hat ein Generalunternehmer ein Gesamtwerk herzustellen, z.B. den Bau eines Einkaufzentrums, und im Rahmen dieses Projektes vergibt er die zu erbringenden Werkleistungen an andere Firmen, die wiederum Subunternehmer mit der Ausführung von Bauleistungen beauftragen.[302]

Ein weiteres Beispiel: Ein Generalunternehmer erhält den Auftrag, ein Mehrfamilienhaus zu bauen. Die Rohbauarbeiten dieses Projekts vergibt er an eine Hochbaufirma. Diese wiederum vergibt Teilleistungen an verschiedene weitere Firmen (Subunternehmen) für die Estricharbeiten , die Maurerarbeiten und die Putzerarbeiten. Zwischen den Parteien werden Werkverträge abgeschlossen. In einer Vielzahl von, nicht immer nachweisbaren, Fällen handelt es sich, wie bereits ausgeführt, um Scheinwerkverträge. Der Subunternehmer, der die Maurerarbeiten eigenverantwortlich ausführen soll, stellt der Hochbaufirma lediglich seine Arbeitskräfte zur Verfügung. Die Arbeitnehmer unterstehen den Weisungen des Poliers der Hochbaufirma. In einigen Fällen arbeiten die Arbeitnehmer des Subunternehmers sogar mit den Arbeitskräften der Hochbaufirma „Hand in Hand" zusammen. Das offensichtliche vermischte Zusammenarbeiten tritt in der Praxis immer seltener auf, weil den meisten illegal handelnden Verleihern und Entleihern die Prüfkriterien für die illegale Arbeitnehmerüberlassung gem. § 1 b S. 1 AÜG bekannt sind. Die Beteiligten stellen ihr Verhalten entsprechend ein und tarnen die illegale Arbeitnehmerüberlassung bei ihrer Durchführung.[303] Andere Instrumentarien sind der bereits erwähnte Kolonnenverleih[304] und der Einsatz von sog. „Scheinselbständigen". Der mit einer Leistung, z.B. Estricharbeiten, beauf-

---

298 Marschall in NZA 1984., S. 151.

299 Vgl. dazu BAG, BB 1991, S. 2379.

300 Sandmann/Marschall, Anm. 12 zu § 1 AÜG, BGH, NZA 2002, S. 1086 ff, S. 1087.

301 Vgl. Paasch , AN 2. Kl., S. 35 ff.

302 Vgl. dazu Hoyningen-Huene, S. 1669, der Generalunternehmer selbst erbringt keine Werkleistungen; vgl. dazu BGH NJW 1978, S. 1054.

303 S. dazu BT-DS 13/5498, S. 34, s. auch S. C VII 1a) dd.

304 S. Ausf. auf S. C VII 1a) bb.

tragte Subunternehmer beauftragt seinerseits „Scheinselbständige", die ihre Vertragsleistungen nicht in eigener Verantwortung erbringen, sondern ebenfalls hinsichtlich der Arbeitszeit und der Art und Weise der Ausführung, den Weisungen des Auftraggebers, hier der Hochbaufirma, unterstehen. In beiden Fällen werden die vertraglichen, rechtlich zulässigen Konstruktionen zum Schein vorgeschoben. In Wirklichkeit handelt es sich um illegale Arbeitnehmerüberlassung. Das nachfolgende Schaubild soll diese Konstellation verdeutlichen:

Subunternehmerkonstruktion:

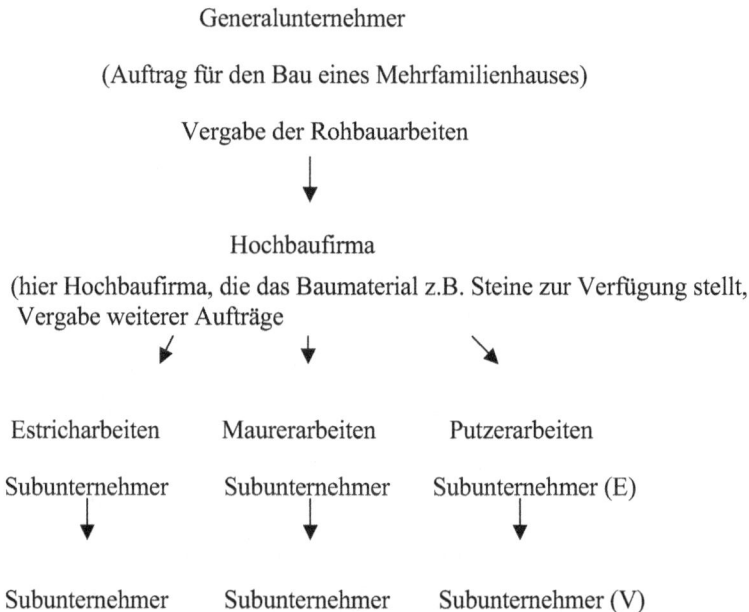

Generalunternehmer

(Auftrag für den Bau eines Mehrfamilienhauses)

Vergabe der Rohbauarbeiten

↓

Hochbaufirma

(hier Hochbaufirma, die das Baumaterial z.B. Steine zur Verfügung stellt,
Vergabe weiterer Aufträge

↙   ↓   ↘

Estricharbeiten	Maurerarbeiten	Putzerarbeiten
Subunternehmer	Subunternehmer	Subunternehmer (E)
↓	↓	↓
Subunternehmer	Subunternehmer	Subunternehmer (V)

Arbeiten werden ausgeführt von:

a) Scheinselbständigen   b) Werkvertrags-AN   c) Leiharbeit-AN

Andere Formen der sog. „Scheinwerkverträge" sind z.B. fingierte Werkverträge zwischen einem Baubetrieb und einem eigens zu diesem Zweck gegründeten „Hausmeister-Dienst" oder Verträge mit Reinigungsfirmen über eine Baustellenreinigung, im Rahmen derer die Arbeitnehmer für Bau- oder Bauhilfsarbeiten im Baubetrieb eingesetzt werden.[305]

---

[305] BT-DS 14/4220, S. 35.

66

Die illegale Arbeitnehmerüberlassung ist im Bauhauptgewerbe besonders verbreitet, weil in diesem Wirtschaftsbereich der Einsatz von Subunternehmern traditionell am größten ist.[306] Sie tritt verstärkt im Zusammenhang mit dem Einsatz von ausländischen Arbeitskräften, den sog. Kolonnenverleih[307], im Rahmen von Kontingentwerkverträgen auf.

gg) Kontingentwerkverträge

Auch bei den sog. „Kontingentwerkverträgen" stellt sich die Problematik der „Scheinwerkverträge" und damit verbunden der Verstöße gegen das Leiharbeitsverbot gem. § 1 b S. 1 AÜG.

(1) Rechtliche Voraussetzungen für den Abschluss von Kontingentwerkverträgen

Die Bundesregierung hat bilaterale Vereinbarungen mit elf mittel- und osteuropäischen Staaten über die Entsendung und Beschäftigung von ausländischen Arbeitnehmern auf der Grundlage von Werkverträgen abgeschlossen. Dazu zählen beispielsweise Polen, Mazedonien, und Lettland.[308] Firmen dieser Staaten erhalten auf Grund der Vereinbarungen die Möglichkeit, mit inländischen Unternehmen Werkverträge abzuschließen und zu deren Ausführung ihre Arbeitnehmer in die Bundesrepublik zu entsenden. Aus der Statistik der Bundesanstalt für Arbeit ergibt sich, dass vierzig Prozent der im Rahmen dieser Verträge beschäftigten Werkvertragsarbeitnehmer im Baubereich eingesetzt werden.[309] Die Arbeitnehmer der ausländischen Firmen erhalten von der Bundesanstalt für Arbeit und den Ausländerbehörden die für ihre Beschäftigung erforderliche Aufenthaltsgenehmigung und Arbeitserlaubnis.[310] Die Entsendung unterliegt gewissen Schranken. Die Regierungsvereinbarungen enthalten jährliche Beschäftigungshöchstkontingente, deren Einhaltung durch die Bundesanstalt für Arbeit überwacht wird.[311] Es werden keine Werkverträge in Arbeitsamtbezirken zugelassen, deren Arbeitslosenquote über dreißig Prozent im Bundesdurchschnitt beträgt. Hat der deutsche Werkvertragspartner Kurzarbeit angemeldet, dürfen in seinem Betrieb keine Werkvertragsarbeitnehmer eingesetzt werden. Die Löhne der Werkvertragsarbeitnehmer müssen denen vergleichbarer deutscher Arbeitnehmer entsprechen. Die Weihnachtsgratifikation und das Urlaubsgeld sind zu berücksichtigen. Die Erteilung der Arbeitserlaubnisse für die Werkvertragsarbeitnehmer ist gebührenpflichtig. Ob die rechtlichen Voraussetzungen für eine Entsendung vorliegen, prüft die

[306] Vgl. BT-DS 13/5498, S. 33.
[307] S. dazu C VII 1a) gg (2).
[308] BT-DS 14/4220, S. 35.
[309] BT-DS 14/4220, S. 35.
[310] S. § 3 Abs. 1 S. 1 AuslG; § 284 Abs. 1 S. 1 SGB III.
[311] Vgl. dazu BT-DS 13/5498, S. 35.

Bundesanstalt für Arbeit.[312] Verstoßen die ausländischen Werkvertragsfirmen gegen die ihnen auferlegten Arbeitsbedingungen und wenden illegale Praktiken an, müssen sie damit rechnen von weiteren Werkvertragsverfahren ausgeschlossen zu werden. Im übrigen müssen sie mit straf-oder ordnungswidrigkeitenrechtlicher Verfolgung rechnen.[313] Außerdem ist der deutsche Vertragspartner bei illegaler Ausländerbeschäftigung nicht nur in seiner Eigenschaft als Entleiher bußgeldrechtlich nach dem AÜG in der Verantwortung, sondern auch nach § 404 Abs.1 Nr. 2 SGB III als Auftraggeber.

(2) Auswirkungen der „Kontingentwerkverträge" auf Verstöße gegen das Leiharbeitsverbot gem. § 1 b S. 1 AÜG

Die Erfahrungsberichte der Bundesregierung zur Anwendung des AÜG haben gezeigt[314], dass ausländische Arbeitnehmer trotz der möglichen o.g. Konsequenzen unter Verletzung der obigen Ausführungen als Leiharbeitnehmer in der Bundesrepublik Deutschland tätig geworden sind. Auch in diesem Zusammenhang wird häufig der Abschluss eines Werkvertrages zwischen einem ausländischen und einem inländischen Unternehmen der Genehmigungsbehörde gegenüber lediglich vorgetäuscht, so dass ein „Scheinwerkvertrag" vorliegt. Die Werkvertragsarbeitnehmer unterstehen der Weisungsbefugnis des deutschen Auftraggebers und werden als Leiharbeitnehmer eingesetzt. Die ausländische Firma ist von der personellen, finanziellen und sachlichen Ausstattung her, in vielen Fällen gar nicht in der Lage selbständige Werkvertragsarbeiten auszuführen.[315] Hinzu kommt, dass viele deutsche Auftraggeber der Leistungsfähigkeit der ausländischen Vertragspartner misstrauen und aus diesem Grund, den ausländischen Arbeitnehmern die zur Erbringung der Werkleistung erforderlichen fachlichen und organisatorischen Weisungen selbst erteilen.[316] Voraussetzung für das Vorliegen eines Werkvertrages ist aber, dass die Bauarbeiter des ausländischen Vertragspartners in separaten Kolonnen tätig sind und eigenständige Gewerke mit eigenem Polier/Vorarbeiter ausführen. Unterstehen die ausländischen Arbeitnehmer jedoch den fachlichen und organisatorische Weisungen des deutschen Auftraggebers und arbeiten wohlmöglich noch mit den Arbeitnehmern des Auftraggebers zusammen, liegt Arbeitnehmerüberlassung vor. Handelt es sich bei dem deutschen Auftraggeber um einen Betrieb des Bauhauptgewerbes, z.B. eine Hochbau-

---

[312] BT-DS 14/4220, S. 35.
[313] S. §§ 15, 16 Abs. 1 AÜG; § 404 Abs. 2 Nr. 2 SGB III.
[314] Vgl. beispielhaft BT-DS 12/3180, S. 30.
[315] BT-DS 13/5498, S. 36.
[316] BT-DS 14/4220, S. 36.

68

firma, liegt zugleich ein Verstoß gegen das Leiharbeitsverbot gem. § 1 b S. 1 AÜG vor. In vielen Fällen fungiert der angebliche Vorarbeiter lediglich als Dolmetscher und gibt die ihm erteilten Weisungen weiter. Diese Art der Ausführung wird als Kolonnenverleih bezeichnet, d. h. daß eine ganze Gruppe von Arbeitnehmern wird verliehen.[317] Nur der Anweisende gehört der Firma des Auftraggebers an. Wegen der hohen Arbeitslosigkeit in Osteuropa und des niedrigen Lohnniveaus in diesen Ländern haben Subunternehmer keine Schwierigkeiten, Arbeitnehmer für einen Stundenlohn in Höhe von sechs bis zehn DM (3,- bis 5,- Euro) zu rekrutieren, der weit unter dem im Baugewerbe üblichen Tariflohn liegt.[318] Dadurch kommt es wiederum zu den schon mehrfach erwähnten Wettbewerbsverzerrungen im Bereich der Bauwirtschaft.[319]

(3) Nachweismöglichkeiten der illegalen Arbeitnehmerüberlassung in das Bauhauptgewerbe

Der illegalen Arbeitnehmerüberlassung entgegenzuwirken und das Vorliegen eines „Scheinwerkvertrages" zu beweisen, ist für die Überwachungsbehörden der Bundesanstalt für Arbeit sehr schwierig.[320] Werden die illegal beschäftigten Leiharbeitnehmer, hier Bauarbeiter, als Zeugen vernommen, sind sie meistens so instruiert, dass sie angeben, die Arbeitsanweisungen von ihren eigenen Führungskräften zu erhalten. Eine Baustellenüberprüfung liefert nur eine Momentaufnahme der tatsächlichen Verhältnisse auf der Baustelle Die Überwachungsbehörden können nicht im einzelnen überprüfen, ob die von dem ausländischen Bauunternehmen erbrachten Leistungen den im Werkvertrag mit dem deutschen Auftraggeber festgelegten Leistungsverzeichnis entsprechen.[321] Ein Zusammenarbeiten der ausländischen Werkvertragsarbeitnehmer mit den Stammarbeitnehmern lässt sich so gut wie gar nicht feststellen und nachweisen. Sobald die Prüfung beginnt, werden die Arbeiten beendet und eine Zuordnung welche Person wo und wie gearbeitet hat, ist nicht mehr möglich.[322] Aber selbst wenn sich bei einer ersten Zeugenvernehmung der Bauarbeiter in einem Ordnungswidrigkeiten- oder Strafverfahren Anhaltspunkte für einen illegalen Verleih in das Bauhauptgewerbe und damit einen Verstoß gegen das Leiharbeitsverbot gem. § 1 b S. 1 AÜG ergeben, stehen die Zeugen in einem gerichtlichen Verfahren gegen die verantwortlich Handelnden des Entleihers und des Verleihers meistens nicht zur Verfügung.[323] Die illegal entliehenen ausländischen Arbeitnehmer sind in der Regel nicht zum Aufenthalt in der Bundesrepublik Deutschland berechtigt, was zu deren Abschie-

[317] BT-DS 14/4220, S. 36.
[318] Mayer in BB 1993, S. 1429.
[319] S. zu den Wettbewerbsverzerrungen C I.
[320] Vgl. dazu ausführlich die S. 110 ff.
[321] BT-DS 13/5498, S. 34.
[322] S. dazu auch C IX 1c.
[323] BT-DS 13/5498, S. 34

bung führt.[324] Die im Rahmen eines Einsatzes als Arbeitnehmer eines Kontin-
gentwerkvertrages erteilte Aufenthaltsgenehmigung ist zweckgebunden und gilt
nur für eine Tätigkeit als Werkvertragsarbeitnehmer, nicht aber für eine Beschäftigung als Leiharbeitnehmer. Des weiteren bewahren die illegalen Verleiher keine
geschäftlichen Unterlagen auf oder sie vernichten sie ganz bewusst, wie z.B.
Stundenzettel.[325] Insofern ermöglicht eine Überprüfung der geschäftlichen Unterlagen des Verleihers in der Regel nicht den gewünschten Nachweis einer illegalen
Arbeitnehmerüberlassung in den Baubereich.[326] Außerdem ist zumeist keine umfassende Prüfung der Geschäftsunterlagen des ausländischen Verleihers möglich,
weil dessen Betriebssitz im Ausland ist und er in der Bundesrepublik Deutschland
nur die notwendigsten Unterlagen vorhält. Die Steuerunterlagen und die umfassenden Lohnunterlagen befinden sich im Ausland. Insofern sind die deutschen
Überwachungsbehörden auf die Zusammenarbeit mit den Behörden des ausländischen Staates angewiesen. Eine Zusammenarbeit mit diesen Institutionen erweist
sich wegen der unterschiedlichen Rechtsordnungen und Verwaltungsstrukturen
als schwierig[327] und nicht so ergiebig. Das Ausmaß der illegalen Arbeitnehmerüberlassung in diesem Bereich lässt sich nur schätzen.

(4) Ergebnis

Auch das Instrument der Kontingentwerkverträge wird benutzt, um illegale Arbeitnehmerüberlassung zu tarnen und das Leiharbeitsverbot gem. § 1 b S. 1 AÜG
zu umgehen. Das seitens des Staates ein Handlungsbedarf besteht ergibt sich z.B.
aus folgendem: Bei einer bundesweiten Ermittlungsaktion der Bundesanstalt für
Arbeit am 02. und 03.12.1992 wurden einundsechzig Baustellen gleichzeitig
überprüft. Die Überprüfung von insgesamt einhundertfünfundachtzig Firmen ergab, daß bei vierzig Firmen, davon sechsunddreißig ausländische, der Verdacht
auf unerlaubte Arbeitnehmerüberlassung bestand.[328]

hh) Zusammenfassung

Die rechtlichen Kriterien für eine Abgrenzung des Arbeitnehmerüberlassungsvertrages vom Werkvertrag sind eindeutig. Bei der Arbeitnehmerüberlassung be-

---

[324] BT-DS 13/5498, S. 32.

[325] BT-DS 14/4220, S. 33.

[326] Vgl. dazu BT-DS 13/5498, S. 32 ff.

[327] BT-DS 14/4220, S. 35.

[328] Mayer, BB 1993, S. 1429 m.w.N.

schränkt sich die Leistung darauf, einem Dritten die Arbeitskraft der Beschäftigten zur Verfügung zu stellen, hingegen wird bei einem Werkvertrag ein bestimmter (Werk)Erfolg geschuldet. Die Praxis steht jedoch vor erheblichen Abgrenzungsschwierigkeiten, weil die schriftlichen Verträge von deren tatsächlichen Abwicklung abweichen. Außerdem enthalten die meisten Verträge nicht nur werkvertragliche Elemente, sondern auch Vereinbarungen die für das Vorliegen eines Arbeitnehmerüberlassungsvertrages sprechen. In diesen Fällen ist eine umfassende Abwägung aller Vertragsbestandteile erforderlich, um zu einer rechtlichen Einordnung des Vertrages zu gelangen. Die unter C.VII 1 a bis c dargestellten Abgrenzungskriterien sind nur Indizien für entweder das Vorliegen von Arbeitnehmerüberlassung oder eines Werkvertrages. Die für die Ahndung illegaler Arbeitnehmerüberlassung in den Baubereich zuständigen Behörden können nicht an allen Orten gleichzeitig sein. Der Nachweis der illegalen Arbeitnehmerüberlassung bzw. eines Verstoßes gegen das Leiharbeitsverbot gem. § 1 b S. 1 AÜG ist aus den obigen aufgezeigten Gründen schwer zu erbringen. Die Baustellenkontrollen können nur Momentaufnahmen liefern, welche die oft mit dem Arbeitgeber abgesprochenen Angaben der Arbeitnehmer zu Arbeitszeiten und Weisungsbefugnissen nicht zu widerlegen vermögen.

ii) Lösungsansätze

Um den Nachweis einer (illegalen) Arbeitnehmerüberlassung und eines Verstoßes gegen § 1 b S. 1 AÜG zu erbringen, bieten sich folgende Lösungsansätze an.

(1) Vertragsprüfung

Ein juristischer Ansatzpunkt, um das Vorliegen sog. „Scheinwerkverträge" nachweisen zu können und die illegale Arbeitnehmerüberlassung aufzudecken, ist eine umfassende und genaue Prüfung der zwischen dem Auftraggeber/Besteller und Auftragnehmer/Werkunternehmer abgeschlossenen Verträge. Vor allem die festgelegten Vertragsgegenstände bedürfen einer intensiven Betrachtung. Die den Werkverträgen zugrundeliegenden Leistungsverzeichnisse müssen auf ihren Inhalt geprüft werden. Allgemein gehaltene Erfolgsvereinbarungen wie z.B. das „Mauern von Innenwänden" oder die „Bedienung eines Krans" dürfen von den Gerichten und den Überwachungsbehörden nicht als Werkleistungen anerkannt werden.[329] In diesen Fällen handelt es sich nicht um eigenständige Werkleistungen. Leistungen dieser Art können nur nach den fachlichen und organisatorischen Weisungen des Auftraggebers erbracht werden. Die Annahme von illegaler Arbeitnehmerüberlassung liegt in derartigen Fallkonstellationen nahe.

---

[329] Vgl. OLG Düsseldorf, BB 1996, S. 80.

(2) Leistungsfähigkeit des Ausführenden

Der die Werkleistung Ausführende muss in der Lage sein, die vereinbarten werkvertraglichen Leistungen erbringen zu können (sog. Werkvertragsfähigkeit).[330] Der Werkunternehmer muss von seiner organisatorischen Betriebsstruktur her (Zahl und Qualifikation der Mitarbeiter, Logistik, Betriebskapital und Dispositionsfähigkeit) in der Lage sein, den Werkvertrag eigenverantwortlich ausführen zu können. Das Werkunternehmen muss rechtsfähig sein (Haftung) und es darf sich nicht lediglich um ein Scheinunternehmen bzw. eine Briefkastenfirma handeln.

(3) Direkteinstellung ausländischer Arbeitskräfte

Außerdem ist darüber nachzudenken, ob die bilateralen Regierungsvereinbarungen nicht insoweit abgeändert werden sollten, als dass die ausländischen Arbeitnehmer direkt bei den deutschen Unternehmen eingesetzt werden.[331] Auf die Konstruktion eines Werkvertrages könnte dann verzichtet werden. Zwischen dem deutschen Unternehmen und dem ausländischen Arbeitnehmer müsste unmittelbar ein Arbeitsvertrag abgeschlossen werden, wie z.b. bei einer Freistellung von Bauarbeitern gem. § 9 BRTV.[332] Der inländische Arbeitgeber wäre den Sozialversicherungsträgern zur Mitteilung verpflichtet und müsste im Inland für die ausländischen Arbeitnehmer Sozialversicherungsbeiträge und Steuern abführen. Die ausländischen Arbeitnehmer wären zudem tarifgebunden, wodurch sie mit den deutschen Kollegen gleichgestellt werden würden. Wettbewerbsverzerrungen zwischen ausländischen und deutschen Unternehmen würden vermieden und die Tarifautonomie gestärkt werden Der Grund für den Abschluss der bilateralen Regierungsvereinbarungen besteht darin, den z.B. osteuropäischen Arbeitnehmern Beschäftigungsmöglichkeiten zu verschaffen. Dem wirtschaftlichen Problemdruck der osteuropäischen Staaten soll abgeholfen werden, indem deren Arbeitskräfte eine Beschäftigungsmöglichkeit in der BRD erhalten. Außerdem können sich die ausländischen Arbeitskräfte fachliche Kenntnisse über die in der BRD zu erbringenden Qualifikationsstandards und die Arbeitsweise aneignen, die sie in ihren Heimatländern nutzbringend anwenden können.[333] Diese Ziele lassen sich auch durch eine Direktanstellung der ausländischen Arbeitnehmer erreichen. Eine Änderung der bestehenden Regierungsvereinbarung wäre z.B. durch einen einvernehmlich abgeschlossenen Abänderungsvertrag der beteiligten Vertragsstaaten möglich.[334] Auf diese Art und Weise würden Werkvertragskonstruktionen und die damit häufig verbundene illegale Arbeitnehmerüberlassung vermieden werden.

---

[330] Vgl. dazu BT-DS 14/4220, S. 34.

[331] Mayer in BB 1993, S. 1431.

[332] S. zur Freistellung S. 27-28.

[333] Mayer in BB 1993, S. 1429.

[334] S. dazu Art. 62 I und III Wiener Vertragsrechtskonvention in BGBL 1985 II, S. 926.

Der Staat sollte jede Möglichkeit wahrnehmen, um dem Lohndumping und den dadurch entstehenden Wettbewerbsverzerrungen entgegenzuwirken.

(4) Beteiligung der Betriebsräte

Eine weitere Möglichkeit der illegalen Arbeitnehmerüberlassung entgegenzutreten, kann durch eine verstärkte Einbindung der Betriebsräte der Baubetriebe erreicht werden. Die Betriebsräte eines Baubetriebes haben nach der Rechtsprechung des BAG das Recht, einen vom Arbeitgeber mit einem anderen Unternehmen abgeschlossenen Werkvertrag einzusehen, um überprüfen zu können, ob ein „Scheinwerkvertrag" und damit Arbeitnehmerüberlassung vorliegt oder nicht.[335] Das Recht der Betriebsräte resultiert aus dem Umstand, dass sie nur auf Grund einer umfassenden Unterrichtung des Arbeitgebers nach § 80 Abs. 2 BetrVG in die Lage versetzt werden, ihre Aufgaben nach dem Betriebsverfassungsgesetz (BetrVG) zu erfüllen.[336] Liegt z.B. Arbeitnehmerüberlassung vor, haben sie nach § 14 Abs. 3 S. 1 AÜG i.V.m. § 99 BetrVG ein Mitbestimmungsrecht. Die §§ 81, 82 Abs. 1 und §§ 84 bis 86 BetrVG gelten im Entleihbetrieb in Bezug auf die dort tätigen Leiharbeitnehmer (§ 14 Abs. 2 S. 3 AÜG). Bei dem Abschluß und der Ausführung eines Werkvertrages besteht dieses Mitbestimmungsrecht hingegen nicht.[337] Im Hinblick auf § 92 Abs. 2 BetrVG (Personalplanung) hat der Betriebsrat aber das Recht auf Einsicht in die vom Werkschutz geführten Kontrollisten über die Einsatzzeiten der Arbeitnehmer der Fremdfirmen, um dem Arbeitgeber für die Durchführung der Personalplanung sachgerechte Vorschläge unterbreiten zu können. Handelt es sich um einen Betrieb des Bauhauptgewerbes und stellt dessen Betriebsrat fest, dass es sich bei den Fremdarbeitskräften nicht um Werkvertragsarbeitnehmer, sondern um Leiharbeitnehmer handelt, kann der Betriebsrat des Entleihbetriebes die Zustimmung nach § 99 Abs. 2 Nr. 1 BetrVG verweigern, weil der Einsatz von Leiharbeitnehmern gegen das Verbot gem. § 1 b S. 1 AÜG verstoßen würde. Den Betriebsräten der Entleihbetriebe könnte somit eine Kontrollfunktion zukommen, um einer Verschleierung illegaler Arbeitnehmerüberlassung entgegenzuwirken. Eine gezielte Zusammenarbeit der Überwachungsbehörden mit den Betriebsräten ist daher anzustreben, z.b. im Wege der Aufklärung des Betriebsrates über dessen Rechte und Pflichten. Voraussetzung ist aber, dass überhaupt ein Betriebsrat besteht, der Einblick in die auf Baustellen bestehenden Verhältnisse hat. Gerade in diesem Punkt unterscheiden sich die Baubetriebe von einem Betrieb der Metallbranche. Die Arbeitnehmer des Bauhauptgewerbes üben ihre Tätigkeit in der Regel nicht an einem feststehenden Arbeitsort, sondern auf vielen verschiedenen Baustellen aus. Der Betriebsrat wiederum kann nicht auf allen Baustellen gleichzeitig tätig sein und alle von seinem Arbeitgeber über-

---

[335] S. BAG,BB 1989, S. 1346; BB 1972, S. 1322, BAG, BB 1974, S. 133; a.A.. W. Hunold , BB 1989, S. 1694, weil der Betriebsrat durch die Rechtsprechung des BAG die Funktion einer ihm nicht zustehenden Kontrollinstanz des Arbeitgebers erhält.

[336] Halbach in DB 1980, S. 2359.

[337] BAG DB 1991, S. 1334 f.

73

nommenen Aufträge vor Ort überprüfen. Außerdem existieren gerade in der Bauwirtschaft viele Kleinbetriebe mit weniger als fünf Arbeitnehmern oder die Arbeitnehmer werden nur für einen vorübergehenden Zeitraum beschäftigt, so dass auf sie das Betriebsverfassungsgesetz keine Anwendung findet (§ 1 Abs. 1 BetrVG). Die Betriebe der Bauwirtschaft sind von der Auftragslage abhängig und für die Arbeitnehmer des Bauhauptgewerbes ist ein Arbeitgeberwechsel durchaus üblich. Die Arbeitnehmer sind somit nicht „ständig" im Sinne des § 1 BetrVG bei dem selben Arbeitgeber tätig sind. Die Bildung eines Betriebsrates wird dadurch erschwert. Auf die Betriebsräte als Kontrollinstanz kann daher nur eingeschränkt zurückgegriffen werden.

(5) Zwischenergebnis

Die obigen Ausführungen zeigen, dass es noch Lösungsansätze zur Vermeidung und Begrenzung illegaler Praktiken gibt.

b) Dienstvertrag

Bei einem selbständigen Dienstvertrag nach § 611 ff BGB wird anders als bei einem Werkvertrag nicht der Erfolg der Herstellung des Werkes, sondern eine bestimmte Tätigkeit geschuldet.[338] Erbringt der Dienstverpflichtete die Leistung unter Einsatz von weisungsabhängigen Erfüllungsgehilfen könnte eine getarnte, illegale Arbeitnehmerüberlassung vorliegen. Ein selbständiger Dienstvertrag mit dem Auftraggeber liegt vor, wenn die Erfüllungsgehilfen im Drittbetrieb selbständige Dienstleistungen erbringen. Sie unterstehen hinsichtlich der Arbeitsausführung den Weisungen des Dienstverpflichteten, der wiederum die Dienste in eigener Verantwortung und nach eigenem Plan durchführen lässt.[339] Ebenso wie beim Werkvertrag müssen die Dienstleistungen klar umschrieben bzw. der Vertragsgegenstand genau bestimmt sein und die Erfüllungsgehilfen des Dienstverpflichteten dürfen nicht in die Betriebsorganisation des Drittbetriebs eingegliedert werden.[340] Als Beispiel lassen sich die regelmäßigen Wartungen von Maschinen u.U. auch Baumaschinen, also Service-Leistungen anführen.[341] Denkbar sind auch Bauhelfertätigkeiten wie Reinigungsarbeiten, die durch einen Dienstleistungsbetrieb (Reinigungsfirma) wahrgenommen werden. Zur Abgrenzung einer illegalen Arbeitnehmerüberlassung von einem selbständigen Dienstvertrag im Hinblick auf die Weisungsbefugnis kann auf die Ausführungen auf S. 52 verwiesen werden. Erhalten die Erfüllungsgehilfen persönliche und fachliche Weisungen vom Auftraggeber, liegen Anhaltspunkte für eine Arbeitnehmerüberlassung vor.

---

[338] Vgl. statt vieler Marschner in NZA 1995, S. 670.
[339] BayOblG, AP Nr. 3 zu § 1 AÜG.
[340] Vgl. BSG, SozR 4100 § 13 Nr. 6.
[341] Vgl. Becker in ZfA 1978, S. 144.

c) Dienstverschaffungsvertrag

Eine weitere für den Baubereich relevante Form des drittbezogenen Personaleinsatzes ist der Dienstverschaffungsvertrag. Dieser Vertragstyp ist gesetzlich nicht geregelt.[342] Er beinhaltet die Verpflichtung eines Vertragspartners (Schuldners) dem anderen die Dienste eines Dritten zu verschaffen und für dessen Arbeitsbereitschaft und Arbeitskraft einzustehen.[343] Der überlassene Dritte darf nicht Arbeitnehmer sein, sondern muss seine Dienste in wirtschaftlicher und sozialer Selbständigkeit erbringen.[344] Auch hier treten Abgrenzungschwierigkeiten zur Arbeitnehmerüberlassung nur dann auf, wenn der Schuldner bei der Vertragsabwicklung weisungsabhängige Erfüllungsgehilfen einsetzt.

aa) Bedienungspersonal

Eine in der Bauwirtschaft typische Konstellation des Dienstverschaffungsvertrages ist die Überlassung von Baumaschinen mit Bedienungspersonal als Nebenleistung. Bei dieser Vertragskonstruktion handelt es sich um gemischte Verträge (zumeist Miet- oder Kaufverträge, gemischt mit Elementen eines Dienstverschaffungsvertrages), in deren Rahmen zusätzlich Bedienungspersonal zeitweise überlassen wird. Die Einordnung des Vertrages hängt nach der zutreffenden Auffassung des Bundesarbeitsgerichtes[345] davon ab, welcher wirtschaftlichen Bedeutung die Überlassung des Bedienungspersonals im Verhältnis zum Wert der überlassenen Maschine zukommt. Als Beispiel läßt sich die Vermietung einer hochwertigen Spezialbaumaschine heranziehen.[346] Handelt es sich um eine technisch komplizierte Baumaschine nebst Überlassung eines Fahrers, die nur vorübergehend in einem Betrieb eingesetzt werden soll und nur von dem Fahrer bedient werden kann, steht der überlassene Mietgegenstand im Vordergrund.[347] Die Arbeitnehmer des Einsatzbetriebes werden nicht in der Lage sein, die Baumaschine zu bedienen, weil ihnen die dafür erforderlichen fachlichen Kenntnisse fehlen. Auch wenn der Fahrer hinsichtlich der Arbeitsausführung teilweise den Weisungen des Inhabers des Drittbetriebes untersteht z.B. hinsichtlich des Einsatzzeitpunktes der Maschine, stellt die Arbeitsleistung des Bedienungspersonals im Hinblick auf den Wert der Baumaschine eine untergeordnete Rolle dar. Ein Gegenbeispiel wäre die Ausstattung eines Arbeitnehmers (Zimmermannes) mit einem Werkzeugkoffer. Wird der Zimmermann zur Verrichtung von Arbeiten, z.B. dem Ausbau eines Dachstuhles, von seinem Arbeitgeber an einen anderen Betrieb überlassen, steht die Arbeitsleistung (Fachkenntnisse) des Zimmermannes im Vordergrund. Sie über-

---

[342] Vgl. Sandmann/Marschall, Anm. 22 zu § 1.

[343] Palandt, Rdnr. 25 zu Einf. v. § 611 BGB.

[344] Boewer in DB 1982, S. 2037.

[345] BAG, BB 1983, S. 1344.

[346] S. dazu Becker/Wulfgramm, Einl. Rdnr. 26.

[347] Vgl. Ismail,, S. 109.

steigt den Wert des Werkzeugkoffers bei weitem. Diese Form der Zuordnung orientiert sich vor allem an wirtschaftlichen Gesichtspunkten und ist äußerst praktikabel.[348] Die Anforderungen an die überlassenden Unternehmen würden überspannt werden, wenn sie beim Vermieten einer hochtechnischen und in der Anwendung komplizierten Anlage dem Vertragspartner kein Bedienungspersonal oder beim Verkauf einer solchen Anlage kein Einweisungspersonal zur Verfügung stellen könnten, weil ihnen die dafür erforderliche Verleiherlaubnis fehlt. Außerdem ist zu berücksichtigen, dass eine Eingliederung des Bedienungspersonals in den Drittbetrieb nur in einem begrenzten Umfang erfolgt und an die überlassene Anlage gekoppelt ist. Die Weisungen des Betriebsinhabers müssen im Zusammenhang mit der Maschinenbedienung stehen. Er kann das Bedienungspersonal nicht nach seinen Wünschen für andere Arbeiten in den Betriebsabteilungen einsetzen, wie es bei einer Arbeitnehmerüberlassung der Fall wäre.

bb) Die „Scheinselbständigen"

In diesem Zusammenhang ist auch auf die sogenannte „Scheinselbständigkeit" einzugehen. Bloße „Scheinselbständigkeit" liegt bei Personen vor, die nur zum Schein selbständig sind, in Wirklichkeit aber in einem abhängigen Beschäftigungsverhältnis als Arbeitnehmer stehen.[349] Aus den obigen Ausführungen lässt sich entnehmen, dass bei allen Formen des drittbezogenen Personaleinsatzes das eigentlich entscheidende Abgrenzungskriterium zur Arbeitnehmerüberlassung das eigenverantwortliche, selbständige Handeln des beauftragten Vertragspartners ist, sei es im Rahmen eines Werkvertrages oder eines Dienstverschaffungsvertrages. Genauso verhält es sich bei der Abgrenzung der Arbeitnehmerüberlassung von einem selbständigen Gewerbetreibende, der ein eigenes Gewerbe eigenverantwortlich betreibt und seine Arbeitszeit selbst bestimmen und seine Tätigkeit im wesentlichen frei gestalten kann.[350] Er steht nicht in einem abhängigen Beschäftigungsverhältnis und ist nicht Arbeitnehmer mit den daraus resultierenden arbeits- und sozialversicherungsrechtlichen Rechten und Pflichten. Da die Definition des Begriffes der „Scheinselbständigkeit" von grundsätzlicher rechtlicher Bedeutung für die arbeitsrechtlichen Vertragsbeziehungen (Arbeitnehmereigenschaft) und für die Sozialversicherung (abhängig Beschäftigter) ist, haben sowohl der Gesetzgeber als auch die Rechtsprechung Abgrenzungskriterien zwischen Arbeitnehmer/Beschäftigteneigenschaft und Selbständigkeit geschaffen. Zur Unterscheidung wird nach der Rechtsprechung des Bundesarbeitsgerichts[351] die Abhängigkeit des Arbeitnehmers vom Arbeitgeber als entscheidendes Abgrenzungskriterium herangezogen.[352] Diese Abhängigkeit findet ihren Ausdruck

---

[348] Vgl. dazu Sandmann/Marschall, Anm. 23 zu § 1.

[349] S. BT-DS 13/5498, S. 66.

[350] Vgl. dazu Ismail,, S. 110 m.w.N.

[351] BAG, AP Nr. 42 zu § 611 BGB, BAG, BB 1978, S. 1035.

[352] BAG, NZA 1997, S. 600 ff, S. 602.

(1) in der Weisungsgebundenheit hinsichtlich der Art und Weise der Arbeitsausführung (fachliche Weisungsgebundenheit),

(2) der Eingliederung in den Betrieb des Arbeitgebers, insbesondere im Hinblick auf die Arbeitszeit (organisatorische Weisungsgebundenheit),

(3) dem Gesichtspunkt einer unternehmerischen Abhängigkeit wird Rechnung getragen,[353] indem geprüft wird, ob der scheinbar Selbständige eine eigene Unternehmensorganisation besitzt, am Markt auftritt oder nur einen einzigen Auftraggeber hat und ob die Chancen und Risiken angemessen verteilt sind.[354]

Der Gesetzgeber hat diese Grundsätze in § 7 Abs. 4 SGB IV[355] für die sozialversicherungsrechtliche Beurteilung der abhängig Beschäftigten aufgegriffen. Danach ist eine abhängige Beschäftigung bei einer erwerbsmäßig tätigen Person, die ihrer Mitwirkungspflicht nach § 206 SGB V oder nach § 196 Abs. 1 SGB VI nicht nachgekommen ist, zu vermuten, wenn mindestens drei der nachstehend fünf aufgeführten Merkmale erfüllt sind:

1. die Person beschäftigt im Zusammenhang mit ihrer Tätigkeit regelmäßig keine versicherungspflichtigen Arbeitnehmer, dessen Arbeitsentgelt aus diesem Beschäftigungsverhältnis regelmäßig im Monat 325,- Euro übersteigt;

2. sie ist auf Dauer und im wesentlichen nur für einen Auftraggeber tätig;

3. ihr Auftraggeber oder ein vergleichbarer Auftraggeber lässt entsprechende Tätigkeiten regelmäßig durch von ihm beschäftigte Arbeitnehmer verrichten;

4. ihre Tätigkeit lässt typische Merkmale unternehmerischen Handelns nicht erkennen;

5. ihre Tätigkeit entspricht dem äußeren Erscheinungsbild nach der Tätigkeit, die sie für denselben Auftraggeber zuvor auf Grund eines Beschäftigungsverhältnisses ausgeübt hatte.

Auch hier gilt, dass die tatsächliche Ausführung des Vertrages entscheidend ist für dessen rechtliche Einordnung[356] und nicht die vertragliche Bezeichnung. Illegal tätige Verleiher sind dazu übergegangen, Arbeitnehmerüberlassung durch scheinbar selbständige Arbeitskräfte zu tarnen. Die vermeintlichen Auftraggeber schließen mit Einzelpersonen Verträge z.B. zum Verputzen von Räumen, die ein

---

[353] BAG, AP Nr. 37 zu § 611 BGB.
[354] Sartorius in ZAP, Fach 17 R, S. 211 m.w.N.
[355] Zur Zeit gültige Fassung v. 23.03.2002 (BGBl I, S. 1130).
[356] BAG in AP Nr. 26 zu § 611 BGB; BAG, NZA 1997, S. 602; BAG, NZA 1997, S. 1126, 1127.

Gewerbe angemeldet haben, um dann als angebliche „Subunternehmer" oder als freie Mitarbeiter tätig zu sein.[357] In Wirklichkeit erbringen die angeblichen „Subunternehmer" die für ein Beschäftigungsverhältnis typischen Arbeitsleistungen und unterstehen den Weisungen des Auftraggebers (Arbeitgebers). Der Verleiher tritt als Vermittler von Dienstleistungen auf, der tatsächliche Entleiher als der die Dienstleistung annehmende Auftraggeber. Im Baubereich sind Fälle bekannt geworden, in denen ein als „Subunternehmer" beauftragter Werkunternehmer mit scheinbar Selbständigen Verträge abschließt, um sie dann letztendlich an den Generalunternehmer zu verleihen, dessen Weisungen sie unterstehen und in dessen Betrieb sie organisatorisch eingegliedert werden.[358] Anzutreffen sind diese „Ein-Mann-Subunternehmer" im Bauhauptgewerbe, z.B. im Gerüstbau (§ 1 Abs. 3 Baubetriebe-VO), bei Estricharbeiten (§ 1 Abs. 2 Nr. 10 Baubetriebe-VO) und Reinigungs- und Aufräumarbeiten (Bauhelfertätigkeiten). Für Verleiher und Entleiher erweist sich diese Vertragsgestaltung als wirtschaftlich sehr vorteilhaft. Es müssen keine Sozialversicherungsbeiträge für die sogenannten „Scheinselbständigen" abgeführt werden, bei Auftragsmangel entfällt der Vergütungsanspruch und Leistungen wie die Lohnfortzahlung im Krankheitsfall fallen ebenfalls nicht an.[359] Die „Scheinselbständigen" sind bestrebt, Einkommen zu erzielen. Die Angst davor, ihre Arbeit zu verlieren, veranlasst sie sogar auf Druck ihres früheren Arbeitgebers ein Gewerbe anzumelden und fortan als Selbständiger für ihn tätig zu sein.[360] Weder die Möglichkeit der Einzugsstellen der Sozialversicherung, die Sozialversicherungsbeiträge nachträglich[361] einziehen zu können, noch die Sanktionsnorm des § 266 a StGB (Vorenthalten von Sozialversicherungsbeiträgen) hält die illegalen Verleiher und Entleiher davon ab, auf diese Weise zu verfahren.[362] Die vom Gesetzgeber eingebrachten Vermutungsregeln stellen auf der einen Seite eine Erleichterung für die rechtliche Abgrenzung von Beschäftigungsverhältnissen zu den selbständigen Tätigkeiten dar. Vor allem die unternehmerische Abhängigkeit ist für die Beurteilung der Frage, ob „Scheinselbständigkeit" oder Arbeitnehmerüberlassung vorliegt ein einschneidendes Abgrenzungskriterium. Auf der anderen Seite sollen keine Personen in ein abhängiges Beschäfti-

---

[357] BT-DS 13/5498, S.34.

[358] Mayer/Paasch in AiB 1987, S. 57.

[359] Vgl. Mayer/Paasch/Ruthenberg, SozSich, S. 77 ff.

[360] Paasch, AN 2. Kl., S. 30.

[361] Vgl. dazu §§ 28 d ff SGB IV; die Arbeitgeber eines „Scheinselbständigen" müssen die Beiträge rückwirkend für einen Zeitraum von bis zu vier Jahren nachzahlen. (§ 45 Abs. 1 SGB I). Die Nachzahlungspflicht erstreckt sich weitgehend auch auf die Arbeitnehmeranteile, weil der Arbeitnehmer einen Abzug nur für einen rückwirkenden Zeitraum von drei Monaten dulden muss. (§ 28 g SGB IV).

[362] Ist der angeblich Selbständige in Wirklichkeit Leiharbeitnehmer, so ist der Entleihbetrieb als Arbeitgeber (10 Abs. 1 AÜG) verpflichtet, die Sozialversicherungsbeiträge für diese Arbeitnehmer abzuführen. Da dies in der Regel bei sogenannten Scheinselbständigen nicht der Fall sein wird, enthält der Arbeitgeber die Beiträge zur Sozialversicherung der Einzugsstelle vor. Zahlt der illegal tätige Verleiher den Arbeitslohn, haftet er neben dem Entleiher; beide haften insofern gesamtschuldnerisch. (§ 9 Nr. 1, § 10 III S. 2 AÜG).
S. auch Lackner,Rdnr. 2 a zu § 266 a; Schönke/Schröder,Rdnr.11 zu § 266 a StGB.

gungsverhältnis gedrängt werden, die daran kein Interesse haben, weshalb der Gesetzgeber den Vermutungstatbestand des § 7 SGB IV auf die Fälle beschränkt hat, in denen die erwerbsmäßig tätige Person ihren Mitwirkungspflichten gem. der §§ 206 SGB V, 196 Abs. 1 SGB VI nicht nachgekommen ist. Durch Befragen des Selbständigen/Gewerbetreibenden und Einsicht in die Geschäftsunterlagen lässt sich feststellen, ob z.b. der selbständige Gerüstbauer unternehmerisch am Markt tätig oder lediglich für einen Arbeitgeber tätig ist. Alternativ könnten bestimmte Tätigkeiten als typische Arbeitnehmerleistungen eingeordnet werden. Beispielsweise hat das Oberlandesgericht Düsseldorf[363] entschieden, dass Ausbeiner und Kopfschlachter auf Grund ihres beruflichen Tätigkeitsbildes Arbeitnehmer sind und keine Werkunternehmer. Trotz gewisser Freiheiten in ihrer Arbeitsgestaltung sind sie in der Regel in den Entleihbetrieb eingegliedert.[364] Das selbe gilt für Regalauffüller oder Platzierungshilfen in Warenhäusern. Diese tragen kein Unternehmensrisiko und können ihre Arbeiten nur nach Weisung des angeblichen Auftraggebers, in Wirklichkeit Arbeitgebers, ausüben. Auf Grund des Tätigkeitsbildes ist kein Raum für eine selbständige, eigenverantwortliche Tätigkeit. Diese Grundsätze lassen sich auf Tätigkeiten innerhalb des Baubereiches übertragen. Als Beispiel lassen sich anführen: Bauhelfertätigkeiten oder andere Hilfsarbeiten, die nur in Zusammenarbeit mit anderen und nach deren Weisung ausgeübt werden können. Ebenso zählen dazu Eisenflechter- oder Maurerarbeiten, wenn sich diese nicht auf selbständige Gewerke bzw. Gebäudekomplexe erstrecken, sondern auf unterschiedliche Teile eines Hauses. Beispielsweise wird die rechte Hälfte eines Hauses von der Firma X und die linke Hälfte von der Firma Y gemauert. Bei einer derartigen Fallkonstellation handelt es sich um Leiharbeitnehmer der Firma Y, die entweder an den Auftraggeber X verliehen worden sind oder in umgekehrter Richtung von der Firma X an die Firma Y verliehen worden sind.

d) Geschäftsbesorgungsvertrag

Schließlich ist die Arbeitnehmerüberlassung vom Geschäftsbesorgungsvertrag abzugrenzen, der eine besondere Ausgestaltung des Dienst- oder Werkvertrages ist.[365] Der in § 675 BGB geregelte Geschäftsbesorgungsvertrag beinhaltet die selbständige Besorgung eines Geschäfts für einen anderen. Der die Geschäftsbesorgung ausführende Geschäftsführer nimmt für einen anderen, den Geschäftsherrn, dessen Vermögensinteressen wahr.[366] Abgrenzungsschwierigkeiten zur Arbeitnehmerüberlassung können nur auftreten, wenn sich der Geschäftsführer zur Erledigung seines Auftrags der Hilfe von Erfüllungsgehilfen bedient. Als Beispiele für Geschäftsbesorgungsverträge lassen sich Baubetreuungsverträge anführen.

---

[363] OLG Düsseldorf ‚BB 1995, S. 522.

[364] Vgl. Sandmann/Marschall, Anm. 10 zu § 1 AÜG.

[365] BGHZE 45, S. 223 ff, S. 228.

[366] Palandt-Thomas, Rdnr. 1 ff zu § 675.

Die Geschäftsbesorgung wird allerdings in der Regel nicht in den Betriebsräumen des Geschäftsherrn vorgenommen, so dass sie als Form des für diese Untersuchung relevanten drittbezogenen Personaleinsatzes kaum in Betracht kommt.[367] Es fehlt an jeglicher Eingliederung der Erfüllungsgehilfen in den Betrieb des Geschäftsherrn. Außerdem ist z.b. Gegenstand eines Baubetreuungsvertrages die planerische, meist organisatorische, wirtschaftliche und finanzielle Gestaltung, Durchführung, Beaufsichtigung und Abrechnung des Baugeschehens[368], mithin keine Tätigkeit, selbst unter Einsatz von Erfüllungsgehilfen, die üblicherweise von Arbeitern im Sinne des § 1 b AÜG ausgeübt wird. Grundsätzlich kann die selbständige Wahrnehmung von Vermögensinteressen nicht als Tätigkeit eines Arbeiters angesehen werden, so dass der Geschäftsbesorgungsvertrag im Bereich der Bauwirtschaft nicht als Instrument zur Tarnung einer illegalen Arbeitnehmerüberlassung unter Verstoß gegen § 1 b S. 1 AÜG in Betracht kommt.

e) Vorspiegelung einer gemeinnützigen, nicht gewerbsmäßigen Arbeitnehmerüberlassung

In den vergangenen vier Jahren hat sich gezeigt, dass Träger von Arbeitsbeschaffungsmaßnahmen und als gemeinnützig[369] anerkannte Vereine versuchen, entgegen ihrem offiziellen Vereinszweck durch eine gewerbsmäßige Überlassung von Arbeitnehmern Gewinne zu erzielen. Dabei werden vorzugsweise Arbeitnehmer in Betriebe des Baugewerbes überlassen.[370]

f) Täuschen über die Eigenschaft eines Betriebes des Bauhauptgewerbes

Denkbar ist in diesem Zusammenhang auch das Täuschen über das Vorliegen der Eigenschaft eines Baubetriebes. Ein Betrieb, der zu über fünfzig Prozent Bauleistungen erbringt und daneben mit Baumaschinen handelt, ist dem Bauhauptgewerbe zuzurechnen. Tritt dieser Betrieb an einen Verleiher mit der Behauptung heran, einen Baustoffhandel zu betreiben und setzt die Leiharbeitnehmer zu Maurertätigkeiten in seinem Betrieb ein, hat er den Verleiher über die Zugehörigkeit zum Bauhauptgewerbe getäuscht. Der entleihende Baubetrieb hat den Verleiher damit zu einem objektiven Verstoß gegen § 1 b S. 1 AÜG veranlasst und selbst gegen das sektorale Leiharbeitsverbot verstoßen.

g) Zwischenergebnis

Die obigen Ausführungen haben sich mit dem im Baubereich bedeutsamen „verdeckten" illegalen Verleih befasst. Wirken illegal handelnde Verleiher und Entleiher zusammen und greifen auf legale Vertragskonstruktionen zurück, um die

---

[367] Vgl. Sturm, S. 41 m.w.N.

[368] S. dazu Palandt-Thomas, Rdnr. 20 zu § 675.

[369] Zum Begriff der Gemeinnützigkeit C III 1b) aa.

[370] BT-DS 14/4220, S. 34.

illegale Arbeitnehmerüberlassung zu tarnen oder täuschen über das Vorliegen
einzelner Tatbestandsvoraussetzungen einer Arbeitnehmerüberlassung, ist davon
auszugehen, dass der Verleiher nicht im Besitz einer Verleiherlaubnis gem. § 1
Abs. 1 AÜG ist. Daraus folgt, dass Verleiher und Entleiher nicht nur gegen § 1 b
S. 1 AÜG verstoßen, sondern gegen weitere Vorschriften des AÜG die aus Gründen der Gesetzeskonkurrenz vorgehen.[371]

2. Andere Erscheinungsformen der illegalen Arbeitnehmerüberlassung

Anders als bei den obigen Ausführungen verhält es sich bei dem sog. „offenen"
Verleih. Der Verleiher ist entweder im Besitz einer Verleiherlaubnis (Zeitarbeitsfirma) und verleiht verbotswidrig in das Bauhauptgewerbe oder er geht rechtsirrig
davon aus, keine Verleiherlaubnis zu benötigen. Dazu gehören die Fälle in denen
die Beteiligten nicht bewusst über das Vorliegen der obigen Vertragsgestaltungen
täuschen, sondern den Sachverhalt rechtsfehlerhaft beurteilen. Die aus den §§ 9
Nr. 1, 10 AÜG resultierenden Rechtsfolgen des Verleihs ohne Verleiherlaubnis
werden davon nicht berührt.[372] Der „offene" Verleih kann sich auch zwischen Betrieben des Bauhauptgewerbes vollziehen, die an sich die Voraussetzungen des
Ausnahmetatbestandes des § 1 b S. 2 AÜG erfüllen aber weder im Besitz einer
Verleiherlaubnis sind noch der Anzeigepflicht gem. § 1 a AÜG nachgekommen
sind. Die nachstehend aufgeführten Vertragskonstruktionen eignen sich nicht zur
Verschleierung einer in Wirklichkeit vorliegenden Arbeitnehmerüberlassung,
sondern es ergeben sich in Einzelfällen Abgrenzungsschwierigkeiten zur Arbeitnehmerüberlassung. Bei Vorliegen bestimmter rechtlicher und tatsächlicher Voraussetzungen stellen sie einen Verstoß gegen § 1 b S. 1 AÜG dar.

a) Personalkoordinationsgesellschaften

Gründen mehrere Bauunternehmen eine Personalkoordinationsgesellschaft mit
dem Ziel einer gemeinsamen, für das einzelne Unternehmen kostengünstigeren
Personalbeschaffung und -führung, liegt keine Arbeitnehmerüberlassung vor,
wenn das einzelne Unternehmen Arbeitgeber des Bauarbeiters bleibt.[373] Als Beispiel lässt sich der „Bau-Daten-Service" GmbH in Berlin anführen, deren Aufgabe darin bestand, für kurzfristig von der staatlichen Arbeitsverwaltung vermittelte
Bauarbeitnehmer die Lohnabrechnung, die Abführung von Steuern und Beiträgen

---

[371] S. dazu Ausführungen unter C IX.

[372] Der Wortlaut der §§ 9 Nr. 1, 10 AÜG stellt auf das Fehlen der Verleiherlaubnis ab. Die Fiktion des
§ 10 Abs. 1 AÜG greift daher auch ein, wenn die Vertragspartner (Verleiher und Entleiher) subjektiv
rechtsirrig vom Vorliegen eines werkvertraglichen Arbeitseinsatzes der (Leih)-arbeitnehmer ausgin-
gen, BGH, EzAÜG Nr. 61.

[373] Menting, S. 75 m.w.N.

sowie die Auszahlung des Nettolohns vorzunehmen.[374] Treten die Personalkoor-
dinierungsgesellschaften als eigenständiger Arbeitgeber auf,[375] um ihr Personal
gewerbsmäßig an die mit ihr verbundenen Bauunternehmen zu überlassen, ist die
Arbeitnehmerüberlassung nach § 1 Abs. 1 AÜG erlaubnispflichtig. Werden die
überlassenen Arbeitnehmer der verbundenen Unternehmen in Betrieben des Bauhauptgewerbes eingesetzt, liegt ein Verstoß gegen § 1 b S. 1 AÜG vor. Ist die
Personalkoordinierungsgesellschaft zudem nicht im Besitz einer Verleihererlaubnis sind sowohl der Überlassungsvertrag als auch der Leiharbeitsvertrag unwirksam (§§ 9 Nr. 1, 10 AÜG).

**b) Abgrenzung des Leiharbeitsverhältnisses von anderen besonderen Er-
scheinungsformen des Arbeitsverhältnisses**

In den bisher aufgeführten Fällen hat der Unternehmer als *Arbeitgeber* dritte Personen (Erfüllungsgehilfen) in die Vertragserfüllung mit einbezogen. Es ist jedoch
auch möglich, daß sich die Arbeitnehmer weitere Personen zur Vertragsausfüh-
rung bedienen.

aa) Das mittelbare Arbeitsverhältnis

Das mittelbare Arbeitsverhältnis ist eine pyramidenförmig aufgebaute Konstruktion eines Arbeitsverhältnisses. Bei einem mittelbaren Arbeitsverhältnis wird der
Arbeitnehmer als Gehilfe von einem anderen sogenannten Hauptarbeitnehmer
(Zwischenmeister) beschäftigt, der seinerseits selbst Arbeitnehmer eines Unternehmers (Arbeitgebers) ist. Der Gehilfe des Hauptarbeitnehmers erbringt die Arbeitsleistung unmittelbar für den Unternehmer.[376] Auf Grund des mittelbaren Arbeitsverhältnisses obliegen dem Unternehmer (Arbeitgeber) Schutz und Fürsorgepflichten (Arbeitsschutzpflicht) gegenüber dem Gehilfen und die den Arbeitgeber sozialversicherungsrechtlichen Pflichten, d.h. die Abführung der Sozialversicherungsbeiträge.[377] Außerdem hat der Unternehmer in seiner Funktion als Arbeitgeber dafür Sorge zu tragen, dass der Gehilfe seinen Lohn erhält.[378] Das Leiharbeitsverhältnis unterscheidet sich von der Vertragsgestaltung des mittelbaren
Arbeitsverhältnisses durch die Arbeitnehmereigenschaft des *Mittelmannes*. Im
Gegensatz dazu muß der Verleiher im Sinne des § 1 Abs. 1 S. 1 AÜG ein ge-

---

[374] Becker, Leitf., S. 138.

[375] Die Arbeitgeberstellung kann sich daraus ergeben, dass der Personalführungsgesellschaft ein Zuwei-
sungsrecht (Weisungsrecht) hinsichtlich des Einsatzes der Arbeitnehmer bei einem Trägerunterneh-
men zusteht, Schaub, NZA 1985, S. 3.

[376] Vgl. Waas, in RdA 1993, S. 153

[377] Das Sozialversicherungsrecht knüpft an das tatsächliche Beschäftigungsverhältnis an. Der Gehilfe
erbringt seine Arbeitsleistung unmittelbar für den Arbeitgeber, weshalb jener die Pflicht zur Abführung der Sozialversicherungsbeiträge hat. Dies ist nicht als unbillig anzusehen, weil die Arbeitsleistung nach § 613 S. 1 BGB im Zweifel in Person zu erbringen ist und der Arbeitgeber der Einstellung
eines Gehilfen durch den Arbeitnehmer im allgemeinen zustimmen muss.

[378] S. Schaub, Rdnr. 1 ff zu § 185 m.w.N.

werbsmäßig handelnder Unternehmer sein.[379] Ob Arbeitnehmerüberlassung vorliegt, hängt somit von der rechtlichen Einordnung des Mittelsmannes als Arbeitnehmer oder Unternehmer ab. Für eine Arbeitnehmereigenschaft des Mittelsmannes spricht seine sozialversicherungsrechtliche Beschäftigung beim Arbeitgeber.
Ist der „Mittelsmann" als selbständiger Gewerbetreibender angemeldet, spricht
dieser Umstand für das Vorliegen von Arbeitnehmerüberlassung des Gehilfen an
den Auftraggeber. Ein mittelbares Arbeitsverhältnis liegt nicht vor, wenn der Arbeitnehmer (Zwischenmeister, Mittelsmann) einen weiteren Arbeitnehmer im
Namen des Arbeitgebers eingestellt hat. In diesem Fall entsteht ein unmittelbares
Arbeitsverhältnis zum Arbeitgeber, der dann für die arbeitsvertraglichen, steuerrechtlichen und sozialversicherungsrechtlichen Pflichten einzustehen hat.[380]
Ebenso liegt dann kein Fall der Arbeitnehmerüberlassung vor.

bb) Gruppenarbeitsverhältnis

Ein mittelbares Arbeitsverhältnis ist auch in Form eines Gruppenarbeitsverhält-
nisses denkbar. Das Arbeitsrecht kennt die verschiedensten Ausgestaltungen der
Gruppenarbeitsverhältnisse.[381] Im Rahmen dieser Dissertation ist lediglich die
Eigengruppe interessant, bei der sich mehrere Arbeitnehmer aus eigener Initiative
zur gemeinsamen Arbeitsleistung zusammenschließen.[382] Die Rechtsform der
Gruppe bestimmen die Mitglieder selbst. Im Rechtsverkehr finden sich z.B. die
Rechtsformen der BGB-Gesellschaft, der GmbH oder des nicht rechtsfähigen
Vereins.[383] Ein im Rahmen dieser Dissertation relevantes Beispiel für Eigengrup-
pen sind Putz- und Maurerkolonnen.[384] Abgrenzungsschwierigkeiten zur Arbeitnehmerüberlassung entstehen aber nur dann,[385] wenn die Eigengruppe in Rechtsbeziehungen zu dem Unternehmer (Arbeitgeber) tritt und zwischen den Vertragsparteien ein Dienstverschaffungsvertrag abgeschlossen wird. Auf Grund des
Dienstverschaffungsvertrages wird die Eigengruppe verpflichtet, für die Arbeitsleistung der Gruppenmitglieder zu sorgen.[386] Der Arbeitgeber kann nicht von den
einzelnen Gruppenmitgliedern die Leistung von Diensten verlangen, sondern nur
von der Gruppe insgesamt. Inhaber des Direktionsrechts ist der von der Gruppe
bestimmte Gruppenführer, der zugleich selbst Arbeitnehmer der Gruppe ist.[387]

---

[379] S. auch Schüren, Rdnr. 211 ff, 259 ff zu § 1 AÜG.

[380] Vgl. LAG Bremen in AP 1 zu § 611 BGB Mittelbares Arbeitsverhältnis.

[381] Vgl. dazu Schaub, § 181 bis § 185.

[382] BAG AP 2 zu § 611 Akkordkolonne.

[383] Vgl. Schaub, Rdnr. 2 zu § 183.

[384] Die Beteiligten werden in diesem Zusammenhang als Arbeitgeber und Arbeitnehmer bezeichnet,
weil es sich letztlich um Arbeitnehmertätigkeiten handelt, ohne dass eine unmittelbare arbeitsrechtliche Beziehung zwischen der Arbeitgeber und den Arbeitnehmern entsteht. Bei einem Gruppenarbeitsverhältnis in dieser Ausgestaltung existiert kein weiterer unmittelbarer Arbeitgeber. Die Gruppe
verwaltet sich selbst..

[385] Schaub, Rdnr. 3 zu § 183 IV.

[386] BAG AP 29 zu § 615 BGB Betriebsrisiko.

[387] Vgl. dazu ausf. Schaub, § 183 IV.

Der Unternehmer (Arbeitgeber) kann aber die Ausübung des Direktionsrecht in eine bestimmte Richtung verlangen, wenn nicht sogar vertraglich eine Übertragung des Direktionsrecht auf ihn vereinbart worden ist. Die Gruppenmitglieder müssen sich darüber hinaus den allgemeinen Ordnungsvorschriften des Betriebs anpassen.[388]Letztlich ist der zwischen der Gruppe und dem Unternehmer abgeschlossene Dienstverschaffungsvertrag auf die Ableistung abhängiger Arbeit durch die einzelnen Gruppenmitglieder gerichtet. Es handelt sich somit bei dieser Konstellation eines Gruppenarbeitsverhältnisses um eine Konstruktion mit drei Beteiligten, dem Unternehmer, der Gruppe und den Gruppenmitgliedern. Man könnte daran denken, die Gruppe grundsätzlich als Arbeitgeber anzusehen, welche ihre Mitglieder an den Unternehmer überlässt und käme so zu einem Leiharbeitsverhältnis. Im Regelfall wird jedoch zwischen den Gruppenmitgliedern und dem Arbeitgeber ein mittelbares Arbeitsverhältnis bestehen, weil die Arbeitnehmer der Gruppe ihre eigene Arbeitskraft anbieten und nach den obigen Ausführungen weitestgehend dem Direktionsrecht des Arbeitgebers unterstehen. Weitere denkbare mögliche Rechtsbeziehungen der Gruppe können sich so darstellen, dass sowohl die Gruppe als auch die einzelnen Gruppenmitglieder in Rechtsbeziehungen zu dem Arbeitgeber treten oder dass nur die Gruppenmitglieder vertragliche Beziehungen zu dem Arbeitgeber knüpfen. In beiden Konstellationen entstehen zwischen dem Arbeitgeber und Arbeitnehmern arbeitsrechtliche Beziehungen. Eine Abgrenzung zur Arbeitnehmerüberlassung ist hier eindeutiger, weil ein Leiharbeitsverhältnis gerade nicht auf den Abschluß eines Arbeitsvertrages zwischen Entleiher und Arbeitnehmer gerichtet ist. Eine Arbeitnehmerüberlassung könnte insofern vorliegen, als dass der Gruppenleiter oder der Zwischenmeister in Wirklichkeit Verleiher ohne die nach § 1 Abs. 1 AÜG erforderliche Verleiherlaubnis ist, der gewerbsmäßig Arbeitnehmer an den vermeintlichen Arbeitgeber (Unternehmer) überlässt.[389] Stimmen sich illegal handelnder Verleiher und Entleiher einvernehmlich ab, könnten die obigen Vertragsgestaltungen dazu dienen, einen illegalen Verleih in das Bauhauptgewerbe zu tarnen. Die Beteiligten streiten den Überwachungsbehörden gegenüber (z.B. Hauptzollamt) die Existenz eines Verleihers ab und der „Entleiher)" wird Arbeitgeber der „Leiharbeitnehmer". Dadurch entziehen sich die Beteiligten den rechtlichen Konsequenzen eines illegalen Verleihs.[390] Sollte ein Verleiher vorhanden sein, lässt sich dieser nicht ermitteln, wenn die Beteiligten, einschließlich der Leiharbeitnehmer, darüber Stillschweigen bewahren. Allerdings wird die Praxis auf diese Umgehungsform nicht zurückgreifen, weil der „Entleiher" als mittelbarer Arbeitgeber z.B. für das Abführen der Sozialversicherungsbeiträge seiner Arbeitnehmer verantwortlich ist und bei deren Nichtabführen strafrechtlich zur Verantwortung gezogen werden kann (§ 266 a StGB).[391] Die oben aufgeführten Vertragskonstruktionen sind somit

---

[388] Schaub, § 183 IV 2.

[389] Menting, S. 77.

[390] S. dazu ausführlich zu den rechtlichen Konsequenzen C VIII.

[391] S. dazu C IX 4c).

84

nicht geeignet, illegale Praktiken umfassend zu verschleiern und dazu beizutragen, dass sich die Beteiligten ihrer sozialen, finanziellen und strafrechtlichen Verantwortung entziehen können. Sie erschweren aber den Überwachungsbehörden das Nachvollziehen der rechtlichen Beziehungen zwischen den Arbeitnehmern und dem Arbeitgeber.

cc) Teilzeitarbeitsverhältnis

Auch auf ein Leiharbeitsverhältnis, welches in Teilzeit ausgeführt wird, finden die Vorschriften des AÜG Anwendung. Das Arbeitnehmerüberlassungsgesetz äußert sich nicht zu Teilzeitbeschäftigungen. Im Gegensatz zu befristeten Verträgen, die gewissen Beschränkungen unterliegen,[392] findet sich keine Einschränkung im Hinblick auf Teilzeitarbeitsverhältnisse.[393] Daher kann ein Leiharbeitsverhältnis in Form der Teilzeitbeschäftigung ausgeübt werden. Denkbar ist dies beispielsweise beim Job-Sharing-Arbeitsverhältnis. Es zeichnet sich dadurch aus, dass zwei oder mehr Arbeitnehmer sich eine Vollzeitstelle teilen.[394] Wird ein teilzeitbeschäftigter Maurer in einen Betrieb des Bauhauptgewerbes gewerbsmäßig verliehen, liegt ein Verstoß gegen § 1 b S. 1 AÜG vor. Auch ein teilzeitbeschäftigter Maurer darf nicht in einen Betrieb des Bauhauptgewerbes zur Verrichtung von Maurertätigkeiten verliehen werden.

3. Illegaler Verleih zwischen Betrieben des Baugewerbes

Wollen Betriebe des Bauhauptgewerbes Arbeitnehmer untereinander verleihen, kommen die §§ 1 ff AÜG zur Anwendung. Ist der verleihende Baubetrieb nicht im Besitz einer nach § 1 Abs. 1 AÜG erforderlichen Verleiherlaubnis, handelt er nach § 16 Abs. 1 Nr. 1 AÜG und der Entleiher nach § 16 Abs. 1 Nr. 1 a AÜG ordnungswidrig und damit illegal.

Auch wenn die Voraussetzungen des § 1 b S. 2 AÜG bei dem verleihenden und entleihenden Baubetrieb vorliegen, ist eine Verleiherlaubnis nach § 1 Abs. 1 AÜG erforderlich.

4. Zusammenfassung

Die unter VII dargestellten Vertragskonstruktionen des drittbezogenen Personaleinsatzes stehen in ihrer tatsächlichen Abwicklung der Arbeitnehmerüberlassung

---

[392] S. § 9 Nr. 2 AÜG.

[393] Anders f. Arbeit auf Abruf, welche der Inhaltskontrolle des § 3 Nr. 3 AÜG unterliegt. Bei dieser Vertragsform wird das Risiko von fehlenden Überlassungsmöglichkeiten einseitig auf den Leiharbeitnehmer verlagert, was § 3 Nr. 3 AÜG gerade verhindern will. vgl. dazu Sandmann/Marschall, Anm. 27 zu Art 1 § 3 AÜG.

[394] Mosler, Rdnr. 30 ff zur Gleichbehandlung der Teilzeitkräfte.

nahe, sind aber rechtlich eindeutig von ihr abzugrenzen. Die Vorschriften des AÜG sind nur auf die gewerbsmäßige Arbeitnehmerüberlassung anwendbar, deren Vertragsgegenstand die Überlassung von Arbeitnehmern ist. Besteht der Vertragsinhalt in dem Erbringen einer erfolgsbezogenen, werkvertraglichen Leistung, wie dem Bau eines Hauses, wird das Recht der Arbeitnehmerüberlassung nicht berührt. Die bisherigen Ausführungen zeigen, dass die Abgrenzung zur Arbeitnehmerüberlassung im Einzelfall sehr schwierig ist und aus diesem Grund andere Vertragsformen gegenüber Außenstehenden wie z.b. den Prüfern der Bundesanstalt für Arbeit lediglich vorgetäuscht und mißbraucht werden, um illegale Arbeitnehmerüberlassung zu verschleiern. Im Rahmen des § 1 b S. 1 AÜG ist besonders der „Scheinwerkvertrag" praktisch relevant. Der Nachweis illegalen Verleihs ist für die Kontrollbehörden nur schwer zu erbringen. Einige Lösungsansätze sind bereits angesprochen worden. Nochmals hervorzuheben ist, dass sich der illegale Verleih auch in Gestalt eines rein *formellen* Verstoßes äußern kann, d.h. der Verleih zwischen Baubetrieben ist nach § 1 b S. 2 AÜG zulässig, es fehlt aber die formelle Erlaubnis.

VIII. Die vertraglichen und verwaltungsrechtlichen Konsequenzen der illegalen Arbeitnehmerüberlassung unter Verstoß gegen § 1 b S. 1 AÜG

Jede unter Verletzung der Vorschriften des AÜG erfolgte Arbeitnehmerüberlassung ist als „illegal" zu qualifizieren. Dabei ist zwischen den verschiedenen Erscheinungsformen zu differenzieren. Eine mögliche Erscheinungsform ist der gewerbsmäßige Verleih von Arbeitern unter Verstoß gegen § 1 b S. 1 AÜG durch einen Verleiher, der im Besitz einer nach dem AÜG erforderlichen Verleiherlaubnis ist. Bei dieser Erscheinungsform liegt lediglich ein Verstoß gegen das Leiharbeitsverbot im Baugewerbe vor. In vielen Fällen verstoßen die illegal handelnden Verleiher und Entleiher jedoch gegen mehrere Vorschriften des AÜG, des Sozialrechts und des Ausländergesetzes. Der gewerbsmäßige Verleih eines Arbeiters in das Bauhauptgewerbe durch einen Verleiher, der **nicht** im Besitz einer erforderlichen Verleiherlaubnis ist, hat andere und weitaus schwerwiegendere rechtliche Konsequenzen.[395] Erfolgt der illegale gewerbsmäßige Verleih unter Einsatz von ausländischen Arbeitnehmern, die keine Arbeitsgenehmigung besitzen, müssen der Verleiher, der nicht im Besitz einer erforderlichen Verleiherlaubnis ist und der mit ihm kontrahierende Bauunternehmer (Entleiher) unter den Voraussetzungen der §§ 15 und 15 a AÜG mit strafrechtlichen Konsequenzen rechnen. Hingegen ist der Verleih von ausländischen Bauarbeitern z.B. Maurern, die nicht im Besitz einer Arbeitsgenehmigung sind, durch einen Verleiher, der im Besitz einer Verleiherlaubnis ist, nach den §§ 406 Abs. 1 Nr. 3, 407 SGB III lediglich bußgeldbewehrt. Die nachfolgenden Ausführungen werden zeigen, daß die möglichen Fallgestaltungen einer illegalen Arbeitnehmerüberlassung ebenso komplex sind wie deren rechtliche Auswirkungen. Beispielsweise ist der Arbeitsvertrag eines in das

---

[395] Siehe dazu BT-DS 13/5498, S. 28 ff.

Bauhauptgewerbe verliehenen Bauarbeiters mit einem Verleiher, der nicht im Besitz der erforderlichen Verleiherlaubnis ist, unwirksam. Ein gewerbsmäßiger Verleiher, der zwar im Besitz einer erforderlichen Erlaubnis ist, aber die Bauarbeiter
illegal unter Verstoß gegen § 1 b S. 1 AÜG in das Baugewerbe verliehen hat, muß
mit dem Entzug der Verleiherlaubnis durch die Bundesanstalt für Arbeit nach § 5
Abs. 1 Nr. 3 AÜG rechnen. Die illegale Arbeitnehmerüberlassung hat für die Beteiligten nicht nur zivilrechtliche Konsequenzen, sondern auch im Hinblick auf
straf- und verwaltungsrechtliche Sanktionsnormen. Um die Folgen für die vertraglichen Beziehungen beim illegalen Verleih besser beurteilen zu können, ist es
notwendig zunächst die vertraglichen Rechtsbeziehungen inhaltlich kurz zu ent-
wickeln.

**1. Die vertraglichen Rechtsbeziehungen zwischen Verleiher, Entleiher und
Leiharbeitnehmer**

Vertragliche Beziehungen bestehen zwischen Verleiher und Entleiher (Überlassungsvertrag) und Verleiher und Leiharbeitnehmer (Arbeitsvertrag). Diese vertraglichen Bindungen haben Auswirkungen auf die Rechtsbeziehung zwischen
Entleiher und Leiharbeitnehmer.

a) Arbeitsvertrag zwischen Leiharbeitnehmer und Verleiher

Der Rechtsbeziehung zwischen Leiharbeitnehmern und Verleihern liegt ein Arbeitsvertrag (Leiharbeitsverhältnis) zugrunde.[396] Der wesentliche Inhalt des Arbeitsverhältnisses ist nach § 11 AÜG in eine Urkunde aufzunehmen. Die Norm
des § 11 Abs. 1 AÜG bestimmt auch, was unabdingbarer Inhalt dieser Urkunde
ist. Beispielsweise Vor- und Familienname, Anschrift des Leiharbeitnehmers
(§ 11 Abs. 1 Nr. 2 AÜG) sowie die Art und die besonderen Merkmale der vom
Leiharbeitnehmer auszuübenden Tätigkeiten (§ 11 Abs. 1 Nr. 3 AÜG). Eine
schriftliche Vereinbarung zwischen Leiharbeitnehmer und Verleiher ersetzt diese
Urkunde. Außerdem enthält § 11 in seinen Absätzen 2-6 eine Reihe von Sonderregelungen zum Schutz der Leiharbeitnehmer.[397] Dazu gehören beispielsweise die
Pflicht des Verleihers, dem Leiharbeitnehmer ein Merkblatt der Erlaubnisbehörde
über den wesentlichen Inhalt des AÜG auszuhändigen (§ 11 Abs. 2 AÜG) oder
das Fehlen der Verkürzung der Kündigungsfrist nach § 622 Abs. 5 Nr. 1 BGB bei
der nur zur vorübergehenden Aushilfe eingestellten Arbeitnehmer (§ 622 Abs. 5
Nr.1 BGB, § 11 Abs. 4 AÜG).

b) Überlassungsvertrag zwischen Verleiher und Entleiher

Gegenstand des Überlassungsvertrages ist, wie schon die Bezeichnung treffend
zum Ausdruck bringt, die entgeltliche *Überlassung* eines Arbeitnehmers an einen

---

[396] Gick, S. 82 unter Bezugnahme auf die §§ 1 Abs. 1, 11 Abs. 1 AÜG.
[397] So auch Hantl-Unthan, Rdnr. 131 a ff.

Dritten zum Zwecke der Arbeitsleistung.[398] Es handelt sich um einen schuldrechtlichen Vertrag sui generis.[399] Auf Grund des Arbeitnehmerüberlassungsvertrages ist der Verleiher verpflichtet dem Entleiher an einen bestimmten Ort, zu einer festgelegten Zeit, Arbeitnehmer zu überlassen. Nach einhelliger Ansicht besteht die Leistungspflicht des Verleihers darin, die Leiharbeitnehmer auszuwählen und dem Entleiher zur Verfügung zu stellen.[400] Zum Teil wird zutreffend vertreten, dass der Verleiher darüber hinaus für die Arbeitsaufnahme der Leiharbeitnehmer einzustehen hat.[401] Gegenstand des Überlassungsvertrages ist die Bereitstellung von Arbeitskräften, die ihre Arbeitskraft dem Entleiher zur Verfügung stellen sollen. Dazu gehört auch die Arbeitsaufnahme. Erscheint ein Leiharbeitnehmer nicht zum vereinbarten Zeitpunkt beim Entleiher, ist der Verleiher seiner Vertragsverpflichtung nicht nachgekommen. Eine konkrete Dienstleistung der Leiharbeitnehmer oder ein bestimmter Leistungserfolg sind nicht Inhalt des Überlassungsvertrages.[402] Der Entleiher ist durch den Überlassungsvertrag zur Zahlung des vereinbarten Entgeltes verpflichtet. Des weiteren obliegt ihm die Annahme der Arbeitsleistung.[403]

c) Rechtsbeziehung zwischen Leiharbeitnehmer und Entleiher

Eine vertragliche Beziehung zwischen Leiharbeitnehmer und Entleiher besteht nach den gesetzlichen Regelungen des AÜG nicht.[404] Die Rechte und Pflichten der Beteiligten ergeben sich aus den obigen Vertragsbeziehungen. Der Leiharbeitnehmer ist auf Grund seines Arbeitsvertrages mit dem Verleiher verpflichtet, seine Arbeitsleistung im Betrieb des Entleihers zu erbringen und dessen Weisungen zu befolgen.[405] Aus dem Arbeitnehmerüberlassungsvertrag lassen sich Schutz- und Fürsorgepflichten des Entleihers in Bezug auf die Leiharbeitnehmer herleiten (Vertrag mit Schutzwirkung für Dritte)[406], die zu einem vertragsähnlichen Verhältnis führen.[407] Außerdem normiert das Gesetz eine Reihe arbeitgeber-

---

[398] BAG in NZA 1996, S. 92 ff, S. 93.

[399] So auch Stefener, S. 14 m.w.N.

[400] BAG, AP Nr. 97 zu § 99 BetrVG 1972; OLG HH, EzAÜG Nr. 3 zu § 611 BGB Haftung.

[401] Becker/Wulfgramm, Rdnr. 22 zu § 12.

[402] Becker in ZfA 1978, S. 135.

[403] Ob die Annahme nur Obliegenheitspflicht oder Hauptpflicht aus dem Überlassungsvertrag ist, ist streitig. s. Schüren, Rdnr. 23 zu § 12, Becker/Wulfgramm, Rdnr. 23 zu § 12 AÜG.

[404] Vgl. statt vieler Schüren, Rdnr. 80 zur Einleitung; a.A. Mayer-Maly, ZfA 1972, 1, S. 21 f, S. 34, der von einem Doppelarbeitsverhältnis ausgeht und entgegen dem eindeutigen Gesetzeswortlaut des AÜG, welches den Leiharbeitnehmer arbeitsrechtlich dem Verleiher zuordnet (§ 1 Abs.1, § 9 Nr. 2 u.. 3, § 10 Abs. 1), eine arbeitsrechtliche Beziehung zwischen Entleiher und Leiharbeitnehmer annimmt..

[405] Becker, NJW 1976, S. 1827,1828.

[406] Die obigen Ausführungen gehen nicht auf die äußerst umstrittene Haftung des Leiharbeitnehmer bei Schlechtleistung der Arbeitsleistung ein, sondern skizzieren lediglich den Inhalt der „Rechtsbeziehung".

[407] Schüren, Rdnr. 142 zur Einleitung m.w.N.

rechtlicher Pflichten für den Entleiher, denen der Verleiher zwangsläufig auf Grund der Natur des Leiharbeitsverhältnisses nicht allein nachkommen kann. Beispielsweise hat er neben dem Verleiher für die Einhaltung der öffentlich-rechtlichen Arbeitsschutzvorschriften gegenüber dem Leiharbeitnehmer Sorge zu tragen.[408] Schließlich muss dem Entleiher gegenüber dem Leiharbeitnehmer ein Weisungsrecht zustehen, dessen Umfang sich primär nach dem Überlassungsvertrag bestimmt.[409]

2. Die rechtlichen Auswirkungen auf die vertraglichen Beziehungen zwischen Entleiher, Verleiher und Leiharbeitnehmer bei illegaler Arbeitnehmerüberlassung

Je nach Fallgestaltung der illegalen Arbeitnehmerüberlassung ergeben sich Rechtsfolgen für die vertraglichen Beziehungen zwischen Verleiher, Entleiher und Leiharbeitnehmer. Wie bereits ausgeführt[410], ist bei der illegalen Überlassung von Leiharbeitnehmern in das Bauhauptgewerbe zwischen der illegalen gewerbsmäßigen Tätigkeit eines Verleihers mit Verleiherlaubnis und der Tätigkeit von Verleihern ohne Verleiherlaubnis zu differenzieren. Nachfolgend werden die weiteren möglichen Fallkonstellationen der illegalen Arbeitnehmerüberlassung im Baubereich mit den daraus resultierenden rechtlichen Konsequenzen entwickelt.

a) Unwirksamkeit des Überlassungsvertrages und des Leiharbeitsvertrages nach § 9 Nr. 1 AÜG bei einem Verleih ohne Verleiherlaubnis in das Bauhauptgewerbe

Im Baubereich kommt dem Verleih ohne Verleiherlaubnis eine erhebliche Bedeutung zu, weil die Beteiligten in einer Vielzahl von Fällen über das Vorliegen einer Arbeitnehmerüberlassung an sich täuschen.[411] Sie versuchen nach außen einen legalen Sachverhalt vorzugeben, indem sie z.b. die Ausführung eines Werkvertrages vortäuschen, der erlaubnisfrei ist.[412] Der Verleiher ist bei diesen Fallkonstellationen in der Regel nicht im Besitz einer Verleiherlaubnis. Schließt ein Verleiher, ohne im Besitz einer Erlaubnis der Bundesanstalt für Arbeit zu sein, mit einem Entleiher einen Vertrag zum Überlassen von Arbeitnehmern, erklärt § 9 Nr. 1 AÜG sowohl die Rechtsbeziehung zwischen dem Entleiher und dem Verleiher als auch die vertragliche Beziehung zwischen dem Verleiher und den Leiharbeitnehmer für unwirksam. 9 Nr. 1 AÜG findet auch Anwendung, wenn ein Verleiher ohne Verleiherlaubnis gem. § 1 Abs. 1 AÜG unter Verstoß gegen § 1 b S. 1 AÜG, in einen Betrieb des Baugewerbes entleiht.[413] In diesem Fall liegt ein

[408] Schliephacke-Petermann , BG 1987, S. 188 ff.
[409] Hromadka , DB 1995, S. 2601 ff .
[410] S. C VIII.
[411] Vgl. BT-DS 14/4220, S. 33 u. 34.
[412] S. dazu C VII 1 a) ff (Scheinwerkverträge).
[413] Henning/Kühl/Heuer/Henke, Rdnr. 17 zu § 12 a; Düwell, Kass.Hdb. 4.5 Rdnr. 252.

89

zweifaches illegales Handeln des Verleihers vor. Die sich aus dem AÜG ergebenen vertraglichen Folgen des Verleihs ohne Verleiherlaubnis stehen den Vorschriften über die Konsequenzen eines Verstoßes gegen das Verbot der Leiharbeit im Baugewerbe (§ 1 b S. 1 AÜG) nicht entgegen.[414] Aus dem Wortlaut der Vorschrift des § 1 b S. 1 AÜG lässt sich **nicht** entnehmen, dass die Vorschriften der §§ 9 Nr. 1 und 10 Abs. 1 AÜG bei einem Verleih in das Baugewerbe nicht gelten sollen. Nach dem Willen des Gesetzgebers wird der Ordnungswidrigkeitentatbestand des § 16 Abs. 1 Nr. 1 b AÜG (Verstoß gegen das Leiharbeitsverbot gem. § 1 b S. 1 AÜG) von den spezielleren Normen der §§ 16 Abs. 1 Nr. 1 und 16 Abs. 1 Nr. 1a AÜG (Verleih ohne Verleiherlaubnis und Entleih von einem Verleiher ohne Verleiherlaubnis) verdrängt[415], was für eine sekundäre Stellung des Verstoßes gegen das Leiharbeitsverbot gem. § 1 b S. 1 AÜG gegenüber dem Verleih ohne Verleiherlaubnis spricht. Schließlich gebietet auch der Sinn und Zweck des § 1 b S. 1 AÜG die Anwendung der §§ 9 Nr. 1, 10 AÜG. Durch das Leiharbeitsverbot gem. § 1 b S. 1 AÜG sollte die Ordnung des Teilarbeitsmarktes Bau wieder hergestellt und die soziale Sicherheit der Beschäftigten gewährleistet werden. In der Gesetzesbegründung zu § 12 a AFG[416], nunmehr 1 b S. 1 AÜG, wurde hervorgehoben, dass die Leiharbeitnehmer der gewerblichen Verleiher (Zeitarbeitsfirmen) wegen der Nichtanwendbarkeit der Tarifverträge des Baugewerbes keine Leistungen von den Sozialkassen der Bauwirtschaft, der Urlaubs- und Lohnausgleichskasse und der Zusatzversorgungskasse erhalten. Mithin handelt es sich auch um eine Schutzvorschrift für die im Baubereich Beschäftigten. Es würde dem Schutzzweck des § 1 b S. 1 AÜG und dem Willen des Gesetzgebers widersprechen, § 1 b S. 1 AÜG dahin zu verstehen, dass die weiteren dem sozialen Schutz der Leiharbeitnehmer dienenden Vorschriften des AÜG bei einem Verstoß gegen das Leiharbeitsverbot nicht gelten sollen.[417] Wird ein Maurer für Maurertätigkeiten an einen Baubetrieb gewerbsmäßig überlassen, ohne dass die Verleihfirma im Besitz einer Erlaubnis gem. § 1 Abs. 1 AÜG ist, ist der Vertrag zwischen Bauarbeiter und Verleiher unwirksam und es kommt ein Arbeitsvertrag zwischen Bauarbeiter und Baubetrieb (Entleiher) zustande (§ 10 Abs. 1 AÜG).

aa) Vertragliche Auswirkungen für den Leiharbeitnehmer

Nachstehend werden die vertraglichen Rechtsfolgen für die Leiharbeitnehmer im einzelnen aufgezeigt.

---

[414] BAG, NZA 1999, S. 494.
[415] BT-DS 9/846, S. 48 zu Art. 1 Nr. 58.
[416] BT-DS 9/846, S. 35.
[417] BAG, NZA 1999, S. 494.

90

(1) Rechtsfolgen eines unwirksamen Überlassungsvertrages

Auf Grund der gesetzlichen Fiktion des § 10 Abs. 1 S. 1, 1. HS AÜG kommt zwischen Entleiher und Leiharbeitnehmer ein Arbeitsverhältnis ab dem Zeitpunkt zustande, ab dem der Leiharbeitnehmer nach dem unwirksamen Überlassungsvertrag beim Entleiher hätte eingesetzt werden und seine Tätigkeit hätte aufnehmen sollen.[418] Aus § 10 Abs. 1 S. 1, 2. HS AÜG ergibt sich, dass die Fiktion eines Arbeitsvertrages zwischen Leiharbeitnehmer und Entleiher gleichzeitig mit der Unwirksamkeit des Leiharbeitsvertrages eingreift. Tritt die Unwirksamkeit des Leiharbeitsvertrages erst nach Aufnahme der Tätigkeit beim Entleiher ein[419], so gilt das Leiharbeitsverhältnis zwischen Entleiher und Leiharbeitnehmer mit dem Eintritt der Unwirksamkeit als zustande gekommen. Dem Leiharbeitnehmer steht somit immer ein Arbeitgeber gegenüber, entweder der Verleiher oder der Entleiher. War der Einsatz des Leiharbeitnehmers im Entleihbetrieb nur befristet vorgesehen und bestand für die Befristung ein sachlicher Grund, ist das Arbeitsverhältnis mit dem Entleihbetrieb ebenfalls nur befristet (§ 10 Abs. 1 S. 2 AÜG). Gegenüber dem Entleihbetrieb gilt die im Überlassungsvertrag mit dem Verleiher festgelegte Arbeitszeit als vereinbart (§ 10 Abs. 1 S. 3 AÜG). Die Arbeitszeit des Leiharbeitnehmers ergibt sich aus der zwischen illegalem Verleiher und Entleiher getroffenen Abrede über den täglichen Einsatz des Leiharbeitnehmers (§ 10 Abs. 1 S. 3 AÜG). Eine Sonderregelung hinsichtlich des Arbeitsentgeltes ergibt sich aus § 10 Abs. 1 S. 5 AÜG. Sieht der Leiharbeitsvertrag eine höhere Vergütung vor als die im Entleihbetrieb üblicherweise ausgezahlte, hat der Leiharbeitnehmer einen Anspruch auf das mit dem illegalen Verleiher vereinbarte Arbeitsentgelt.[420] Durch die Regelung des § 10 AÜG will der Gesetzgeber die ehemaligen Leiharbeitnehmer den sonstigen Arbeitnehmern des Entleihbetriebes gleichstellen. Der Leiharbeitnehmer soll so behandelt werden, als wenn er mit dem Entleihbetrieb einen regulären Arbeitsvertrag abgeschlossen hätte.[421] Ansonsten gelten die für den Entleihbetrieb geltenden arbeitsrechtlichen Vorschriften hinsichtlich Inhalt und Dauer des Arbeitsverhältnisses; falls solche nicht bestehen, gelten die diejenigen eines vergleichbaren Betriebes (§ 10 Abs. 1 S. 4 AÜG). Damit findet auf die Bauarbeiter, die in einem dem Bauhauptgewerbe angehörigen Betrieb (Entleihbetrieb) eingesetzt werden, die tarifvertraglichen Regelungen des BRTV-Bau und die regionalen Bautarifverträge Anwendung. Ferner ist ein gesetzlicher Mindestentgeltanspruch des Leiharbeitnehmers gegenüber dem Entleiher in Höhe des

---

[418] BAG, BB 1977, S. 945 und 946.

[419] Bei dem Verleih aus einem Mischbetrieb liegt zunächst ein wirksamer Arbeitsvertrag vor; die Unwirksamkeit tritt erst zum Zeitpunkt der Überlassung des Arbeitnehmers ein. s. Sandmann/Marschall,, Anm. 4 zu § 10 AÜG.

[420] Anders ist die Lohnerhaltungspflicht zu beurteilen; eine Anpassung des Arbeitsentgeltes an die Löhne des Entleihbetriebes ist beispielsweise bei einem fingierten unbefristeten Arbeitsverhältnis möglich, s. BAG in BB 1993, S. 2533 ff; Löwisch, NZA 1988, S. 636 .

[421] Becker/Wulfgramm, Rdnr. 8 zu § 10 AÜG.

im Arbeitsvertrag mit dem Verleiher vereinbarten Arbeitsentgeltes festgelegt (§ 10 Abs. 1 S. 5 AÜG).

Die Relevanz der §§ 9 Nr. 1, 10 AÜG für die in das Bauhauptgewerbe verliehenen Leiharbeitnehmer ergibt sich aus den nachstehenden Ausführungen. Von den Rechtswirkungen der §§ 9 Nr. 1, 10 AÜG wird nach dem eindeutigen Gesetzeswortlaut jegliche Form des Verleihs ohne Verleiherlaubnis erfasst, bewusst oder irrtümlich durch die Beteiligten vorgenommen. Dazu zählen auch die Scheinwerk- und Scheindienstverträge,[422] bei denen sich die illegale Arbeitnehmerüberlassung unter einem Deckmantel vollzieht.[423] Da die Beteiligten nur auf das Instrument des „Scheinwerkvertrages" zurückgreifen werden, wenn ihnen eine legale Arbeitnehmerüberlassung nicht möglich ist, ist davon auszugehen, dass der Verleiher bei dieser getarnten, illegalen Arbeitnehmerüberlassung nicht im Besitz einer Verleiherlaubnis gem. § 1 AÜG ist. Als Beispiel läßt sich folgender Fall anführen: Der Bauunternehmer B bedient sich zur Durchführung von Bauaufträgen zweier Subunternehmer (Bauunternehmer C und der M Baugesellschaft mbH). Mit diesen schließt er formularmäßig „Nachunternehmerwerkverträge" über die Ausführung von Erd-, Mauer- und Betonarbeiten an verschiedenen Objekten". Die Subunternehmer erteilen dem Antragsteller Rechnungen, aus denen sich die Erbringung einzelner Bauleistungen (z.B. Schalung hergestellt), deren Menge, der Einheitspreis und der jeweilige Gesamtpreis ergibt. Alle äußeren Fakten sprechen somit für das Vorliegen von werkvertraglichen Beziehungen zwischen dem Bauunternehmen B und den Firmen C und der M Baugesellschaft. In Wirklichkeit existieren die Firmen C und M Baugesellschaft mbH jedoch nicht. Es handelt sich um „Briefkastenfirmen" ohne Unternehmensstruktur, die lediglich mit Strohmännern besetzt sind, die wiederum mit ausländischen Hintermännern zusammenarbeiten. Die ausländischen Hintermänner werben ausländische Arbeitskräfte an, die an das Bauunternehmen B überlassen werden und dort weisungsabhängig unter organisatorischer Eingliederung in den Betrieb tätig werden.[424] Es liegt damit ein Scheinwerkvertrag vor.

Ist der Arbeitsvertrag zwischen dem Verleiher und dem Leiharbeitnehmer nach § 9 Nr. 1 AÜG nichtig, stellt sich die Frage der Rückabwicklung des Arbeitsverhältnisses. Wie sich die Rückabwicklung des Arbeitsverhältnisses zwischen Verleiher und Leiharbeitnehmer vollzieht, ist im einzelnen streitig, im Ergebnis aber weitgehend gleich.

Eine Ansicht wickelt das nichtige Arbeitsverhältnis zwischen Leiharbeitnehmer und illegalen Verleiher nach bereicherungsrechtlichen Grundsätzen (§§ 812 ff

---

[422] S. Schüren, Rdnr. 1 zu § 10 AÜG, der darauf hinweist, dass diese Bestimmung die Abwicklung der illegalen Leiharbeit, wenn auch nicht abschließend und vollständig, regelt.

[423] Schüren, Rdnr. 19 zu § 10 AÜG.

[424] Die Fallkonstellation lehnt sich an die Entscheidung des BFH, EzAÜG, Bd. 3, Nr 175 an.

92

BGB) ab.[425] Derjenige, der von einem anderen eine Leistung ohne rechtlichen Grund erlangt hat, muß dem anderen die empfangene Leistung wieder herausgeben (§ 812 Abs. 1 S. 1 BGB). Die selbe Verpflichtung besteht auch dann, wenn der rechtliche Grund später wegfällt (§ 812 Abs. 1 S. 2 BGB). Zu untersuchen ist daher, inwieweit die Hauptleistungspflichten aus dem Überlassungsvertrag, die „Vergütungspflicht" des Verleihers und das „Erbringen der Arbeitsleistung" durch den Leiharbeitnehmer rückabgewickelt werden können. Die einmal durch den Leiharbeitnehmer erbrachte Arbeitsleistung kann nicht zurückgewährt, sondern nur vergütet werden (§ 812 Abs. 2 BGB, Wertersatz). Die Rechtslage ist eindeutig, wenn der Verleiher noch keinen Lohn z.b. an einen Maurer ausgezahlt hat. Da der Entleiher die Arbeitsleistung des Leiharbeitnehmers erhalten hat und auf Grund der Fiktion eines Arbeitsverhältnisses zum Entleiher nach § 10 Abs. 1 S. 1, 1. HS, muss sich der Leiharbeitnehmer wegen der Lohnzahlung an den Entleiher halten. Der Leiharbeitnehmer hat nur Anspruch auf eine einmalige Lohnzahlung. Hat der illegale Verleiher den Lohn bereits gezahlt, erlischt der Lohnanspruch in dieser Höhe gegenüber dem Entleiher, weil der Verleiher für den Entleiher, an dessen Stelle, die Leistung der Lohnzahlung erbracht hat.[426] Der Verleiher seinerseits kann den bereits ausgezahlten Lohn nicht vom Leiharbeitnehmer zurückfordern (§ 817 S. 2 BGB).[427] Kann der Entleiher den Lohn z.B. wegen Vermögenslosigkeit nicht zahlen, haftet der illegale Verleiher nach § 10 Abs. 2 S. 1 AÜG, es sei denn der Leiharbeitnehmer hat den Grund der Unwirksamkeit des Vertrages gekannt.

Nach anderer Ansicht ist für die Vergangenheit von einem fehlerhaften („faktischen") Arbeitsverhältnis zwischen Leiharbeitnehmer und illegal handelnden Verleiher auszugehen.[428] Der Inhalt des fehlerhaften Arbeitsverhältnisses hat sich für die Vergangenheit in dessen Vollzug realisiert. Im übrigen gelten für den Zeitraum des fehlerhaften Arbeitsverhältnisses zwischen den illegal handelnden Verleiher und dem Leiharbeitnehmer die Arbeitsbedingungen eines wirksamen Arbeitnehmerüberlassungsvertrages. Der Leiharbeitnehmer erlangt auf Grund des fehlerhaften Arbeitsverhältnisses einen Lohnanspruch gegen den illegal handelnden Verleiher (Verleiher ohne Verleiherlaubnis), der sich nicht nur auf den Zeitraum des Einsatzes des Leiharbeitnehmers in einen Entleihbetrieb beschränkt, sondern auch auf die zwischen zwei Einsätzen liegenden Zeiträume der beschäftigungslosen Zeiten.[429] Daneben besteht auf Grund des § 10 Abs. 1 AÜG für die Dauer eines Einsatzes beim Entleiher ein fingiertes, in der Regel befristetes, Arbeitsverhältnis zwischen dem Leiharbeitnehmer und dem Entleiher. Der illegal

[425] Sandmann/Marschall, Anm. 6 ff zu § 10 AÜG; Franßen-Haeßen, Rdnr. 18 zu § 10.

[426] Sandmann/Marschall, Anm. 12 zu § 10 AÜG.

[427] BGH, NJW 1980, S. 452.

[428] Becker, BB 1978, S. 363 ff; Schüren, Rdnr. 133 ff zu § 10 AÜG; Spiolek, BB 1991, S. 1038 ff, S. 1041.

[429] Schüren, Rdnr. 143 zu § 10 AÜG.

handelnde Verleiher und sein Vertragspartner, der Entleiher, sind hinsichtlich aller Lohnrückstände Gesamtschuldner, wie es § 10 Abs. 3 AÜG für die Fallkonstellation zum Ausdruck bringt, dass der Verleiher das vereinbarte Arbeitsentgelt oder Teile davon bereits an den Leiharbeitnehmer gezahlt hat (§ 10 Abs. 3 S. 2 AÜG). Dem Leiharbeitnehmer steht keine Doppelzahlung zu, weil die Vorschriften über die Gesamtschuldnerschaft nach den §§ 421 ff BGB eingreifen. Hat der Verleiher den Lohn bereits gezahlt, wirkt diese Zahlung nach § 422 Abs. 1 S. 1 BGB zugunsten des Entleihers.

Im Ergebnis führen beide Ansichten dazu, dass dem Leiharbeitnehmer nur einmal Lohnansprüche zustehen und Doppelvergütungen an ihn vermieden werden. Der Leiharbeitnehmer hat Lohnansprüche sowohl gegen den illegal handelnden Verleiher als auch den Entleiher. Bei der erst genannten Ansicht besteht eine Rangfolge im Hinblick auf eine Inanspruchnahme zunächst des Entleihers und dann des Verleihers.[430] Die erst genannte Ansicht könnte für den Leiharbeitnehmer insofern ungünstiger sein, als dass der Anspruch des Leiharbeitnehmers bei der oben erläuterten Sekundärhaftung des Verleihers einem Haftungsausschluß nach § 10 Abs. 2 S. 2 AÜG unterliegen könnte. Der Lohnanspruch gegenüber dem Verleiher muss im Rahmen des Haftungstatbestandes des § 10 Abs. 2 S. 1 AÜG geltend gemacht werden. Auch nach der Ansicht des „fehlerhaften Arbeitsverhältnisses" ist die nutzlos aufgewandte Arbeitskraft ein Schaden im Sinne von § 10 Abs. 2 AÜG. In den Fällen, in denen weder der Verleiher noch der Entleiher eine Vergütung gezahlt haben, kommt nach dieser Ansicht der Schadenersatzanspruch nach § 10 Abs. 2 AÜG und damit auch der Haftungsausschluss gem. § 10 Abs. 2 S. 2 AÜG zum Tragen.[431] Ein Leiharbeitnehmer, dem die Illegalität der Überlassung bekannt gewesen ist, kann den Verleiher nicht auf Ersatz der Vertrauensschäden in Anspruch nehmen, die er durch die Tätigkeit beim Entleiher erlitten hat (§ 10 Abs. 2 S. 2 AÜG). Eine Entscheidung des Meinungsstreits ist hier entbehrlich. Unter dem Gesichtspunkt der bei der Rückabwicklung des unwirksamen Arbeitnehmerüberlassungsvertrages entstehenden rechtlichen Problematik ist der Ansicht über das Entstehen eines faktischen Arbeitsverhältnisses zu folgen, weil § 10 Abs. 3 AÜG eine eigenständige Verpflichtung des Verleihers zum Abführen der sonstigen Lohnbestandteile begründet.[432]

(2) Das befristete Arbeitsverhältnis zum Entleiher gem. § 10 Abs. 1 S. 2 AÜG

Nach § 10 Abs. 1 S. 2 AÜG gilt das nach § 10 Abs. 1 S. 1 AÜG zustande gekommene Arbeitsverhältnis als befristet, wenn die Tätigkeit des Leiharbeitnehmers bei dem Entleiher nur befristet vorgesehen war und ein die Befristung sach-

---

[430] Vgl. zur Anspruchskonkurrenz zu Ansprüchen aus einem fehlerhaften Leiharbeitsverhältnis; Schüren, Rdnr. 217 ff zu § 10 AÜG.

[431] Schüren, Rdnr. 187 zu § 10 AÜG.

[432] S. dazu die Ausführungen unter C VIII 2a) bb (2).

lich rechtfertigender Grund vorliegt. Im Baubereich kommt der Befristungsregel des § 10 Abs. 1 S. 2 AÜG eine besondere Bedeutung zu.

Nach § 10 Abs. 1 S. 2 AÜG ist das nach § 10 Abs. 1 S. 1 AÜG kraft Gesetzes fingierte Arbeitsverhältnis zwischen Leiharbeitnehmer und Entleiher lediglich befristet, wenn der Einsatz im Entleihbetrieb nach der Abrede zwischen Verleiher und Entleiher aus sachlichen Gründen nur befristet hätte sein sollen. Bei der Beurteilung der sachlichen Rechtfertigung für die Befristung ist die Rechtsprechung des BAG zur Zulässigkeit von befristeten Arbeitsverträgen heranzuziehen.[433] Nach der Rechtsprechung des BAG beurteilt sich die Rechtmäßigkeit einer Befristung danach, ob „die Befristung objektiv funktionswidrig" ist.[434] Die Befristung eines Arbeitsverhältnisses ist unzulässig, wenn durch den Abschluss des befristeten Vertrages die Rechtsnormen des Kündigungsschutzgesetzes umgangen werden[435] und kein sachlicher Grund für die Befristung vorgelegen hat.[436] Auf Grund der im Baubereich herrschenden besonderen Verhältnisse ist § 10 Abs. 1 S. 2 AÜG hier von besonderer Bedeutung. Die Arbeitseinsätze der Bauarbeiter in einem Entleihbetrieb (Baubetrieb) erfolgen in der Regel lediglich für die Dauer eines zu erledigen Auftrages im Rahmen eines Bauvorhabens, z.B. für Maurerarbeiten bis zur Erstellung eines Rohbaues. Eine konsequente und umfassende Anwendung der Rechtsprechung des BAG im Rahmen des § 10 Abs. 1 S. 2 AÜG führt zur Zulässigkeit von Befristungen auch ohne Vorliegen eines sachlichen Grundes.[437] Dies wiederum führt dazu, dass § 10 Abs. 1 S. 2 AÜG insofern ins Leere geht. Im Baubereich würden überwiegend lediglich befristete Arbeitsverhältnisse bei Unwirksamkeit des Überlassungsvertrages und des Leiharbeitsvertrages nach § 9 Nr. 1 AÜG zum Entleiher entstehen. Das Vorliegen eines sachlichen Grundes wäre entbehrlich. Die Arbeitseinsätze der Bauarbeiter im Baubereich überschreiten in der Regel nicht eine Zeitdauer von sechs Monaten, d.h. die Leiharbeitnehmer werden meistens nicht länger als sechs Monate im Entleihbetrieb eingesetzt. Da § 1 Abs. 1 KSchG aber erst bei einer ununterbrochenen Beschäftigungsdauer des Bauarbeiters von länger als sechs Monaten bei ein und dem selben Betrieb (hier: Entleihbetrieb) eingreift, ist eine Befristung des Arbeitsverhältnisses nach der Rechtsprechung des BAG bei einer Beschäftigungsdauer unter sechs Monaten auch ohne sachlichen Grund zulässig. Besteht keine Gefahr der Umgehung von Kündigungsschutzvorschriften, bedürfen nach der Rechtsprechung des BAG die befristeten Arbeitsverhältnisse keines sachlichen Grundes, weil die Befristung nicht „objektiv funktionswidrig" sein kann.[438] Einer uneingeschränkten Anwendung der Rechtsprechung zu den befristeten Arbeitsverhältnis-

---

[433] S. BT-DS VI/2303, S. 14 und BAG in AP Nr. 2 zu § 1 AÜG.

[434] BAG, AP Nr.. 16 zu § 620 BGB.

[435] Hueck/von Hoyningen-Huene, Rdnr. 557 zu § 1 KSchG.

[436] Kraft, Anm. zu BAG EzA § 620 BGB Nr. 62.

[437] S. dazu Schüren, Rdnr. 52 zu § 10 AÜG.

[438] S. Schüren, Rdnr. 53 ff zu § 10 AÜG.

sen im Rahmen des § 10 Abs. 1 S. 2 AÜG steht jedoch der eindeutige Gesetzeswortlaut des § 10 Abs. 1 S. 2 AÜG entgegen, der nur auf einen die Befristung des Arbeitsverhältnisses sachlich rechtfertigenden Grundes abstellt. Daher ist nur auf die rechtlichen Ausführungen des BAG zur Auslegung des unbestimmten Rechtsbegriffes des „sachlichen Grundes" abzustellen[439] und nicht noch auf das zusätzliche Kriterium der Beeinträchtigung des Kündigungsschutzes. Sachliche Gründe können in der Person des Leiharbeitnehmers liegen, der z.b. kein Interesse an einer Dauerbeschäftigung hat[440] oder betriebliche Gründe haben, wie z.b. der befristete Arbeitskräftebedarf des Arbeitgebers.[441] Handelt es sich beispielsweise um den Bau eines Einfamilienhauses, bei dem der Rohbau fertiggestellt ist und nun mit dem Verlegen von Fliesen begonnen werden soll, können diese Arbeiten voraussichtlich im Laufe von zwei Wochen durchgeführt werden. Bedient sich die Fliesenlegerfirma für die Ausführung der Arbeiten mehrerer Leiharbeitnehmer, die weder vor noch nach diesem Einsatz bei ihr beschäftigt worden sind bzw. werden, erfolgt der Einsatz für zeitlich befristete Aushilfsarbeiten beim Entleiher (sachlicher Grund) und zwischen dem Leiharbeitnehmer (Bauarbeiter) und dem Entleiher (Baubetrieb) kommt lediglich ein befristetes Arbeitsverhältnis zustande. Sollen hingegen die Leiharbeitnehmer vom Entleiher auf verschiedene Bauvorhaben eingesetzt werden, könnte auch ein unbefristetes Arbeitsverhältnis zwischen Entleiher und Leiharbeitnehmer zustande gekommen sein.[442] Es zeigt sich, dass im Baubereich ein sachlicher Grund im Sinne der BAG-Rechtsprechung wegen der kurzzeitigen, zweckbestimmten Arbeitseinsätze in der Regel vorliegt. Dadurch werden zwischen dem Leiharbeitnehmer und dem Entleiher lediglich befristete Arbeitsverhältnisse begründet. Die Schutzwirkung des § 10 Abs. 1 AÜG, z.B. der sozialen Absicherung der Leiharbeitnehmer, ist somit nur eingeschränkt vorhanden.

(3) Zwischenergebnis

§ 10 AÜG regelt die zivilrechtlichen Folgen eines auf Grund des § 9 Nr. 1 AÜG für unwirksam erklärten Arbeitsvertrages. Der Gesetzgeber greift mit der Fiktionsregelung des § 10 Abs. 1 AÜG und dem damit verbundenen Kontrahierungszwang erheblich in die Privatautonomie der Beteiligten ein.[443] Die speziellen Bestimmungen des AÜG, welche von denen des allgemeinen Arbeitsrechtes (BGB) abweichen und jenen vorgehen, bewirken eine soziale Absicherung und damit einen, wenn auch im Baubereich eingeschränkten, Schutz des Leiharbeitnehmers bei illegaler Arbeitnehmerüberlassung. Der von einem Verleiher ohne Verleiher

---

[439] So auch Sandmann-Marschall, Anm. 18 zu § 10 AÜG; a.A.. Schüren, der im Wege der teleologischen Reduktion des § 10 Abs. 1 S. 2 AÜG einen sachlichen Grund für die Befristung des Arbeitsverhältnisses erst dann verlangt, wenn Kündigungsschutzvorschriften berührt sind.

[440] Vgl. BAG, DB 1973, S. 1029.

[441] Vgl. BAGE 10, S. 65 ff.

[442] S. dazu Beispiel bei C VIII 2a) aa (1).

[443] Schüren, Rdnr. 6 zu § 10 AÜG.

laubnis gem. § 1 Abs. 1 AÜG illegal in das Baugewerbe überlassene Bauarbeiter wird durch die Fiktion eines Arbeitsverhältnisses zum Entleihbetrieb (§ 10 Abs. 1 AÜG) und die übrigen Regelungen des § 10 AÜG finanziell und sozial abgesichert.[444] Für den einzelnen Bauarbeiter ist der Erhalt des Lohnes entscheidend bzw. das Recht darauf, den bereits erhaltenen Lohn behalten zu dürfen. Außerdem muss er wissen, wer sein Arbeitgeber ist. § 10 Abs. 1 AÜG ordnet den Bauarbeiter dem Entleihbetrieb als Arbeitnehmer zu und trifft eine eindeutige Regelung, gegenüber wem (Entleiher) der Bauarbeiter seine Lohnanspruch geltend machen kann. Das AÜG bietet durch die Regelung des § 10 Abs. 2 AÜG dem Leiharbeitnehmer darüber hinaus eine zusätzliche finanzielle Absicherung, indem es ihm Ansprüche gegenüber dem Verleiher einräumt. Durch die ausführlichen, wenn auch nicht abschließenden, Regelungen im AÜG zum Inhalt des Arbeitsverhältnisses werden arbeitsvertragliche Streitigkeiten zwischen Entleiher und Leiharbeitnehmer vermieden. Das fingierte Arbeitsverhältnis gem. § 10 Abs. 1 AÜG wird durch die Regelungen im AÜG und die Bezugnahme in § 10 Abs. 1 S. 4 AÜG auf die Vorschriften und Regelungen des Entleihbetriebes inhaltlich fixiert und sichert damit die arbeitsvertraglichen Ansprüche der Bauarbeiter gegen den Entleihbetrieb.

bb) Vertragliche Auswirkungen für den Verleiher

Der Verleiher ohne Verleiherlaubnis verliert bei Eingreifen der Regelung des § 9 Nr. 1 AÜG jegliche vertraglichen Ansprüche, sowohl gegen den Entleiher auf Zahlung der vereinbarten Vergütung, als auch gegen den Leiharbeitnehmer auf zur Verfügungstellung der Arbeitskraft.

(1) Unwirksamkeit des Leiharbeitsvertrages

Wie oben bereits ausgeführt, ist der Leiharbeitsvertrag zwischen illegalem Verleiher und Leiharbeitnehmer nichtig. Der illegale Verleiher kann jedoch nicht den dem Leiharbeitnehmer ausgezahlten Lohn zurückfordern. Nach der Ansicht vom fehlerhaften Arbeitsverhältnis hat der Leiharbeitnehmer gegenüber dem Verleiher einen Anspruch auf Zahlung des Lohnes. Aber auch nach der anderen Auffassung, die das Vorliegen eines fehlerhaften (sog. faktischen) Arbeitsverhältnisses ablehnt, besteht kein bereicherungsrechtlicher Anspruch auf Rückforderung. Der Schutzzweck der Fiktion des § 10 Abs. 1 S. 1 AÜG gebietet es, daß der Leiharbeitnehmer nicht den Rückforderungsansprüchen des Verleihers ausgesetzt wird.[445] Müsste er den erhaltenen Lohn zurückzahlen, würde er auf Grund der gesetzlichen Fiktion schlechter dastehen als ohne sie. Würde es keine Fiktion im Sinne des § 10 Abs. 1 S. 1 AÜG geben, wäre zwischen illegalem Verleiher und Leiharbeitnehmer ein fehlerhaftes Arbeitsverhältnis entstanden auf Grund dessen der Leiharbeitnehmer seinen Lohn vom Verleiher verlangen könnte. Nach der zu-

[444] So auch Becker, Rdnr. 3,8 zu § 10 AÜG.

[445] BT-DS VI/ 2303, S. 13.

treffenden Rechtsprechung des Bundesgerichtshofes ist aus diesen Gründen eine Lohnrückforderung durch den Verleiher ausgeschlossen.[446]

Davon ist die Fallkonstellation zu unterscheiden, in der weder Verleiher noch Entleiher den Lohn an den Leiharbeitnehmer gezahlt haben, obwohl der Entleiher auf Grund der Fiktion des § 10 Abs. 1 S. AÜG zur Lohnzahlung verpflichtet gewesen wäre. Um den Leiharbeitnehmer sozial und finanziell abzusichern, steht ihm ein Schadenersatzanspruch in Höhe des Vertrauensschadens nach § 10 Abs. 2 AÜG. Dazu gehört auch der Ersatz für die nutzlos aufgewendete Arbeitskraft, wenn der Leiharbeitnehmer auf die Wirksamkeit des Verleihs vertraute und keine Gegenleistung vom Entleiher erhält.[447]

§ 10 Abs. 3 AÜG normiert die gesetzliche Verpflichtung des Verleihers die sonstigen Teile des Arbeitsentgelts zu übernehmen, die er bei Wirksamkeit des Arbeitsvertrages an andere zu zahlen hätte, wenn er für den Leiharbeitnehmer die Vergütung voll oder zumindest teilweise gezahlt hat. Die Regelung knüpft an dem Umstand an, dass der illegal handelnde Verleiher die Lohnzahlung übernommen hat, obwohl der Arbeitsvertrag mit dem Leiharbeitnehmer nach § 9 Nr. 1 AÜG nichtig ist. Ist dies der Fall, muss der illegal handelnde Verleiher auch für die damit zusammenhängenden weiteren sozialversicherungs- und steuerrechtlichen Pflichten gem. § 10 Abs. 3 AÜG einstehen. Hinsichtlich der Zahlungspflicht nach § 10 Abs. 3 S. 1 AÜG gilt der Verleiher als Arbeitgeber (§ 10 Abs. 3 S. 2 AÜG). Zu den sonstigen Teilen des Arbeitsentgelts im Sinne des § 10 Abs. 3 AÜG gehören beispielsweise vermögenswirksame Leistungen. Der illegal handelnde Verleiher gilt neben dem Entleiher als Arbeitgeber, mit der Folge, dass beide als Gesamtschuldner haften (§ 10 Abs. 3 S. 2 , 2.Hs. AÜG). Die Beitragspflichten zur Gesamtsozialversicherung sind in den §§ 28 e Abs. 2 S. 3 bis 4 SGB IV und die Haftung für die Lohnsteuer in § 42 d Abs. 6 bis 8 EStG spezialgesetzlich geregelt. Inhaltlich entsprechen diese spezialgesetzlichen Regelungen der des § 10 Abs. 3 AÜG und begründen für Verleiher und Entleiher eine gesamtschuldnerische Haftung.[448]

(2) Unwirksamkeit des Arbeitnehmerüberlassungsvertrages

Ebenso wie der Leiharbeitsvertrag ist auch der Überlassungsvertrag zwischen Verleiher und Entleiher nach § 9 Nr. 1 AÜG unwirksam und begründet zwischen den Vertragsparteien keine Leistungspflichten. Sind durch die Beteiligten bereits Leistungen erbracht, z.B. Arbeitnehmer an den Entleiher überlassen worden, vollzieht sich die Rückabwicklung des unwirksamen Überlassungsvertrages nach den Grundsätzen des Bereicherungsrechts.[449] Der illegal handelnde Verleiher wird je-

---

[446] BGH, NJW 1980, S. 452 ff , S. 453.

[447] BT-DS VI/ 2303, S. 14.

[448] Ulber, Rdnr. 76 zu § 10 AÜG.

[449] Schüren m.w.N., Rdnr. 30 zu § 9.

98

doch in der Regel keinen Wertersatz im Sinne von § 818 Abs. 2 BGB für seine erbrachten Dienste, die Überlassung von Arbeitskräften, vom Entleiher verlangen können. In der Regel missachtet der illegal handelnde Verleiher gezielt die Erlaubnispflicht nach dem AÜG und verstößt damit bewußt gegen ein gesetzliches Verbot, was ihm nach § 817 S. 2 BGB die Möglichkeit des Wertersatzes (§ 818 Abs. 2 BGB) für seine Dienste, welche wiederum die von ihm zur Verfügung gestellten Arbeitskräften geleisteten Dienste beinhalten, verschließt. Ein Anspruch des Verleihers gegen den Entleiher aus § 812 Abs. 1 S. 1, 1.Alt. BGB auf einen bereicherungsrechtlichen Ausgleich der vom Verleiher bezahlten Löhne und sonstigen Abgaben besteht nach Auffassung des BGH dennoch.[450] Dem vom BGH zu entscheidenden Fall liegt folgender Sachverhalt zugrunde:

Der Bauunternehmer B hat auf verschiedenen von ihm betriebenen Baustellen Arbeitskräfte eingesetzt und vor allem mit Reinigungsarbeiten beschäftigt. Die Arbeiter sind vom Verleiher V zur Verfügung gestellt und entlohnt worden. V war nicht im Besitz einer Verleiherlaubnis. Die Beteiligten deklarierten ihre schriftliche Vereinbarung als „Werkvertrag"; tatsächlich aber unterstanden die Arbeitskräfte des V den Weisungen und der Obhut der Poliere des B. V hat sich jeglicher Einflussnahme auf den Arbeitsablauf enthalten. Seine Tätigkeit beschränkte sich darauf, die Arbeitskräfte täglich am frühen Morgen für 3,- Euro die Stunde „auf die Hand" anzuwerben, einzuteilen und dann zu den einzelnen Baustellen zu fahren. Zu Recht nahm der BGH illegale Arbeitnehmerüberlassung an, die zugleich unter Verstoß gegen das Leiharbeitsverbot gem. § 1 b S. 1 AÜG erfolgt ist.

Nach Auffassung des BGH ist der Entleiher durch die Lohnzahlung des Verleihers von einer Verbindlichkeit, der Verpflichtung nach § 10 Abs. 1 S. 1 AÜG zur Lohnzahlung gegenüber den Leiharbeitnehmern, befreit worden. Der Verleiher hat die gesetzlichen Verbindlichkeiten des Entleihers (B) aus den fingierten Arbeitsverträgen mit den Leiharbeitnehmern erfüllt. Damit hat er weder gegen die guten Sitten noch gegen ein gesetzliches Verbot verstoßen, so dass § 817 Abs. 2 BGB keine Anwendung findet.[451] Die Begleichung der Lohnkosten ist kein vom Gesetz missbilligter Vorgang. Aus dem AÜG lässt sich nicht entnehmen, dass Erstattungsansprüche des Entleihers gegen den Verleiher wegen der Lohnzahlungen an den Leiharbeitnehmer ausgeschlossen sein sollen. Nach Auffassung des BGH genügt es, wenn gegen den illegal handelnden Verleiher eine Geldbuße verhängt wird. Der Verleiher hat Anspruch auf Erstattung der von ihm erbrachten Lohnleistungen gem. § 812 Abs. 1 S. 1, 1. Alt. BGB, die er dem Entleiher erspart hat. Auch wenn dem BGH im Ergebnis zuzustimmen ist, steht einem **bereicherungsrechtlichen** Ausgleich die nach dem Zeitpunkt der BGH-Entscheidung mit dem 2. WiKG 1986[452] eingebrachte Vorschrift des § 10 Abs. 3 AÜG entgegen.

---

[450] BGH, NJW 1980, S. 453.

[451] Dem BGH zustimmend, Sandmann/Marschall, Anm. 12 zu § 10 AÜG.

[452] 2. WiKG 1986 vom 15.05.1986, BGBl I, S. 721, 727.

Die obige Entscheidung befasst sich mit der Fallkonstellation, dass der Leiharbeitsvertrag vollzogen und die Vergütung durch den Verleiher gezahlt worden ist,
was wiederum für das Vorliegen eines fehlerhaften Arbeitsverhältnisses spricht.
Das AÜG erkennt in § 10 Abs. 3 AÜG die Lohnzahlung des Verleihers an den
Leiharbeitnehmer als „faktische Vertragsleistung" rechtswirksam an. Zugleich
wird eine Verpflichtung des Verleihers zur Übernahme der sonstigen Teile des
Arbeitsentgelts (Lohnnebenkosten) normiert, falls jene noch nicht beglichen worden sind und eine gesamtschuldnerische Haftung mit dem Entleiher begründet.
Der den Lohn auszahlende Verleiher handelt aus eigener Verpflichtung und nicht
rechtsgrundlos. Es ist keine sachliche Rechtfertigung dafür ersichtlich, die sonstigen Teile des Arbeitsentgelts unter gesamtschuldnerischen Gesichtspunkten
(rück)abzuwickeln und die eigentliche Zahlung des Lohnes nach Bereicherungsrecht. Es würde insofern zu einer Aufspaltung der Lohnzahlungsverpflichtung
kommen. Nach der von dem BGH vertretenen Auffassung muss der Entleiher
dem Verleiher Aufwendungsersatz in Höhe der an die Leiharbeitnehmer gezahlten Löhne leisten. Der Verleiher würde den Lohn vom Entleiher zurückerhalten,
müsste aber trotzdem nach § 10 Abs. 3 AÜG für die Zahlung der Gesamtsozialversicherungsbeiträge einstehen. Es ist daher sachgerecht, die Problematik der
Lohnzahlung im Wege des Gesamtschuldnerausgleichs zwischen Verleiher und
Entleiher zu regeln.[453] Der Gesetzgeber wollte durch die Neuregelung des § 10
Abs. 3 AÜG eine Gesetzeslücke im Sanktionssystem des AÜG schließen.[454] Nach
den §§ 9 Nr. 1 i.V.m. 10 Abs. 1 AÜG galt nur der Entleiher als Arbeitgeber des
Leiharbeitnehmers und haftete für die Vergütung und die sonstigen Lohnbestand-
teile wie z.B. die Sozialversicherungsbeiträge. Da nach § 10 Abs. 1 AÜG nur der
Entleiher zur Zahlung der Gesamtsozialversicherungsbeiträge beitragspflichtig
war, handelte auch nur der Entleiher strafbar, wenn diese Beiträge nicht an die
Einzugsstelle abgeführt worden sind. Auf Grund der Neureglung des § 10 Abs. 3
AÜG ist aber auch der Verleiher zum Abführen der Gesamtsozialversicherungsbeiträge gesetzlich verpflichtet und bleibt nicht straflos, wenn er zwar den Lohn
aber nicht die Lohnnebenkosten (Gesamtsozialversicherungsbeiträge) an die Einzugsstelle zahlt. Dann ist aber nur konsequent die Lohnzahlung des Verleihers als
eigene Verpflichtung aus einem insoweit bestehenden fehlerhaften Arbeitsverhältnisses, welches durch den tatsächlichen Vollzug zustande gekommen ist, an-
zuerkennen.[455] Die nebeneinander bestehenden Ansprüche des Leiharbeitnehmers
auf Lohnzahlung, einschließlich der sonstigen zu zahlenden Teile des Arbeitsentgelts, aus einem fingierten Arbeitsverhältnis zum Entleiher und einem fehlerhaften Arbeitsverhältnis zum Verleiher führen zu einer Gesamtschuldnerschaft von

---

[453] S. dazu C VIII 2a) aa (1).

[454] BT-DS 9/2008, S. 53.

[455] S. auch BSG, BB 1985, S. 528, welches noch vor Erlass des § 10 Abs. 3 AÜG auf Grund der Annahme eines fehlerhaften Arbeitsverhältnisses zwischen Leiharbeitnehmer und Verleiher zu dem Ergebnis kam, dass der Verleiher hinsichtlich der Beiträge zur Gesamtsozialversicherung als Arbeitgeber des Leiharbeitnehmers anzusehen ist.

Entleiher und Verleiher.[456] Der Verleiher kann im Wege des Gesamtschuldnerausgleichs gem. der §§ 426 Abs. 1 und 2 BGB den Ausgleich seiner Aufwendungen, hier die Lohnkosten, für die Leiharbeitnehmer verlangen. Im Innenverhältnis
ist der Entleiher nach § 10 Abs. 1 AÜG zur Zahlung des Lohnes, einschließlich
der weiteren Lohnbestandteile, an den Leiharbeitnehmer verpflichtet und hat dem
Verleiher insofern seine Aufwendungen zu ersetzen.

Hat der Verleiher die Überlassungsvergütung vom Entleiher bereits erhalten, kann
er sie behalten, wenn beide Vertragspartner von dem Verleih ohne Verleiherlaubnis gewusst haben. In diesen Fällen greift § 817 Abs. 2 BGB zugunsten des Verleihers ein. Der Verleiher ist dann aber nicht mehr berechtigt, vom Entleiher im
Wege des Gesamtschuldnerausgleichs nach § 426 Abs. 1 und 2 BGB die Lohnkosten und die Sozialversicherungsbeiträge zurückzuverlangen,[457] weil diese Kosten
in der Überlassungsvergütung bereits enthalten und die Verbindlichkeit des Entleihers gegenüber dem Verleiher damit abgegolten ist. Die Überlassungsvergütung ist höher als der vom Verleiher an den Leiharbeitnehmer zu zahlende Lohn.
Ansonsten würde der Verleiher keinen Gewinn erzielen.

(3) Zwischenergebnis

Die obigen Ausführungen zeigen, dass ein illegaler Verleih ohne Verleiherlaubnis
gem. § 1 Abs. 1 AÜG für den Verleiher wirtschaftlich sehr nachteilig ist. Er bekommt allenfalls seine Aufwendungen im Hinblick auf die an die Leiharbeitnehmer erbrachten Lohnzahlungen erstattet. Eine Gewinnerzielung ist ihm nur dann
möglich, wenn er einvernehmlich mit dem Entleiher illegal handelt und seine
Überlassungsvergütung erhalten hat. In diesen Fällen besteht aber im Rahmen
eines Bußgeldverfahrens die Möglichkeit der Gewinnabschöpfung.[458] Einen ge-
richtlich durchsetzbaren Anspruch auf Zahlung der Überlassungsvergütung hat
der unter Verstoß gegen die Erlaubnispflicht gem. § 1 Abs. 1 AÜG illegal handelnde Verleiher nicht.

cc) Vertragliche Auswirkungen für den Entleiher

Der Überlassungsvertrag mit dem Verleiher ist nach § 9 Nr. 1 AÜG unwirksam
und muß nach Bereicherungsrecht rückabgewickelt werden.[459] Hat der illegale
Verleiher den Leiharbeitnehmer entlohnt, kann er vom Entleiher Ersatz dessen
verlangen, was der Entleiher durch diese Aufwendungen eingespart hat.[460] Die
wohl einschneidendste Auswirkung für den Entleiher ist, daß er auf Grund der
Fiktion des § 10 Abs. 1 S. 1 AÜG Arbeitgeber des Leiharbeitnehmers wird, mit

---

[456] So auch Schüren, Rdnr. 32,33 zu § 10 AÜG.

[457] Schüren, Rdnr. 42 zu § 10 AÜG.

[458] S. dazu C IX 1g.

[459] S. Ausführungen zum Verleiher, C VIII 2a) bb (2).

[460] S. obige Ausführungen.

allen daraus resultierenden Rechten und Pflichten. So ist der Entleiher z.B. verpflichtet, für die ihm überlassenen Leiharbeitnehmer Beiträge zu den Sozialkassen des Baugewerbes abzuführen.[461] Obwohl der Entleiher mit den ihm illegal überlassenen Leiharbeitnehmern keine arbeitsvertraglichen Beziehungen eingehen wollte, wird er durch die gesetzliche Fiktion des § 10 Abs. 1 S. 1 AÜG Arbeitgeber der Leiharbeitnehmer. Ebenso erhält der Leiharbeitnehmer einen Arbeitgeber, den er nicht selbst gewählt hat. Durch die gesetzliche Fiktion des § 10 Abs. 1 S. 1 AÜG wird in die privatautonome Gestaltungsfreiheit der Arbeitsvertragsparteien und das dem Leiharbeitnehmer zustehende Recht auf freie Wahl des Arbeitsplatzes nach Art. 12 Abs. 1 GG eingegriffen.[462] Der Eingriff in die Privatautonomie der Parteien in dieser Form rechtfertigt sich daraus, dass die Schutzwecke des AÜG, die Leiharbeitnehmer vor unzuverlässigen Verleihern zu schützen, sozial abzusichern und möglichst einheitliche Arbeitsbedingungen für Leiharbeitnehmer und Stammarbeitnehmer zu schaffen, nur auf diesem Weg effektiv erreicht werden kann.[463] Einer vollständigen Gleichstellung der Leiharbeitnehmer mit den Stammarbeitnehmern steht allerdings die Befristungsregel des § 10 Abs. 1 S. 2 AÜG entgegen.

dd) Zusammenfassung

Die auf Grund der §§ 9, 10 AÜG aufgezeigten möglichen erheblichen Konsequenzen für die vertraglichen Beziehungen der an einer illegalen Arbeitnehmerüberlassung beteiligten Parteien sollen Leiharbeitnehmer, Verleiher und Entleiher von einen Verstoß gegen § 1 Abs. 1 AÜG (in Verbindung mit § 1 b S. 1 AÜG) abhalten. Die Vorschriften entfalten mittelbar eine Überwachungs- und Kontrollfunktion.[464] Wegen der Gefahr einer Übernahme der vollen Arbeitgeberpflichten wird der Entleiher in der Regel sorgfältig prüfen, ob der Verleiher im Besitz einer Verleiherlaubnis ist. Der Entleiher und der Leiharbeitnehmer werden durch die Regelungen des AÜG in ihrer Vertragsfreiheit und damit Handlungsfreiheit beschränkt, weil sie wegen der Fiktionsregelung des § 10 Abs. 1 AÜG zu einem Vertragsschluss gezwungen werden, den sie so gar nicht abschließen wollten.[465] Der Verleiher ohne Verleiherlaubnis hat zwar den organisatorischen und den damit verbundenen finanziellen Aufwand für die illegale Arbeitnehmerüberlassung gehabt, hat aber keinen Anspruch gegenüber dem Entleiher auf entsprechende Überlassungsvergütung. Zu berücksichtigen ist aber, dass die Arbeitsverträge zwischen Entleiher und Leiharbeitnehmern in der Regel befristet sind und § 10

---

[461] BAG in NZA 1999, S. 493.

[462] Ulber, Rdnr. 5 zu § 10 AÜG.

[463] S. zu den Schutzzwecken des AÜG, S.3, So auch Schüren, Rdnr. 10 zu § 10 AÜG.

[464] So auch Becker, Rdnr. 3 zu § 10 AÜG.

[465] S. dazu Sandmann/Marschall, Anm. 19 zu § 10 AÜG, die dem Leiharbeitnehmer aus diesem Grund ein außerordentliches Kündigungsrecht einräumen.

Abs. 1 S. 2 AÜG einer endgültigen Einstellung des Bauarbeiters im Entleihbetrieb mit der damit verbundenen sozialen Absicherung entgegensteht.

Verstößt ein Verleiher ohne Verleiherlaubnis gegen § 1 b S. 1 AÜG, indem er z.b. Maurer an eine Hochbaufirma gegen Entgelt verleiht, richten sich die daraus resultierenden Rechtsfolgen des illegalen Verleihs nach den speziellen Regelungen der §§ 9, 10 AÜG. Die Verträge zwischen dem illegal handelnden Verleiher und der Hochbaufirma sowie zwischen Verleiher und Maurer sind nach § 9 Nr. 1 AÜG nichtig. Zwischen der Hochbaufirma und dem Maurer wird auf Grund des § 10 Abs. 1 AÜG ein Arbeitsvertrag begründet. Die Rechtsfolgen aus dem Verstoß gegen § 1 b S. 1 AÜG treten dahinter zurück. Die nachstehenden Ausführungen werden zeigen, dass sich die Rechtsfolgen aus einem Verstoß gegen § 1 b S. 1 AÜG zum Teil mit den obigen Ausführungen decken und zum Teil davon abweichen.

b) Verstoß gegen § 1 b S. 1 AÜG

Die obigen Ausführungen haben sich mit der Fallkonstellation befasst, dass ein Verleiher ohne Erlaubnis gem. § 1 Abs. 1 AÜG gewerbsmäßige Arbeitnehmerüberlassung in das Bauhauptgewerbe betreibt und die daraus resultierenden erheblichen Rechtsfolgen, insbesondere die des § 9 Nr. 1 AÜG, aufgezeigt. Die Unwirksamkeit der rechtlichen Beziehungen zwischen Verleiher, Entleiher und Leiharbeitnehmer kann sich aber auch aus einem isolierten Verstoß gegen § 1 b S. 1 AÜG ergeben. Während bei einem gewerbsmäßigen Verleih ohne Erlaubnis der Gesetzgeber durch die Normen der §§ 9 und 10 AÜG die Rechtsfolgen ausdrücklich geregelt hat, fehlt es im AÜG an einer entsprechenden Regelung bei Verstößen gegen die Verbotsnorm des § 1 b S. 1 AÜG. Insofern kann nur auf allgemeine Regeln zurückgegriffen werden.

Nach ihrem Wortlaut beschränken sich die §§ 9, 10 AÜG auf den Verleih ohne Verleiherlaubnis, was ihrer unmittelbaren Anwendung auf einen Verleih in das Bauhauptgewerbe, der unter einen alleinigen Verstoß gegen § 1 b S. 1 AÜG erfolgt, entgegensteht. Eine analoge Anwendung der Vorschriften muss anhand der einzelnen Rechtsbeziehungen zwischen Verleiher, Entleiher und Leiharbeitnehmer untersucht werden.

aa) Unwirksamkeit des Überlassungsvertrages

Verstößt ein Verleiher mit Verleiherlaubnis nach § 1 Abs. 1 AÜG gegen das Leiharbeitsverbot nach § 1 b S. 1 AÜG, ist der Überlassungsvertrag zwischen Verleiher und Entleiher unwirksam. Das Leiharbeitsverbot ist ein gesetzliches Verbot. Verbotsgesetze sind Normen, die die Vornahme eines nach unserer Rechtsordnung grundsätzlich möglichen Rechtsgeschäft wegen ihres Inhalts oder wegen der Umstände ihres Zustandekommens untersagen. Das Verbot muss sich gerade gegen die Vornahme des Rechtsgeschäfts richten.[466] Das Leiharbeitsverbot nach § 1 b S. 1 AÜG will verhindern, dass gewerbliche Arbeitnehmer, Arbeiter, in einen Betrieb des Bauhauptgewerbes verliehen werden. Der Arbeitnehmerüberlassungsvertrag eines gewerblichen Verleihers (Zeitarbeitsfirma) mit einem Betrieb des Bauhauptgewerbes, z.b. mit einer Fliesenlegerfirma, als Entleiher, der die Überlassung eines Fliesenlegers (Arbeiters) zum Verkleben von Wandfliesen in den Badezimmern eines Mehrfamilienhauses (zur Ausübung von Arbeitertätigkeiten) beinhaltet, läuft diesem Verbot zuwider und ist damit in Verbindung mit § 134 BGB nichtig.[467] Die Rückabwicklung dieses Vertrages vollzieht sich, wie die obigen Ausführungen gezeigt haben[468], nach den §§ 812 ff BGB. Für eine analoge Anwendung der §§ 9 Nr. 1, 10 AÜG ist kein Raum, weil auf Grund der allgemeinen Regel des § 134 BGB keine gesetzliche Regelungslücke besteht. Es ist auch keine „planwidrige Unvollständigkeit"[469] des Gesetzes erkennbar. Die Anwendung des § 9 Nr. 1 AÜG i.V.m. § 10 Abs. 1 AÜG könnte geboten sein, wenn der Gesetzgeber deren Rechtsfolge versehentlich nicht auf Verstöße gegen § 1 b S. 1 AÜG erstreckt hat. Allein aus dem Wortlaut der Regelung des § 9 AÜG lässt sich entnehmen, dass der Gesetzgeber den einzelnen Verstößen gegen das AÜG unterschiedliches Gewicht beimisst und nur für den Verleih ohne Verleiherlaubnis nach § 1 Abs. 1 AÜG die gravierenden Folgen des § 10 Abs. 1 AÜG vorsieht. Eine analoge Anwendung des § 9 Nr. 1 AÜG i.V.m. § 10 Abs. 1 AÜG ergibt sich auch nicht aus der Regelungsabsicht und der immanenten Teleologie des AÜG.[470] Die allgemeine Regelung des § 134 BGB führt zur Nichtigkeit des Vertrages. Ein Rückgriff auf § 9 Nr. 1 AÜG ist nicht erforderlich um den Leiharbeitsverbot gem. § 1 b S. 1 AÜG Geltung zu verschaffen.

bb) Wirksamkeit des Leiharbeitsvertrages

Ist der Leiharbeitsvertrag ausschließlich auf eine Überlassung in das Bauhauptgewerbe gerichtet, könnte er nach § 134 BGB i.V.m. § 1 b S. 1 AÜG nichtig sein. Dem Schutzbedürfnis der Leiharbeitnehmer könnte aber durch eine entsprechende Anwendung des § 10 AÜG Rechnung getragen werden.[471] Andererseits könnte die Wirksamkeit des Leiharbeitsvertrages nach dem Wortlaut des § 1 b S. 1 AÜG von der dem Vertrag zugrundeliegenden Intention (Verleih in das Bauhauptgewerbe unter Verstoß gegen § 1b S. 1 AÜG) unberührt bleiben. § 1 b S. 1 AÜG erklärt nur die Überlassung, mithin den Realakt bzw. die Erfüllungshandlung für unzulässig. Die Vorschrift könnte dahin verstanden werden, dass sie lediglich das Überlassen von Leiharbeitnehmern in Baubetriebe verhindern will, nicht aber den

---

[466] BGH, NJW 1983, S. 2873.

[467] So auch Sandmann/Marschall, Anm. 13 zu § 1b AÜG.

[468] S. dazu Ausführungen unter C VIII 2a) bb) (2).

[469] Voraussetzungen einer Gesetzesanalogie Larenz, Methodenlehre, S. 373.

[470] Vgl. dazu Larenz, Methodenlehre, S. 374.

[471] So Becker/Wulfgramm, Rdnr. 98 zu § 1 AÜG.

Abschluss von Leiharbeitsverträgen. Der Schutz der Leiharbeitnehmer könnte durch die Wirksamkeit des Leiharbeitsvertrages und den daraus resultierenden Ansprüchen für den Leiharbeitnehmer erreicht werden.[472] Bei Nichtigkeit des Arbeitsvertrages verliert der Leiharbeitnehmer hingegen alle arbeitsvertraglichen Ansprüche gegen den Verleiher. Sind Gegenstand des Leiharbeitsvertrages ausschließlich gegen § 1 b S. 1 AÜG verstoßene Überlassungen, ist der Vertrag nach § 134 BGB wegen Verstoßes gegen ein gesetzliches Verbot nichtig. Der Realakt bzw. das Erfüllungsgeschäft wirkt sich auf das zugrundeliegende Verpflichtungsgeschäft aus.[473] Zu diskutieren ist aber, ob zwischen Leiharbeitsverträgen unterschieden werden kann, die ausschließlich auf einen Verleih in das Bauhauptgewerbe gerichtet sind und den Verträgen, die auch eine anderweitigen Arbeitsort vorsehen.[474] Handelt es sich um einen Arbeitsvertrag, der sich nicht auf die Fälle einer verbotswidrigen Arbeitnehmerüberlassung nach § 1 b S. 1 AÜG beschränkt, sondern auch Überlassungen in andere Bereiche zulässt, sind die gegen § 1 b S. 1 AÜG verstoßenen Überlassungen unwirksam und insoweit auch der zugrundeliegende Arbeitsvertrag. Eine Differenzierung zwischen Überlassungsverträgen einerseits und Arbeitsverträgen andererseits darf im Hinblick auf § 134 BGB zu keinen unterschiedlichen Rechtsfolgen führen, was bei einer bereits vollzogenen, illegale Überlassung von Leiharbeitnehmern in das Bauhauptgewerbe bewirkt, dass der Leiharbeitnehmer gegen den Verleiher lediglich Ansprüche aus einem fehlerhaften Arbeitsverhältnis hat[475] Im Hinblick auf Überlassungen des Leiharbeitnehmer z.B. in das Baunebengewerbe oder an private Bauherrn könnte der Arbeitsvertrag mit dem Verleiher jedoch wirksam sein, was zu einer Aufspaltung des Leiharbeitsvertrages in wirksame und unwirksame Arbeitsrechtsverhältnisse führt. Der Leiharbeitnehmer hätte gegen den Verleiher Ansprüche aus einem wirksamen Arbeitsvertrag bei einer gesetzmäßigen Arbeitnehmerüberlassung und aus einem faktischen Arbeitsverhältnis bei illegaler Arbeitnehmerüberlassung. Ob es sich dabei um eine praktikable Differenzierung handelt, ist fraglich. Der Einsatz von Bauarbeitern außerhalb des Bauhauptgewerbes ist grundsätzlich möglich, aber vom Umfang her begrenzt. Das Haupteinsatzgebiet, z.B. eines Maurers, wird im Bauhauptgewerbe sein. Nach § 11 Abs. 1 Nr. 3 AÜG ist der Verleiher verpflichtet die wesentlichen Inhalte des Arbeitsverhältnisses in eine von ihm zu unterzeichnende Urkunde aufnehmen. Dazu gehören die Art und die besonderen Merkmale, der von dem Leiharbeitnehmer zu leistenden Tätigkeit. Hat der Arbeitsvertrag die Verrichtung von z.B. Maurertätigkeiten zum Inhalt, handelt sich um eine Konkretisierung der Arbeitsleistung eines Arbeiters, die in der Regel nur im Bauhauptgewerbe erbracht werden kann. Die Überlassung eines Leiharbeitnehmers zur Ausübung einer derartigen Tätigkeit wird in der Praxis ganz überwiegend in einen Betrieb eines Bauhauptgewerbes erfolgen, weil jener Werkleis-

---

[472] Sandmann/Marschall, Anm. 14 zu § 1b AÜG.

[473] S. dazu Fn 496.

[474] Schüren, Rdnr. 430 zu § 1 AÜG.

[475] Schüren, Rdnr. 426 zu § 1 AÜG.

tungen dieser Art erbringt.[476] De facto werden die Leiharbeitsverträge letztlich auf einen unzulässigen Verleih in das Bauhauptgewerbe gerichtet sein. Diese Annahme würde dazu führen, das Leiharbeitsverträge, welche Bauarbeitertätigkeiten zum Gegenstand haben, nach § 134 BGB i.V.m. § 1 b S. 1 AÜG unwirksam sind. Dieses Ergebnis lässt jedoch das Schutzbedürfnis des Leiharbeitnehmers, welcher wegen seiner sozialen und wirtschaftlichen Abhängigkeit vom Arbeitgeber (Verleiher) auch dann schutzwürdig ist, wenn er von dem Leiharbeitsverbot gem. § 1 b S. 1 AÜG Kenntnis hat[477], unberücksichtigt. Er würde durch das Leiharbeitsverbot nicht geschützt, sondern schlechter gestellt. Für eine analoge Anwendung des § 10 Abs. 1 AÜG ist jedoch kein Raum. Zwar könnte der Schutzzweck des AÜG, den Leiharbeitnehmer vor unzuverlässigen Verleihern zu schützen, eine analoge Anwendung des § 10 Abs. 1 AÜG rechtfertigen. Aber durch § 10 Abs. 1 AÜG wird zwischen dem Entleiher und dem Leiharbeitnehmer ein Arbeitsverhältnis fingiert, was zu einem erheblicheren Eingriff in die Privatautonomie der Beteiligten führt. Ein derartiger Eingriff unterliegt dem Gesetzesvorbehalt nach Art. 20 Abs. 3 GG. Eine vom Gesetzgeber nicht gewollte Regelungslücke, die eine ergänzende Gesetzesauslegung[478] des § 10 Abs. 1 AÜG erforderlich macht, ist nach der hier unter aa) vertretenen Auffassung nicht erkennbar. Das wirksame Leiharbeitsverhältnis besteht zwischen Leiharbeitnehmer und den, sich im Besitz einer Verleiherlaubnis befindlichen, Verleiher. Der Gesetzgeber räumt den der Überwachung durch die Bundesanstalt für Arbeit unterstehenden Verleiher eine andere Rechtsstellung ein, als den, sich im rechtsfreien Raum bewegenden, illegalen Verleiher. Ebenso besteht keine Rechtsgrundlage für die Anwendung einer vom Gesetzgeber aufgehobenen Norm, der des § 13 AÜG a.F.[479] Dagegen gebietet der Schutz der Leiharbeitnehmer eine Rechtsanalogie und die Übertragung des Rechtsgedanken des § 9 Nr. 2-5 AÜG. Nichtig ist die Abrede bezüglich der konkreten Arbeitsleistung in einem Bauhauptgewerbebetrieb, wie es bei dem § 9 Nr. 2,3,4 und 5 AÜG der Fall ist, die ebenfalls einen Verleih mit Verleiherlaubnis voraussetzen.[480] Ebenso ist nach § 9 Nr. 3 AÜG eine Kündigung unwirksam, wenn der Verleiher das Leiharbeitsverhältnis bereits mehr als einmal beendet hat und den Leiharbeitnehmer mehrfach innerhalb von drei Monaten nach Beendigung des Arbeitsverhältnisses erneut einstellt. Anders als beim Verleih ohne Verleiherlaubnis ist nur die zwischen Leiharbeitnehmer und Verleiher getroffene Vereinbarung bzw. die Kündigung unwirksam und nicht der gesamte Arbeitsver-

---

[476] Eine Ausnahme kann ein Betrieb sein, der nicht überwiegend Bauleistungen (zu mehr als 50 %) erbringt, sondern lediglich in Einzelfällen Baumaßnahmen durchführt..

[477] Andere Auffassung, Schüren, Rdnr. 427 zu § 1 AÜG.

[478] Voraussetzung für eine analoge Gesetzesanwendung, hier des § 10 Abs. 1 AÜG, ist das Bestehen einer Lücke im Gesetz, s. Brox, Rdnr. 64 zu § 3.

[479] So aber Ulber, Rdnr. 22 zu § 1 b AÜG.

[480] Wesentlicher Vertragsbestandteil des Arbeitsvertrages ist das Erbringen der Arbeitsleistung an sich und nicht die konkrete Art der Arbeitsleistung.

trag. Das Leiharbeitsverhältnis besteht fort.[481] Es kommt lediglich zu einer „Teil-nichtigkeit" der Abreden im Sinne der Nr. 2, 4 und 5 des § 9 AÜG. Lediglich das Innenverhältnis bzw. das Arbeitsverhältnis zwischen Verleiher und Leiharbeit-nehmer ist berührt, wird aber nicht wie bei § 9 Nr. 1 AÜG zerstört. Die übrigen Vertragsbestimmungen beleiben bestehen und die Auslegungsregel des § 139 BGB, welche bei Teilnichtigkeit des Rechtsgeschäfts, das gesamte Rechtsgeschäft nichtig werden lässt, findet keine Anwendung.[482] Der Verleiher muss sich auf Grund des wirksamen Leiharbeitsvertrages bemühen, dem Leiharbeitnehmer ei-nen Arbeitseinsatz außerhalb des Bauhauptgewerbes zu besorgen. Der Leihar-beitnehmer kann einen Arbeitseinsatz im Bauhauptgewerbe ablehnen, ohne sei-nen Lohnanspruch gegenüber dem Verleiher zu verlieren. Ansonsten bleibt den Vertragspartnern nur die Kündigung des Vertrages. Bis zur Beendigung des Leih-arbeitsverhältnisses behält der Leiharbeitnehmer seinen Anspruch auf Lohn ge-genüber dem Verleiher, auch für die unter Verstoß gegen § 1 b S. 1 AÜG erfolg-ten Einsätze. Der Leiharbeitsvertrag zwischen Leiharbeitnehmer und Verleiher mit Verleiherlaubnis ist als wirksam anzusehen, auch wenn er auf die gezielte Überlassung in das Bauhauptgewerbe gerichtet ist.

cc) Zwischenergebnis

Erfolgt die illegale Überlassung der Bauarbeiter durch einen Verleiher mit Ver-leiherlaubnis in das Bauhauptgewerbe, ist nach den obigen Ausführungen der Leiharbeitsvertrag wirksam. Die Unwirksamkeit einzelner Abreden zwischen Verleiher und Leiharbeitnehmer kann sich jedoch aus dem Rechtsgedanken des § 9 Nr. 2-5 AÜG ergeben. Wie beim Verleih ohne Verleiherlaubnis ist der Ar-beitnehmerüberlassungsvertrag zwischen Verleiher und Entleiher unwirksam, wenn die Überlassung gegen das Verbot gem. § 1 b S. 1 AÜG verstößt.

c) Der illegale Verleih eines Ausländers ohne Arbeitserlaubnis

In vielen Fällen werden ausländische Arbeitskräfte als Leiharbeitnehmer einge-setzt und in das Bauhauptgewerbe illegal überlassen, was zu einer erheblichen Störung des Arbeitsmarktes im Baubereich geführt hat. Die Finanzverwaltung eines Landes schätzt, dass durch die illegale Arbeitnehmerüberlassung, insbeson-dere von ausländischen Arbeitnehmern ohne Arbeitsgenehmigung, in den Jahren 1996 bis 2000 ca. 170 000 steuer- und beitragspflichtige legale Arbeitsverhältnis-se weggefallen sind.[483] Die ausländischen Arbeitskräfte, z.B. polnische Arbeit-nehmer, sind häufig billiger als inländische Arbeitnehmer und akzeptieren auf-grund der schlechten Arbeitsmarktlage in ihren Heimatländern, die von illegal handelnden Verleihern und Entleihern angebotenen schlechten Arbeitsbedingun-

---

[481] Bei unzulässigen Befristungen entsteht ein unbefristetes Arbeitsverhältnis, s. dazu BT-DS VI 2303, S. 13, Begr. Zu § 9.2.

[482] Siehe zur Auslegungsregel des § 139 BGB, Sandmann/Marschall, Anm. 21 zu § 9.

[483] BT-DS 14/4220, S. 39.

gen, wie z.B. tägliche Arbeitszeiten von zehn oder mehr Stunden. zu einem Stundenlohn von 5,- DM bis 6,- DM (2,50 bis 3 Euro). Die Verstöße gegen das Ausländerrecht und das Arbeitsgenehmigungsverfahren wiegen schwerer und sind leichter nachweisbar[484] als der Verstoß gegen das Leiharbeitsverbot nach § 1 b S. 1 AÜG. Der Nachweis eines illegalen Verleihs unter Verstoß gegen § 1 b S. 1 AÜG erfordert einen erheblichen Ermittlungsaufwand und ist schwer zu erbringen[485], so dass die Verstöße gegen das Leiharbeitsverbot dahinter zurücktreten und z.b. in den Statistiken der Bundesanstalt für Arbeit nicht immer auftauchen.[486] Neben den oben aufgezeigten Auswirkungen auf die vertraglichen Beziehungen der Beteiligten, der unter Verstoß gegen § 1 b S. 1 AÜG erfolgten Arbeitnehmerüberlassung, kann sich bei dem illegalen Verleih eines ausländischen Arbeitnehmers durch einen Verleiher mit Verleihererlaubnis die Unwirksamkeit des Leiharbeitsvertrages aus. § 134 BGB i.V.m. § 284 Abs. 1 S. 2 SGB III ergeben.

aa) Unwirksamkeit des Leiharbeitsvertrages mit einem ausländischen Leiharbeitnehmer

Der Arbeitsvertrag eines ausländischen Bauarbeiters (Leiharbeitnehmers) könnte wegen der Verletzung von Arbeitsgenehmigungsvorschriften unwirksam sein. Nach § 284 Abs. 1 S. 1 SGB III bedürfen ausländische Arbeitnehmer zur Ausübung einer Beschäftigung in der Bundesrepublik Deutschland einer Arbeitsgenehmigung. Ein Verstoß hiergegen stellt nach § 404 Abs. 2 Nr. 2 SGB III eine Ordnungswidrigkeit dar. Diese Normen sind Verbotsgesetze im Sinne von § 134 BGB und beinhalten ein Beschäftigungsverbot für Arbeitnehmer, die nicht im Besitz einer nach dem SGB III erforderlichen Arbeitsgenehmigung sind.[487] Im Hinblick auf die Wirksamkeit des Leiharbeitsverhältnisses zwischen dem ausländischen Leiharbeitnehmer und dem Verleiher ist zunächst zu unterscheiden, ob der Leiharbeitnehmer bei Abschluss des Arbeitsvertrages im Besitz einer Arbeitsgenehmigung gewesen ist und die befristet erteilte Genehmigung zu einem späteren Zeitpunkt abgelaufen ist oder ob der Leiharbeitnehmer weder bei Abschluss des Arbeitsvertrages noch bei der Beschäftigungsausübung eine Arbeitsgenehmigung besessen hat. Nach herrschender Auffassung wird die Wirksamkeit eines bestehenden, rechtswirksam zustande gekommenen Arbeitsvertrages nicht vom Wegfall der Arbeitsgenehmigung berührt.[488] Nach dem Wortlaut des § 284 Abs. 1 S. 1 SGB III ist nur die Ausübung einer Beschäftigung an das Vorliegen einer Arbeitsgenehmigung geknüpft, nicht aber der Abschluss des Arbeitsvertrages selbst.[489] Der Ablauf der Geltungsdauer einer Arbeitsgenehmigung führt nicht zur

---

[484] S. dazu Ausführungen zum Verleih von Ausländern ohne Arbeitsgenehmigung, C IX 4a).

[485] Wie die Ausführungen unter C IX 1 belegen.

[486] S. dazu ausführlich X 1.

[487] BAG in AP Nr. 2-4 zu § 19 AFG (nunmehr nach Aufhebung des AFG § 284 I SGB III).

[488] S. dazu BAG, AP Nr. 2,4 zu § 19 AFG.

[489] LAG Hamm, DB, 1976, S. 872 ; str. a.A. BAG AP Nr. 4 zu § 35 AVAVG.

Nichtigkeit des Arbeitsvertrages, sondern lediglich zur Unmöglichkeit der Arbeitsleistung.[490] Die Lohnzahlungspflicht des Arbeitgebers entfällt nach § 326 Abs. 1 BGB. War der ausländische Arbeitnehmer bei Abschluss des Arbeitsvertrages nicht im Besitz einer Arbeitsgenehmigung, kommt eine Nichtigkeit des Vertrages gem. § 284 Abs. 1 S. 1 SGB III i.V. m. § 134 BGB in Betracht. Hierbei ist zwischen den Fallkonstellationen zu unterscheiden, dass der Vertrag nach der Absicht beider Vertragsparteien trotz Kenntnis der Genehmigungspflicht ohne Erlaubnis durchgeführt werden soll und der, dass die Genehmigung bei der Bundesanstalt für Arbeit bereits beantragt worden ist oder noch beantragt werden soll. Der gesetzgeberische Schutzzweck des § 284 Abs. 1 S. 1 SGB III besteht darin, zu vermeiden, dass ausländische Arbeitnehmer anstelle geeigneter deutscher Arbeitnehmer beschäftigt werden.[491] Es soll in diesen Fällen die tatsächlichen Beschäftigung verhindert werden, nicht aber die Wirksamkeit des Arbeitsvertrages.[492] In den Fällen, in denen die Arbeitsgenehmigung im nachhinein erteilt werden kann, ist dem ausländischen Arbeitnehmer die Vertragserfüllung möglich.[493] Ist ein Genehmigungsverfahren eingeleitet worden und wird die Arbeitsgenehmigung durch die Bundesanstalt für Arbeit nach Abschluss des Arbeitsvertrages endgültig versagt, ist ihm die Vertragserfüllung unmöglich, was aber nicht zur Nichtigkeit des Arbeitsvertrages führt.[494]

Anders sind die Fälle zu beurteilen, in denen die Erteilung einer Arbeitsgenehmigung nach den Vorschriften des SGB III nicht möglich ist. Die ausländischen Arbeitnehmer, welche nach § 284 Abs. 1 S. 1 SGB III einer Arbeitserlaubnis bedürfen, weil sie nicht Staatsangehörige eines EU-Mitgliedstaates sind (§ 284 Abs. 1 S. 2 Nr. 1 SGB III) und die Voraussetzungen der Arbeitsberechtigung gem. § 2 ArbGV nicht erfüllen, erhalten nach § 6 Abs. 1 S. 2 ArbGV keine Arbeitsgenehmigung für eine Tätigkeit als Leiharbeitnehmer.[495] Ist die Erteilung einer Arbeitsgenehmigung wegen § 6 Abs. 1 S. 2 ArbGV rechtlich nicht möglich, das Arbeitsverhältnis auf eine Tätigkeit als Leiharbeitnehmer gerichtet und wollen die Beteiligten, Verleiher und ausländischer Leiharbeitnehmer, trotz Kenntnis von der Genehmigungspflicht den Arbeitsvertrag durchführen, ist der Vertrag gem. § 134 BGB i.V. m. § 284 Abs. 1 S. 2 SGB III nichtig. In diesem Fall wirkt sich die Nichtigkeit des Erfüllungsgeschäfts, der tatsächlichen Durchführung des Leihar-

---

[490] LAG Hamm, DB 1976, S. 872.

[491] BAG AP Nr. 4 zu § 35 AVAVG.

[492] BAG, AP Nr. 4 zu § 19 AFG, Bl. 680.

[493] S. dazu BAG, AP Nr. 4 zu § 19 AFG, Bl. 680.

[494] A.A. Buchner, MüHdb., Rdnr. 58 zu § 40.

[495] Hier ist folgende Besonderheit zu beachten: Personen, die keine Arbeitsgenehmigung benötigen, wie z.B. EG-Angehörige und heimatlose Ausländer können uneingeschränkt als Leiharbeitnehmer tätig sein. Andere ausländische Arbeitnehmer unterliegen der Vorschrift des § 6 Abs. 1 S. 2 ArGV (Arbeitserlaubnisverordnung i.d.F. der Bekanntmachung. v. 12.09.1980, BGBL I S. 1754, zuletzt geändert durch die 12. ÄndVO v. 17.12.1999, BGBL I S. 3195). Danach dürfen ausländische Arbeitnehmer, die einer Arbeitserlaubnis bedürfen, nur mit der besonderen Arbeitsgenehmigung gem. § 2 ArGV als Leiharbeitnehmer tätig werden, s. dazu Schüren, Rdnr. 20 zu § 15 AÜG.

beitsverhältnisses, auf den Arbeitsvertrag aus. Der Abschluss des Arbeitsvertrages ist auf die Ausführung einer Leistung gerichtet, die rechtlich unzulässig ist. In diesem Fall ergreift das Beschäftigungsverbot des § 284 Abs. 1 S. 1 SGB III nicht nur die Ausübung der Beschäftigung, sondern auch das zugrundeliegende Verpflichtungsgeschäft, den Arbeitsvertrag.[496] Anders ist die Rechtslage zu beurteilen, wenn ein Mischunternehmen einen Arbeitsvertrag abschließt und die Arbeitsleistung nicht nur als Leiharbeitnehmer, sondern auch in einem Betrieb des Unternehmens erbracht werden soll. In diesem Fall kommt lediglich eine Teilnichtigkeit (§ 139 BGB) des Vertrages hinsichtlich der Arbeitnehmerüberlassung, zugunsten des ausländischen Arbeitnehmers, in Betracht, weil davon auszugehen ist, dass die Parteien den Arbeitsvertrag auch ohne den nichtigen Teil abgeschlossen hätten.

bb) Zwischenergebnis

Der Arbeitsvertrag eines Verleihers mit Verleiherlaubnis und einem ausländischen Leiharbeitnehmer, für einen ausschließlichen Einsatz als Leiharbeitnehmer ist wirksam, wenn der Leiharbeitnehmer keiner Arbeitsgenehmigung bedarf oder im Besitz einer Arbeitsberechtigung ist. Gleiches gilt, wenn die Arbeitsberechtigung bereits beantragt, nur noch nicht erteilt worden ist. Erfolgt der Verleih eines, sich im Besitz einer Arbeitsberechtigung befindlichen, ausländischen Leiharbeitnehmers zudem in das Bauhauptgewerbe, ist der Arbeitsvertrag zwischen Verleiher und Leiharbeitnehmer nach den unter b) bb) gemachten Ausführungen wirksam.

Verleiht ein Verleiher ohne Verleiherlaubnis einen ausländischen Leiharbeitnehmer in das Bauhauptgewerbe, der einer Arbeitserlaubnis bedürfte, wegen § 6 Abs. 1 S. 2 ArbGV aber keine für seine Tätigkeit erhält, ist der Arbeitsvertrag zum Verleiher nicht nur wegen des Verstoßes gem. § 284 Abs. 1 S. 1 SGB III i. V. m. § 134 BGB, sondern auch gem. § 9 Nr. 1 AÜG unwirksam. Das daraus resultierende fehlerhafte Leiharbeitsverhältnis entsteht aber wegen der Fiktionswirkung des § 10 Abs. 1 AÜG zum Entleiher.[497] Der Entleiher soll auf Grund der Fiktionswirkung des § 10 Abs. 1 AÜG Arbeitgeber des ausländischen Leiharbeitnehmers werden. Grundsätzlich handelt es sich um ein voll gültiges Arbeitsverhältnis, mit der Besonderheit, dass die Willenseinigung der Vertragsparteien fehlt.[498] Den Entleiher treffen sämtliche arbeitgeberrechtlichen Pflichten, wozu auch gehört, dass er die Vorschriften des Arbeitsgenehmigungsrechts beachten muss.[499]

---

[496] S. dazu allgemein Mükom-Mayer-Maly, Rdnr. 8 zu § 134; „trifft das Verbotsgesetz einen Vorgang, der sich aus einem Verpflichtungsgeschäft (Grundgeschäft) und einem Erfüllungsgeschäft (Ausführungsgeschäft) zusammensetzt, so ergreift die Nichtigkeit des einen Geschäfts das Schicksal des anderen, wenn das Verbot den von beiden Geschäften erstrebten Erfolg vereiteln soll".

[497] Schüren, Rdnr. 608, 609 zur Einl. z. AÜG (§ 19 AFG).

[498] Becker/Wulfgramm, Rdnr. 32 zu § 10 AÜG.

[499] OLG Hamm, AP Nr. 7 zu § 19 AFG.

Da das Fehlen der Arbeitsgenehmigung in diesem besonderen Fall zur Nichtigkeit des fingierten Arbeitsvertrages wegen Verstoßes gegen § 284 Abs. 1 S. 1 SGB III und nicht nur zu einem Beschäftigungsverbot führt, treffen die Rechtswirkungen der Rückabwicklung des unwirksamen Vertrages den Entleiher als gesetzlich vorgesehenen und gewollten Arbeitgeber. Der ausländische Leiharbeitnehmer unterliegt damit nicht der Schutzwirkung des § 10 Abs. 1 AÜG. Der arbeitspolitischen Bedeutung des § 6 Abs. 1 S. 2 ArbGV wird dadurch der Vorrang eingeräumt.

Besitzt der Leiharbeitnehmer eine Arbeitsberechtigung oder bedarf er keiner Arbeitsgenehmigung, weil er EU-Angehöriger ist (§ 284 Abs. 1 S. 2 SGB III), entsteht bei einem Verleih ohne Verleiherlaubnis ein voll gültiges Arbeitsverhältnis zum Entleiher gem. § 10 Abs. 1 AÜG. Der Verstoß gegen das Verbot in das Bauhauptgewerbe führt nicht zur Unwirksamkeit des Arbeitsvertrages.[500]

d) Zusammenfassung

Die vertraglichen Auswirkungen sind vielseitig und richten sich nach der jeweiligen Fallkonstellation der Arbeitnehmerüberlassung. Sie sollen dazu beitragen, dass die illegal handelnden Verleiher und Entleiher von einer illegalen Arbeitnehmerüberlassung absehen. Außerdem soll der Entleiher angehalten werden, zu kontrollieren, ob der Verleiher im Besitz einer Verleiherlaubnis ist. Bei einigen Fallkonstellationen kumulieren die Unwirksamkeitsgründe und müssen miteinander in Einklang gebracht werden. Den Tatbeständen der §§ 9 Nr. 1, 10 AÜG kommt eine vorrangige Bedeutung zu.

3. Die verwaltungsrechtlichen Folgen für den gewerbsmäßigen Verleiher

Neben den zivilrechtlichen Folgen muss der gewerbsmäßige Verleiher (der Verleiher mit Verleiherlaubnis) bei einer illegalen Arbeitnehmerüberlassung den Widerruf oder die Rücknahme der Erlaubnis fürchten (§§ 4,5 AÜG). Strebt der Verleiher die Erteilung oder die Verlängerung einer Erlaubnis an, muss er mit deren Versagung rechnen (§ 3 Abs. 1 AÜG).

a) Versagung der Erteilung bzw. Verlängerung der Erlaubnis

Die Erlaubnis bzw. deren Verlängerung wird auf Antrag erteilt und ist ein mitwirkungsbedürftiger, begünstigender Verwaltungsakt.[501] Der Wortlaut des § 3 Abs. 1

---

[500] S. dazu C VIII 2b) bb.
[501] Becker/Wulfgramm, Rdnr. 4 zu § 2, Schüren, Rdnr. 7 zu § 2 AÜG.

S. 1 AÜG bestimmt eindeutig, dass es sich um eine gebundene Entscheidung handelt. Die Erlaubnis oder ihre Verlängerung **ist** zu versagen, wenn einer der Tatbestände der Nummern 1 bis 6 vorliegt.[502] Da es sich bei den Versagungsgründen des Abs. 1 nicht um Bestimmungen des Strafrechts oder des Verwaltungsunrechts handelt und die gesetzliche Formulierung des § 3 Abs. 1 AÜG nur auf objektive Kriterien abstellt, kommt es auf ein Verschulden des Verleihers nicht an.[503] Allerdings ist im Rahmen des Erlaubnisverfahrens, der aus dem Rechtstaatprinzip abgeleitete Verhältnismäßigkeitsgrundsatz (Art.20 Abs. 3 GG) zu beachten.[504] Vor einer endgültigen Versagung sollte berücksichtigt werden, ob das verhältnismäßig geringere Mittel einer Auflage in Betracht gezogen werden kann, um das Ziel für die Arbeitnehmerüberlassung rechtliche Rahmenbedingungen zu schaffen, die den Anforderungen eines sozialen Rechtsstaates genügen, zu erreichen. Im Zusammenhang mit der illegalen Arbeitnehmerüberlassung ist vor allem § 3 Abs. 1 Nr. 1 AÜG relevant. Danach ist die Erteilung oder die Verlängerung der Verleiherlaubnis zu versagen, wenn Tatsachen die Annahme rechtfertigen, dass der Antragsteller die nach § 1 AÜG erforderliche Zuverlässigkeit nicht besitzt. Verstößt ein Verleiher *insbesondere* gegen Vorschriften der Ausländerbeschäftigung, des Sozialversicherungsrechts oder über die Einbehaltung und Abführung der Lohnsteuer, verfügt er gem. § 3 Abs. 1 Nr. 1 AÜG nicht über die für eine Verleihtätigkeit erforderliche Zuverlässigkeit. Der in § 3 Abs. 1 Nr. 1 AÜG enthaltene Katalog gesetzlicher Vorschriften ist wegen des Wortlautes „insbesondere" nicht abschließend, sondern lässt auf eine beispielhafte Aufzählung schließen (Regelbeispiele).[505] Auch ein Verstoß gegen andere gesetzliche Normen wie beispielsweise das Leiharbeitsverbot nach § 1 b S. 1 AÜG, vermag die Unzuverlässigkeit eines Verleihers zu begründen.[506] Einem Verleiher fehlt die erforderliche Zuverlässigkeit, wenn „aufgrund bestimmter Tatsachen in seiner Person zu besorgen ist, dass er das gewerbsmäßige Überlassen von Arbeitnehmern nicht im Einklang mit den bestehenden rechtlichen Vorschriften ausüben wird".[507] Bei der Auslegung des unbestimmten Rechtsbegriffes der „erforderlichen Zuverlässigkeit" ist insbesondere der Schutzzweck des AÜG und der soziale Schutz der Leiharbeitnehmer zu beachten.[508] Des weiteren hat seitens der Erlaubnisbehörde eine Zukunftsprognose dahingehend zu erfolgen, ob der Verleiher zukünftig die rechtlichen Vorschriften beachten wird oder nicht.[509]

---

[502] Vgl. Becker/Wulfgramm, Rdnr. 10 zu § 3; Schüren, Rdnr. 22 zu § 3 AÜG.

[503] OVG Lüneburg, GewArch 1962, S. 269.

[504] BSGE 48, S.115 ff, S. 116; LSG Bremen, Urt. v. 17.12.1975, EzAÜG Nr. 29.

[505] BSG, BB 1992, S. 2365.

[506] Sandmann/Marschall, Anm. 12 zu § 1 b AÜG.

[507] Vgl. statt vieler BSG, NZA 1992, S. 1006,1007.

[508] Becker, Rdnr. 15 zu § 3, Schüren, Rdnr. 66 zu § 3 AÜG.

[509] BSG, NZA 1992, S. 1006,1007, BVerwGE 24, S. 38 ff, 40 f.

Hat ein Verleiher mit Verleiherlaubnis, der eine Verlängerung seiner Erlaubnis beantragt, das Verbot des § 1 b S. 1 AÜG missachtet, setzt er sich mit seinem Verhalten über eine gesetzliche Regelung hinweg, deren Schutzzwecke u.a. die Wahrung der Tarifeinheit im Baugewerbe und der Beseitigung von Störungen des Arbeitsmarktes Bau sind.[510] Diese Schutzzwecke können nur verwirklicht werden, wenn das Leiharbeitsverbot in das Baugewerbe (§ 1 b S. 1 AÜG) beachtet wird. Um den Verleiher von weiteren Verstößen abzuhalten und aus den Gründen einer effektiven Durchsetzung des Verbots nach § 1 b S. 1 AÜG, sind konsequente Maßnahmen erforderlich, was auch die Versagung der Verlängerung einer Erlaubnis an einen Verleiher beinhaltet, der das Leiharbeitsverbot gem. § 1 b S. 1 AÜG nicht befolgt hat. Das Leiharbeitsverbot nach § 1b S. 1 AÜG bestimmt keine unmittelbaren Rechtsfolgen für die illegal handelnden Verleiher und Entleiher, sondern erschöpft sich in einer Verbotsregelung. Die Rechtsfolgen für die gegen das Verbot handelnden Personen und Personenvereinigungen (Arbeitgeber) ergeben sich aus anderen Vorschriften des AÜG in Verbindung mit dem Leiharbeitsverbot gem. § 1 b S. 1 AÜG. Das Verbot kann daher nur Wirkung entfalten und Verleiher und Entleiher von illegalen Handlungen abschrecken, wenn aus anderen Bestimmungen des AÜG im Zusammenhang mit § 1 b S. 1 AÜG einschneidende rechtliche Konsequenzen für die Beteiligten drohen, die von der Erlaubnisbehörde stringent umgesetzt werden. Bleibt der erstmalige Verstoß gegen § 1 b S. 1 AÜG ohne Sanktionen, steigt die Bereitschaft der Verleiher, dass Verbot zu umgehen. In letzter Konsequenz führt das dazu, dass nicht nur legal beschäftigte Leiharbeitnehmer im Bauhauptgewerbe eingesetzt werden, sondern auch illegale Einsätze von Arbeitskräften getätigt werden, für die keine Lohnsteuer und Sozialversicherungsbeiträge (eigenständige Versagungsgründe gem. § 3 Abs. 1 Nr. 1 AÜG) abgeführt werden. Das Verbot des § 1 b S. 1 AÜG will aus diesen Gründen die illegale Leiharbeit in das Bauhauptgewerbe verhindern und dient damit mittelbar auch dem Schutz aller Leiharbeitnehmer. Ein Verstoß gegen § 1 b S. 1 AÜG wiegt schwer[511], so dass ein Untersagen der Verlängerung der Erlaubnis auch bei einem bewussten, einmaligen Verstoß gegen § 1 b S.1 AÜG, der zugleich einen Verstoß gegen den Ordnungswidrigkeitentatbestand des § 16 Abs. Nr. 1 b AÜG darstellt[512], angemessen ist. Die Schutzzwecke des Verbots nach § 1 b S. 1 AÜG gebieten dessen effektive Durchsetzung und es ist zu erwarten, dass sich ein einmal willentlich vorgenommener Verstoß wiederholt.

Anders ist im Einzelfall zu entscheiden, wenn z.B. die Zugehörigkeit des entleihenden Betriebes zum Bauhauptgewerbe zweifelhaft und die Annahme des Verleihers, es handele sich um einen Betrieb des Baunebengewerbes, aus nachvoll-

---

[510] S. dazu C II.

[511] S. dazu Becker/Wulfgramm, Rdnr. 9 zu § 3 ; Schüren, Rdnr. 44 zu § 3 AÜG, welche die Versagung der Erlaubnis bzw. der Verlängerung nur bei wiederholten bzw. schwerwiegenden Verstößen des Verleihers bzw. bei mehreren geringfügigen Verstößen für angemessen erachten.

[512] S. dazu Ausführungen unter C IX 2.

ziehbaren Gründen gerechtfertigt erscheint.[513] Der Verleiher hat objektiv, auch wenn er sich geirrt hat, gegen das Leiharbeitsverbot gem. § 1 b S. 1 AÜG verstoßen und er ist damit unzuverlässig im Sinne von § 3 Abs. 1 Nr. 1 AÜG. Bei einem Verstoß gegen das Leiharbeitsverbot und bei der Beurteilung der Unzuverlässigkeit im Sinne von § 3 Abs. 1 Nr. 1 AÜG kommt es zwar nicht auf ein Verschulden des Verleihers an.[514] Es ist auch nicht ausgeschlossen, dass sich der Verleiher in Zukunft wiederholt über die Zugehörigkeit eines Betriebes zum Bauhauptgewerbe irrt. Ein Versagen der Verlängerung der Erlaubnis ist dennoch unangemessen, weil die Schutzzwecke des AÜG auch durch die Erteilung einer Auflage, als milderes Eingriffsmittel, erreicht werden können[515] und der Verstoß nicht so schwer wiegt, wie eine bewusste Verletzung des Rechts. Die zum Teil schwierige, rechtliche Einordnung der verschieden Fallkonstellation einer Arbeitnehmerüberlassung unter die einzelnen Tatbestandsmerkmale des § 1 b S. 1 AÜG und die damit verbundene Rechtsunsicherheit[516] muss vor dem Hintergrund des Verhältnismäßigkeitsgrundsatzes bei der Gewichtung der Schwere des Verstoßes berücksichtigt werden. Hat sich der Verleiher nicht bewusst gegen die Rechtsordnung und das Verbot gem. § 1 b S. 1 AÜG gestellt, sondern aus nachvollziehbaren Gründen eine unzutreffende rechtliche Wertung vorgenommen, so ist bei einem erstmaligen, ungewollten Verstoß daher eine Versagung der Verlängerung einer Erlaubnis zur Durchsetzung des § 1 b S. 1 AÜG nicht erforderlich und es kommt die Erteilung einer Erlaubnis unter einer Auflage in Betracht, z.B. die Vorlage der Geschäftsunterlagen der vom Verleiher vorgenommen Überlassungen in das Bau(neben)gewerbe bei der Bundesanstalt für Arbeit, in Abständen von drei Monaten, für einen Zeitraum von einem Jahr. Der Verleiher sollte sich außerdem zukünftig mit der Erlaubnisbehörde bei zweifelhaften Fällen absprechen und vor der Überlassung von Arbeitnehmern deren Rechtmäßigkeit abklären. Ein wiederholter Verstoß gegen § 1 b S. 1 AÜG nach Erteilung der Erlaubnisverlängerung führt zum Widerruf der Erlaubnis gem. § 1 Abs. 1 Nr. 3 AÜG, weil dadurch neue Tatsachen nach Erteilung der Erlaubnis aufgetreten sind, die belegen, dass der Verleiher sich nachhaltig nicht rechtskundig machen möchte[517] und durch sein Verhalten seinen Hang zur Missachtung gesetzlicher Vorschriften erkennen lässt (Ermessensreduzierung). Verstößt der Verleiher gegen die ihm auferlegte Auflage, kann die Erlaubnisbehörde die Erlaubnis nach § 5 Abs. 1 Nr. 2 AÜG widerrufen. Wird ein ausländischer Arbeitnehmer, der nicht im Besitz einer für ihn erforderlichen Arbeitsgenehmigung ist, in das Bauhauptgewerbe verliehen, ergibt sich

---

[513] S. dazu Beispiel unter C III 1c) bb.

[514] S. vorherige Ausführungen.

[515] Vgl. dazu grundlegend BSG v. 22.3.1979, EzAÜG Nr. 2; Becker/Wulfgramm, Rdnr. 9 zu § 3 .

[516] S. dazu Sandmann/Marschall, Anm. 16 zu Art. 1,§ 3 AÜG, der die Unzuverlässigkeit eines Verleihers wegen Rechtsunsicherheit bei Verstößen gegen das Alleinvermittlungsrecht im Rahmen von Arbeitnehmerüberlassungsverträgen in der Zeit zwischen der Aufhebung des § 37 Abs. 3 AVAVG und dem Inkrafttreten des AÜG (04.04.1967-12.10.-1972) ausgeschlossen hat.

[517] S. dazu vorherige Ausführungen.

die Unzuverlässigkeit des Verleihers aus dem Verstoß gegen die Vorschriften über die Ausländerbeschäftigung (Regelbeispiel gem. § 3 Abs. 1 Nr. 1 AÜG).[518]

Ist der illegal handelnde Verleiher noch nicht im Besitz einer Verleiherlaubnis, wirkt der Verstoß gegen die Erlaubnisvorschrift des § 1 Abs. 1 AÜG schwerer als gegen das Verbot des § 1 b S. 1 AÜG. Unbestritten dient die Erlaubnisvorschrift mittelbar dem Schutz der Leiharbeitnehmer vor ausbeuterischen Arbeitsbedingungen wie z.b. der Missachtung von Arbeitsschutzvorschriften und bedarf ebenfalls einer konsequenten Durchsetzung.[519] Der schwerwiegende Verstoß gegen die eindeutige Erlaubnisvorschrift des AÜG rechtfertigt die Annahme, dass sich der Verleiher auch nach der Erteilung der Erlaubnis nicht gesetzeskonform verhält. Einem Gewerbetreibenden, der die Vorschriften des Erlaubnisrechts nach dem AÜG versehentlich missachtet, fehlen elementarste Rechtskenntnisse des Arbeitsrechts (Verstoß gegen arbeitsrechtliche Pflichten im Sinne von § 3 Abs. 1 Nr. 1 AÜG)[520], so dass von ihm nicht erwartet werden kann, dass er die ihm obliegenden Arbeitgeberpflichten erfüllt.[521] Die Erteilung einer Verleiherlaubnis ist in diesen Fällen zu versagen. Die Erteilung einer Auflage kommt in den Fällen in Betracht, in denen der illegal handelnde Verleiher aus nachvollziehbaren Gründen über eine Tatbestandsvoraussetzung der gewerbsmäßigen Arbeitnehmerüberlassung irrt, sei es über das Tatbestandsmerkmal gewerbsmäßig oder bei einem Verleih in das Bauhauptgewerbe darüber, ob der Entleihbetrieb dem Bauhauptgewerbe zuzurechnen ist oder nicht. Zu denken ist dabei auch an die Fälle der gelegentlichen entgeltlichen Überlassung von Arbeitnehmern zwischen Wirtschaftsunternehmen für einen bestimmten, einmaligen Zweck z.B. bei Arbeitsmangel im Verleihbetrieb oder bei kurzfristigen Ausfall von Stammarbeitskräften im Entleihunternehmen, die entgegen der hier vertretenen Auffassung[522] nach teilweiser Ansicht als nicht gewerbsmäßig einzustufen ist.[523] Wird der hier vertretenen Auffassung gefolgt, liegt eine gewerbsmäßige, gegen § 1 b S. 1 AÜG verstoßene, illegale Arbeitnehmerüberlassung vor, wenn ein von der Auftragslage her nicht ausgelasteter Betrieb des Baunebengewerbes (Schreinerhandwerksbetrieb) Arbeitnehmer für Dämmarbeiten an einen Betrieb des Bauhauptgewerbes verleiht, der einen umfangreichen Auftrag erhalten hat, den er wegen krankheitsbedingten Ausfalls von Arbeitnehmern mit eigenem Personal nicht ausführen kann. Es handelt sich um Wirtschaftsunternehmen (Gewerbebetrieb), so dass die Gewerbsmäßigkeit des Handelns zu vermuten ist.[524] Bei der verdeckten, illegalen Arbeitnehmerüberlas-

---

[518] Wie auch im sonstigen Gewerberecht, BVerwGE 42, S. 68.

[519] S. dazu vorherige Ausführungen.

[520] Vgl. Sandmann/Marschall, Anm. 18 zu § 3 AÜG. Die Verleiherpflichten nach den §§ 9 bis 11 AÜG zählen zu den arbeitsrechtlichen Pflichten des Verleihers.

[521] Vgl. dazu BSG, NZA 1992, S. 1007.

[522] S. dazu C III 1b) cc.

[523] Becker/Wulfgramm, Rdnr. 23 zu § 1 AÜG; Menting, S. 35 m.w.N.; BAG, Urt. v. 8.11.1978 EzAÜG, Nr. 50, BAG, Urt. v. 18.2.1988, EzAÜG, Nr. 267.

[524] S. dazu C III 1b) cc.

sung wird eine Auflage in der Regel nicht in Betracht kommen, weil jene keine Wirkung entfalten kann. Die getarnte illegale Arbeitnehmerüberlassung zeichnet sich dadurch aus, dass sie von den Beteiligten verdeckt vorgenommen wird, um die Überwachungsbehörden, wie die Bundesanstalt für Arbeit, zu täuschen. Ein Verleiher, der vor Erteilung der Erlaubnis in dieser Form bereits illegale Arbeitnehmerüberlassung betrieben hat, wird meistens auch gegen Vorschriften des Sozialversicherungs- und Steuerrecht verstoßen[525] und ist unzuverlässig.[526] Eine Ausnahme besteht für die Fälle, in denen die Vertragsparteien aus nachvollziehbaren Gründen irrtümlich vom Vorliegen eines Werkvertrages ausgegangen sind, in Wirklichkeit aber Arbeitnehmerüberlassung vorliegt. Es handelt sich dabei um problematische Grenzfälle, bei denen die rechtliche Einordnung des Vertrages, auch den Kontrollbehörden, Schwierigkeiten bereitet. Zu denken wäre an einen Werkvertrag, in dem die Vertragsparteien vereinbaren, dass der Werkunternehmer die bei einer Baumaßnahme (Rohbauarbeiten) anfallenden Abfälle z.B. Plastikfolien fortlaufend, umgehend in dafür vorgesehenen Behältern zu entsorgen hat. Auch wenn die Arbeitnehmer des Entsorgungsbetriebes nicht im einzelnen angewiesen werden, bestimmte Abfälle wegzunehmen, handelt es sich grundsätzlich um eine Tätigkeit, die nur weisungsabhängig ausgeübt werden kann. Die Tätigkeit der Arbeitnehmer des Entsorgungsbetriebes hängt von der Tätigkeit der Maurer, Putzer oder sonstigen Arbeiter auf der Baustelle und den von ihnen produzierten Abfällen ab, so dass insofern deren Eingliederung in den laufenden Baubetrieb erfolgt.[527] Diese Umstände sprechen gegen eine eigenständigen Werkleistung der Entsorgungsfirma und für das Vorliegen von Arbeitnehmerüberlassung.[528] Kann der Nachweis nicht geführt werden, dass die Beteiligten dass Werkvertragsrecht bewusst umgehen wollten, liegt ein Irrtum über das Vorliegen eines Werkvertrages vor, der allenfalls Auflagen durch die Erlaubnisbehörde rechtfertigt, aber nicht den vollständigen Entzug der Erlaubnis. Der Verleiher hat zwar in diesem Fall objektiv den Versagungstatbestand des § 3 Abs. 1 AÜG erfüllt, die subjektive Komponente des „sich Irrens" findet aber, wie bei den obigen Ausführungen zum Verleih mit Erlaubnis, im Rahmen der Würdigung der Schwere des Rechtsverstoßes (Verhältnismäßigkeitsgrundsatz) Berücksichtigung.

Eine weitere Ausnahme von dem Grundsatz bei einem erstmaligen Verstoß gegen das Leiharbeitsverbot gem. § 1 b S. 1 AÜG die Erteilung oder Verlängerung einer Erlaubnis zu versagen, besteht bei einer gewerbsmäßigen Arbeitnehmerüberlassung zwischen Betrieben des Bauhauptgewerbes, die unter die Ausnahmerege-

---

[525] S. dazu A II.

[526] Sandmann/Marschall, Anm. 16 zu § 3 AÜG m.w.N.

[527] Vgl. dazu Ulber, Rdnr. 137 zu § 1 AÜG.

[528] Eine andere Auffassung ist aber vertretbar; s. dazu die Entscheidung des BSG v. 11.2.1988 in AP Nr. 10 zu § 1 AÜG. Das BSG nahm das Vorliegen eines Werkvertrages für die Durchführung von Schiffsentladungen (Löschen, Sortieren und Palettieren von Tiefkühlfisch) an, weil der Auftragnehmer eine eigene Betriebsorganisation aufwies, die Arbeitnehmer des Vertragspartners selbständig tätig waren und nicht in den Betrieb des Auftraggebers eingegliedert worden sind.

lung des § 1 b S. 2 AÜG fallen. Da der verleihende und der entleihende Betrieb nach § 1 b S. 2 AÜG dem selben Rahmen- und Sozialkassentarifvertrag angehören müssen, sind Störungen des Arbeitsmarkes „Bau" und der Tarifeinheit im Baugewerbe nicht zu befürchten. Hat der verleihende Betrieb keine Verleiherlaubnis ist die Versagung der Erteilung einer Erlaubnis bei einem erstmaligen Verstoß gegen § 1 b S. 1 AÜG mangels Beeinträchtigung dieser Schutzzwecke unangemessen. Da jedoch gerade die Betriebe des Baugewerbes das Leiharbeitsverbot gem. § 1 b S. 1 AÜG kennen, ist davon auszugehen, dass ein gewerbsmäßiger Verleih zwischen Baubetrieben von den Beteiligten bewusst unter Verletzung der Erlaubnisvorschriften des AÜG erfolgt. Die Erteilung oder Verlängerung der Erlaubnis ist daher mit einer Auflage, z.B. Anzeige aller Verleihtätigkeiten, über einen Zeitraum von drei Monaten, zu verbinden.

b) Widerruf und Rücknahme einer bestehenden Erlaubnis

Ist der Verleiher im Besitz einer Erlaubnis besteht bei einer illegalen Arbeitnehmerüberlassung in das Bauhauptgewerbe für die Bundesanstalt für Arbeit (§ 17 AÜG) nach den §§ 4 und 5 AÜG die Möglichkeit, die Erlaubnis zurückzunehmen oder zu widerrufen. Es kommt darauf an, ob der Versagungsgrund des § 3 Abs. 1 Nr. 1 AÜG[529] bereits vor Erteilung der Erlaubnis vorgelegen hat, dann Rücknahme, oder erst danach eingetreten ist, dann Widerruf.[530] Bei Vorliegen eines Versagungsgrundes des § 3 Abs. 1 oder 2 AÜG hätte die Erlaubnis nicht erteilt werden dürfen. Die Erlaubnis ist in diesem Fall rechtswidrig[531] und kann unter den Voraussetzungen des § 4 AÜG, insbesondere unter Einhaltung der Jahresfrist ab Kenntnis des Rücknahmegrundes (§ 4 Abs. 3 AÜG), zurückgenommen werden.[532] Für den Widerruf ist bei einen Verstoß gegen das Leiharbeitsverbot in das Bauhauptgewerbe § 5 Abs. 1 Nr. 3 AÜG einschlägig, der ausdrücklich auf das Vorliegen eines Versagungstatbestandes abstellt. Treten nach Erteilung der Erlaubnis Tatsachen ein, welche die Erlaubnisbehörde berechtigen würden, die Erlaubnis zu versagen, kann die Erlaubnis für die Zukunft widerrufen werden. Bei beiden Vorschriften handelt es sich um Ermessensvorschriften. Die Rücknahme oder der Widerruf stehen jedoch nicht im freien Ermessen der Verwaltungsbehörde, sondern sind lediglich Ausdruck des Verhältnismäßigkeitsgrundsatzes.[533] Liegt Unzuverlässigkeit auf Grund eines bewussten, illegalen Verleihs in das Bauhauptgewerbe vor, z.B. durch Abschluss eines Scheinwerkvertrages, oder ein wiederholter Verstoß gegen § 1 b S. 1 AÜG, wird der Ermessensspielraum der

---

[529] Das Vorliegen von Versagungsgründen beim Verleiher nach § 3 Abs. 1 o. 2 AÜG bewirkt die Rechtswidrigkeit der Erlaubnis. s.dazu statt vieler Sandmann-Marschall, Anm. 4 zu § 4 AÜG

[530] Insofern entspricht das AÜG den inhaltsgleichen Regelung im VwVfG und dem SGB X.

[531] S. auch Ulber, Rdnr. 6 zu § 4 AÜG.

[532] Becker/Wulfgramm, Rdnr. 24 ff. zu § 4 AÜG.

[533] BT-DS VI/2303 S. 12, Amtliche Begründung zu § 4 Abs. 2 AÜG.

Bundesanstalt für Arbeit wegen der Schutzfunktion des AÜG insoweit reduziert, als daß die Erlaubnis zwingend zurückzunehmen (§ 4 Abs. 1 AÜG) oder zu widerrufen (§ 5 Abs. 1 Nr. 3,4 AÜG) ist.[534] Irrt sich der illegal handelnde Verleiher erstmalig über eine Tatbestandsvoraussetzung (Gewerbsmäßigkeit des Verleihs/Baugewerbebetrieb) des § 1 Abs. 1 oder 1 b S. 1 AÜG aus nachvollziehbaren Gründen, ist nachträglich[535] eine Auflage zu erteilen oder bei einem minder schweren Fall von Maßnahmen abzusehen.

c) Beweiserleichterung zugunsten der Erlaubnisbehörde

Hervorzuheben ist in diesem Zusammenhang noch, dass § 3 Abs. 1 AÜG im Eingangssatz eine Beweiserleichterung enthält. Es genügt *wenn Tatsachen die Annahme rechtfertigen,* dass einer der Versagungsgründe nach den Nummern 1 bis 6 vorliegt. Die Erlaubnisbehörde muss somit nicht das Vorliegen des Versagungsgrundes selbst, hier der Unzuverlässigkeit des Verleihers, beweisen, sondern nur diejenigen Tatsachen, die eine solche Annahme rechtfertigen (Vermutungswirkung).[536] Bloße Vermutungen, Gerüchte, Annahmen von Hörensagen oder theoretische Spekulationen genügen für Versagung der Erteilung oder der Verlängerung der Erlaubnis jedoch nicht.[537]Es genügt, wenn Tatsachen nachgewiesen werden, aus denen mit hinreichender Sicherheit auf die Unzuverlässigkeit des Verleihers, z.B. der Nachweis eines bewussten Verstoßes gegen das Bauhauptgewerbe,[538] geschlossen werden kann. Der Verleiher ist angehalten darzulegen, wie es zu dem Verstoß kam, ihn entlastende Gründe vorzubringen oder die Vermutung eines illegalen Verleihs in das Bauhauptgewerbe zu widerlegen. Ausreichend ist es, wenn Beweismittel vorliegen, wie beispielsweise Vergütungsabrechnungen für überlassene Arbeitnehmer oder stichhaltige Zeugenaussagen, aus denen sich berechtigterweise annehmen lässt, dass ein illegaler, gewerbsmäßiger Verleih in das Bauhauptgewerbe stattgefunden hat.[539]

Auch wenn bei einem bewussten Verleih von Arbeitnehmern, z.B. einer Zeitarbeitsfirma in das Bauhauptgewerbe, immer zugleich der Ordnungswidrigkeiten-

[534] Vgl. Sandmann/Marschall, Anm. 7 zu § 4.

[535] Eine bestehende Verleiherlaubnis kann auch nachträglich mit einer Auflage versehen werden. BSG, NZA 1989, S. 74.

[536] S. auch Schüren, Rdnr. 46 zu § 3 AÜG.

[537] Schüren, Rdnr. 53 zu § 3 AÜG m.w.N.

[538] S. dazu Ausführungen unter 3 a, der bewusste Verstoß gegen § 1 b S. 1 AÜG führt zwingend zur Annahme der Unzuverlässigkeit des Verleihers.

[539] Vgl. dazu Urt. des BayLSG v. 29.07.1986, EzAÜG, Bd. 3, Nr. 205, S. 213, wonach die Erlaubnisbehörde zu eine vollständigen Aufklärung des Sachverhaltes nicht verpflichtet ist oder das Vorliegen der Versagungsgründe (§ 3 Abs. 1 AÜG) beweisen muss, aber die festgestellten Tatsachen, welche die Annahme einer Versagung rechtfertigen, durch Arbeitsverträge und Arbeitsbücher urkundlich belegt sind.

Tatbestand des § 16 Abs. 1 Nr. 1 b AÜG erfüllt ist, kommt es nicht darauf an, inwieweit dieses Verhalten strafrechtlich oder im Sinne des Ordnungswidrigkeitenrechts bereits belangt worden ist. Entscheidend ist, ob die Tatsachen nachgewiesen sind, die einen Verstoß gegen § 1 b S. 1 AÜG und damit zwingend die Unzuverlässigkeit des Verleihers (Antragstellers) annehmen lassen.. Die Verwaltungsbehörde ist auf Grund der Beweiserleichterung nicht verpflichtet in eine umfassende Beweiswürdigung einzutreten, sondern kann die Versagung einer Erlaubnis auf einen Überlassungsvertrag stützen, aus dem sich ergibt, dass der Verleiher z.b. ein Installationsbetrieb für drei Wochen Arbeitnehmer an eine Hochbaufirma überlassen wollte. Aus dem Vertragsschluss ergibt sich lediglich die Absicht der Überlassung von Arbeitnehmern in das Bauhauptgewerbe. Der Überlassungsakt selbst ist damit noch nicht vollzogen worden. Aus dem Wortlaut des § 1 b S. 1 AÜG lässt sich aber entnehmen, dass die tatsächliche Überlassung von Arbeitnehmern verboten ist.[540] Die Beweiserleichterung in § 3 Abs. 1 S. 1 AÜG führt dazu, dass die Erlaubnisbehörden den tatsächlichen Überlassungsakt nicht nachweisen muss. Sie muss nicht beweisen, welche Arbeitnehmer namentlich tatsächlich, innerhalb des vertraglich vereinbarten Einsatzzeitraumes, für die Hochbaufirma tätig geworden sind. Es obliegt dem Verleiher, die Vermutung des illegalen Verleihs in das Bauhauptgewerbe zu entkräften. Gelingt es dem Verleiher nicht die Annahme der Verwaltungsbehörde zu widerlegen z.B. durch gegenteilige, schlüssige, glaubhafte Zeugenaussagen der Arbeitnehmer des Verleih- und Entleihbetriebes, die belegen, dass die Arbeitnehmer des Verleihbetriebes im Vertragszeitraum an anderen Orten als dem Entleihbetrieb eingesetzt waren oder der Entleihbetrieb andere Arbeitskräfte, als die des Verleihers, für die Ausführung der Arbeiten eingesetzt hat, greift der Vermutungstatbestand des § 3 Abs. 1 S. 1 AÜG ein und die Erlaubnisbehörde ist berechtigt, von einer illegalen Arbeitnehmerüberlassung in das Bauhauptgewerbe auszugehen. Auf ein Verschulden des Verleihers, wie bei § 16 Abs. 1 Nr. 1 b AÜG, kommt es bei einem Verstoß gegen § 1 b S. 1 AÜG nicht an. Daraus folgt, dass die Erlaubnis grundsätzlich zu versagen ist, wenn ein Verleiher irrig, ohne jegliches Unrechtsbewusstsein, gewerbsmäßig Arbeiter in das Bauhauptgewerbe verliehen hat. Der Verhältnismäßigkeitsgrundsatz wird in diesen Fällen aber die Erteilung bzw. Verlängerung einer Erlaubnis mit Auflagen gebieten.[541]

Die Vermutungsregel in § 3 Abs. 1 S. 1 AÜG ist für die Erlaubnisbehörde ein wichtiges Handlungsinstrumentarium, weil z.B. der Nachweis der tatsächlichen Beschäftigung, d.h. die Ermittlung der Namen und der Einsatzzeiten der Leiharbeitnehmer, für die Erlaubnisbehörde, wie die vorherigen Ausführungen[542] gezeigt haben sehr schwierig ist. Hat der Antragsteller eine strafrechtliche oder buß-

---

[540] S. die Ausführungen zum Arbeitsvertrag zwischen Verleiher und Leiharbeitnehmer unter C VIII 1a).

[541] S. dazu oben. C VIII 3a).

[542] S. z.B. die Ausführungen unter IX 1c). Die Baustellenkontrollen liefern lediglich Momentaufnahmen.

geldbewehrte, einschlägige Handlung begangen, ist die Reichweite der Beweiserleichterung des § 3 Abs. 1 S. 1 AÜG umstritten. Nach einer Ansicht muss die Erlaubnisbehörde bei der Prüfung der Unzuverlässigkeit die Straf- und Bußgeldakten hinzuziehen und die darin enthalten Feststellungen rechtlich würdigen, um sich ein eigenes Bild vom Verhalten des Antragstellers (Verleihers) machen zu können.[543] Nach anderer Ansicht genügt die alleinige Tatsache der Begehung einer Straftat bzw. Ordnungswidrigkeit, wie sie sich z.b. aus einem Strafregisterauszug ergibt, um einen Versagungsgrund anzunehmen.[544] Zunächst ist zwischen den rechtskräftigen Entscheidungen und den nicht rechtskräftigen Urteilen und Bußgeldbescheiden zu differenzieren. Bei den nicht rechtskräftigen Entscheidungen ist zu berücksichtigen, dass der Verurteilte bzw. Betroffene Rechtsmittel gegen das Urteil oder den Bußgeldbescheid einlegen kann. Legt beispielsweise der Betroffene gegen den, gegen ihn auf Grund des § 16 Abs. 1 Nr. 1 b AÜG erlassenen Bußgeldbescheid Einspruch ein, entscheidet über diesen Einspruch das Amtsgericht in dessen Bezirk die Verwaltungsbehörde ihren Sitz hat (§ 68 Abs. 1 OWiG). Hebt das Amtsgericht den Bußgeldbescheid auf, weil der Strafrichter, entgegen der Auffassung der Verwaltungsbehörde, das Vorliegen eines Werkvertrages anstelle von Arbeitnehmerüberlassung für bewiesen hält oder stellt er das Verfahren z.B. nach § 153 Abs. 1 StPO wegen geringer Schuld ein, hat das keine unmittelbaren, rechtsverbindlichen Auswirkungen auf eine von der Erlaubnisbehörde (Verwaltungsbehörde) getroffene Versagung. Hat die Verwaltungsbehörde ihre Entscheidung lediglich auf den Bußgeldbescheid bzw. die Bestrafung gestützt, würde damit der sachliche Grund entfallen, auf den die Erlaubnisbehörde ihre Vermutung der Unzuverlässigkeit gestützt hat, was wiederum zur Rechtswidrigkeit der Versagung führen könnte. In diesem Fall müsste sich die Erlaubnisbehörde erneut mit dem Sachverhalt und auch mit dem Inhalt der Bußgeldakten befassen, um die „Unzuverlässigkeit" des Antragstellers (Verleihers) beurteilen zu können. Außerdem kann es Einzelfällen einen langen Zeitraum in Anspruch nehmen (sechs Monate bis zu ein Jahr) bis das Amtsgericht über den Einspruch entschieden hat. Wegen einer zügigen Verfahrensabwicklung und aus Gründen der Gleichbehandlung aller Fälle (Art. 3 GG) sollte die Erlaubnisbehörde die vorliegenden Tatsachen in eigener Verantwortung, von Beginn des Verwaltungsverfahrens an, auf das Vorliegen eines Versagungsgrundes, hier der Unzuverlässigkeit, hin prüfen. Die Erlaubnisbehörde ist nach der erstgenannten Ansicht zwar an die Sachverhaltsfeststellungen des Strafgerichts[545] gebunden, nicht aber an die Entscheidung und die rechtliche Würdigung des Strafgerichtes. Für die Versagung nach § 3 Abs. 1 Nr. 1 AÜG ist die Rechtsansicht der Erlaubnisbehörde und bei Einlegen eines Rechtsmittels gegen die Versagung, die der zuständigen Sozialgerichte entscheidend (§ 51 SGG i.V.m. § 17 AÜG). Auch bei der Prüfung der Un-

---

[543] So Franßen/Haesen, Rdnr. 13 AÜG zu § 3 AÜG.

[544] So Sandmann/Marschall, Anm. 4 zu § 3 AÜG.

[545] S. Franßen/Haesen, Rdnr. 13 zu § 3 Abs. 2 Nr. 1 a AÜG, der § 35 Abs. 3 S. 3 GewO analog anwendet.

zuverlässigkeit im Sinne des § 35 Abs. 1 der Gewerbeordnung würdigt die Erlaubnisbehörde (Gewerbeamt) die vorliegenden Tatsachen bzw. Versagungsgründe in eigener Verantwortung,[546] weil bei der Prüfung der „Unzuverlässigkeit" eines Antragstellers dessen Verhalten und nicht dessen Bestrafung zu bewerten ist.
Entscheidend für die Beurteilung der „Zuverlässigkeit" im Sinne der GewO sind
die tatsächlichen Feststellungen des Strafrichters.[547] Diese Grundsätze sind auf
den Versagungstatbestand des § 3 Abs. 1 Nr. 1 AÜG übertragbar, weil es auch
hier auf die Persönlichkeit des Verleihers ankommt.[548] Liegt ein rechtskräftiger
Bußgeldbescheid nach § 16 Abs. 1 b AÜG oder ein rechtskräftiges Strafurteil,
wegen z.b. illegaler Überlassung von ausländischen Arbeitnehmern in das Bauhauptgewerbe durch einen Verleiher ohne Verleiherlaubnis (§ 15 Abs. 1 AÜG)
vor, sollte die Erlaubnisbehörde aus eigener Verantwortung den Sachverhalt im
Hinblick auf die Persönlichkeit des Antragstellers (Verleihers) nochmals rechtlich
würdigen, um in allen Fällen, mit oder ohne rechtskräftige Bestrafung, einheitlich
zu entscheiden und sich nicht bei ihrer Entscheidung an die Rechtsauffassung und
Würdigung des Strafrichters binden zu lassen. Außerdem ist es durchaus möglich,
dass ein Antragsteller wegen fahrlässigem Verleih in das Bauhauptgewerbe (§ 16
Abs. 1 Nr. 1 b AÜG) einen Bußgeldbescheid erhält, die Erlaubnisbehörde die
Verlängerung der Erlaubnis aus den unter oben genannten Gründen aber nicht
versagt, sondern die Erlaubnis unter Auflagen erteilt.[549] Um diese Differenzierung
vornehmen zu können, ist es erforderlich, dass sich die Erlaubnisbehörde mit den
dem Bußgeldbescheid zugrundeliegenden, tatsächlichen Feststellungen befasst.

d) Zusammenfassung

Ein Verleiher, der gegen das Leiharbeitsverbot nach § 1 b S. 1 AÜG verstößt, ist
unzuverlässig. Eine konsequente Anwendung des § 3 Abs. 1 Nr. 1 AÜG durch die
Erlaubnisbehörde trägt zur effektiven Durchsetzung und Beachtung des Leiharbeitsverbots gem. § 1 b S. 1 AÜG bei. Auch die bestehenden Rechtsunsicherheiten bei der Auslegung des § 1 b S. 1 AÜG stehen einer konsequenten Handhabung nicht entgegen. Auf Grund der Vielzahl der möglichen Fallgestaltungen einer Arbeitnehmerüberlassung, lassen sich Rechtsunsicherheiten nicht vermeiden.
Die Erlaubnisbehörde kann vor dem Hintergrund des Verhältnismäßigkeitsgrundsatzes das Instrument der „Auflage" nutzen, um das Ziel der Beachtung des Leiharbeitsverbots zu erreichen. Die Beweiserleichterung in § 3 Abs. 1 S. 1 AÜG ist
für die Erlaubnisbehörde in wichtiges Handlungsinstrument, um illegale handelnde Verleiher aus dem Verleihgewerbe auszuschließen und trägt auf diese Weise
zur Beachtung des Leiharbeitsverbots gem. § 1 b S. 1 AÜG bei.

---

[546] S. dazu BVerwGE 24, S. 34 ff, S. 36.

[547] BVerwG v. 17.01.1964, GewArch 64, S. 113.

[548] Vgl. Becker/Wulfgramm, Rdnr. 15 zu § 3 AÜG.

[549] S. dazu C VIII 3a).

IX. Die repressiven Folgen für Entleiher, Verleiher und Leiharbeitnehmer im Sinne des Ordnungswidrigkeiten- und Strafrechts

Um Verstöße gegen das Leiharbeitsverbot gem. § 1 b S. 1 AÜG zu unterbinden, ist der Bundesanstalt für Arbeit durch den Gesetzgeber die Möglichkeit eingeräumt worden, illegales Handeln der Verleiher mittels Bußgeldern zu sanktionieren (§ 16 Abs. 1 Nr. 1 b AÜG). Wie die bisherigen Ausführungen zeigen, sind die vertraglichen Ausprägungen illegaler Arbeitnehmerüberlassung in das Bauhauptgewerbe zahlreich und vielgestaltig. Die unmittelbaren Verstöße gegen das Arbeitnehmerüberlassungsrecht werden in den §§ 15, 15 a und 16 AÜG sanktioniert. Die repressiven Konsequenzen für die beteiligten Verleiher und Entleiher richten sich nach der jeweiligen Fallgestaltung der illegalen Arbeitnehmerüberlassung. Gerade bei der „verdeckten" Arbeitnehmerüberlassung missachtet der illegal handelnde Verleiher neben dem AÜG häufig weitere Strafvorschriften[550], auf die in diesem Zusammenhang auch eingegangen wird. Das Leiharbeitsverbot nach § 1 b S. 1 AÜG bezweckt u.a. den illegal handelnden Verleihern ein Betätigungsfeld zu nehmen, auf dem sie sich vor Erlass des § 1 b S. 1 AÜG ihren sozialversicherungsrechtlichen und steuerlichen Pflichten entziehen konnten. Die Missachtung jener Pflichten ist in weiteren Strafvorschriften, wie beispielsweise in § 266 a StGB (Nichtabführen der Sozialversicherungsbeiträge), in § 263 StGB (Betrug zu Lasten der Einzugsstelle der Sozialversicherungsträger), in §§ 370, 380 AO (Steuerhinterziehung) und bei dem illegalen Verleih von ausländischen Arbeitnehmern, die nicht im Besitz der erforderlichen Arbeitsgenehmigung sind, nach dem Ausländergesetz unter Strafe gestellt.

1. Allgemeine Voraussetzungen zu den Ordnungswidrigkeittatbeständen

Nach § 16 AÜG werden vom Gesetzgeber festgelegte, illegale (unter Verstoß gegen die Vorschriften des AÜG erfolgte) Verhaltensweisen der Verleiher und Entleiher mit einem Bußgeld bedroht. Der Verstoß gegen das Leiharbeitsverbot gem. § 1 b S. 1 AÜG kann nach § 16 Abs. 1 Nr. 1 b AÜG i.V.m. § 16 Abs. 2 AÜG mit einem Bußgeld bis zu 25.000,- Euro geahndet werden. Um Verleiher von einem illegalen Verleih in das Bauhauptgewerbe abzuschrecken, ist nicht allein die Existenz der bußgeldbewehrten Norm ausreichend. Wie die Erfahrungsberichte an die Bundesregierung über die Anwendung des AÜG zeigen, lässt sich eine Vielzahl der Verleiher nicht von der bestehenden Verbotsnorm des § 1 b S. 1 AÜG in ihrem Handeln beeinflussen.[551] Erforderlich ist daher, dass die Einhaltung des § 1 b S. 1 AÜG kontrolliert wird und die Verstöße gegen das AÜG und andere relevante Strafvorschriften geahndet werden, um die illegal handelnden Verleiher zu einem gesetzeskonformen Verhalten zu bewegen und allgemein die Verleiher

---

[550] S. dazu S A II.

[551] S. beispielhaft BTDS 14/4220, S. 29; durch die verstärkte Kontrolltätigkeit der Bundesanstalt für Arbeit und den Hauptzollämtern im Baubereich wurden insbesondere in diesem Bereich zunehmend Anhaltspunkte für illegale Arbeitnehmerüberlassungen festgestellt.

(gewerbliche Verleihfirmen, Mischunternehmen, Baubetriebe) von illegalen Verhaltensweisen abzuhalten. Die nachstehenden Ausführungen befassen sich mit den rechtlichen und organisatorischen Problemen der Verfolgungsbehörden, die illegale Arbeitnehmerüberlassung unter Verstoß gegen das AÜG und anderer gesetzlicher Bestimmungen nachzuweisen. Des weiteren wird das breite Spektrum der repressiven Normen aufgezeigt, die der Gesetzgeber erlassen hat, um einer illegalen Arbeitnehmerüberlassung entgegenzuwirken.

a) Zuständigkeiten der Verfolgungsbehörden

Für die Verfolgung und Ahndung einer Ordnungswidrigkeit gem. § 16 Abs. 1 Nr. 1 b AÜG ist das Landesarbeitsamt sachlich zuständig.[552] Die örtliche Zuständigkeit des Landesarbeitsamtes richtet sich nach dem Bezirk, in dem der Verleiher seinen Sitz hat.[553] Verleiht z.b. eine gewerbliche Zeitarbeitsfirma Bauarbeiter zur Verrichtung von Maurerarbeiten an eine Hochbaufirma, deren Sitz in Hamburg ist, ist das für die Länder Schleswig-Holstein und Hamburg gemeinsam zuständige Landesarbeitsamt Nord mit Sitz in Kiel sachlich und örtlich für die Ahndung der Ordnungswidrigkeit zuständig.

b) Aufklärung des Sachverhaltes

Die Landesarbeitsämter können auf unterschiedlichen Wegen von dem Sachverhalt der illegalen Arbeitnehmerüberlassung in das Baugewerbe Kenntnis erlangen (sog. Anfangsverdacht). Die Verleiher, die im Besitz einer Erlaubnis der Bundesanstalt für Arbeit sind, unterstehen hinsichtlich der Einhaltung der Vorschriften des AÜG auch ihrer Kontrolle (§ 7 AÜG). Anhaltspunkte für einen Verstoß gegen § 1 b S. 1 AÜG können sich während einer Überprüfung der vom Verleiher vorgelegten Geschäftsunterlagen nach § 7 Abs. 2 AÜG, zu denen die Überlassungsverträge, die Leiharbeitsverträge, Korrespondenz mit Vertragspartnern, Behörden, sowie Lohnlisten, Geschäftsbücher, Belege für die Abführung von Sozialversicherungsbeiträgen und Steuerbescheide gehören[554], ergeben oder im Wege einer behördlichen Nachschau nach § 7 Abs. 3 AÜG. Nach § 7 Abs. 3 AÜG sind in begründeten Einzelfällen, die von der Erlaubnisbehörde (Bundesanstalt für Arbeit) beauftragten Personen befugt, Grundstücke und Geschäftsräume des Verleihers zu betreten, um dort Prüfungen vorzunehmen. Ergibt sich aus einem Überlassungsvertrag der Zeitarbeitsfirma (gewerblicher Verleiher, dessen Hauptzweck die Überlassung von Arbeitnehmern ist), die Überlassung von Bauarbeitern in einen Betrieb des Bauhauptgewerbes, ist ein Verstoß gegen § 1 b S. 1 AÜG zu

---

[552] S. RdErl. 90/82 v. 21.04.1982, Nr. 2.13 zu § 228 Abs. 1 Nr. 3 AFG (ANBA 1982,, S. 1568 ff).

[553] S. RdErl 90/82, wie unter 4, Nr. 2.16.

[554] Vgl. statt vieler Schüren, Rdnr. 30 zu § 7 AÜG m.w.N.

vermuten und das sachlich und örtlich zuständige Landesarbeitsamt wird ein Er-mittlungsverfahren einleiten.[555]

Nach § 18 AÜG ist die Bundesanstalt für Arbeit zur Zusammenarbeit mit den mit der Bekämpfung der illegalen Beschäftigung betrauten Behörden wie z.b. den Finanzbehörden, den Trägern der Unfallversicherung und den Trägern der Krank-versicherung als Einzugstellen für die Sozialversicherungsbeiträge[556] verpflichtet. Im Gegenzug sind andere Behörden z.b. die Ausländerbehörden (§ 79 Abs. 1 Nr. 3 AuslG) verpflichtet, illegale Arbeitnehmerüberlassung der Bundesanstalt für Arbeit anzuzeigen und unter Beachtung des Datenschutzes (§ 35 SGB I) über die konkreten Tatsachen zu informieren, die auf einen Verstoß gegen § 16 Abs. 1 Nr. 1 b AÜG schließen lassen.[557] Zur illegalen Arbeitnehmerüberlassung zählt nun-mehr unstreitig auch ein Verstoß gegen § 16 Abs. 1 Nr. 1 b AÜG.[558] Die Landes-arbeitsämter können somit auch auf diesem Weg von einem Verstoß gegen § 1 b S. 1 AÜG erfahren.

Des weiteren können die Außendienstmitarbeiter der Arbeitsämter während einer Baustellenkontrolle oder einer Kontrolle der Lohn- und Meldeunterlagen oder vergleichbarer Unterlagen bei einem Arbeitgeber nach den §§ 304, 305 SGB III Anhaltspunkte für einen Verstoß gegen § 1 b S. 1 AÜG aufdecken. Die Unterrich-tungspflicht der Arbeitsämter gegenüber den Landesarbeitsämtern ergibt sich aus § 308 Abs. 3 Nr. 2 SGB III. Schließlich erhalten die Landesarbeitsämter auch Hinweise auf Verstöße gegen § 1 b S. 1 AÜG aus der Bevölkerung, von betroffe-nen Leiharbeitnehmern oder Betriebsratsmitgliedern des Entleihbetriebes.[559]

c) Probleme der Beweisführung

Die Landesarbeitsämter erhalten die Hinweise, die auf einen Verstoß gegen § 1 b S. 1 AÜG schließen lassen, aus verschiedenen Quellen. Die Informationen aus der Bevölkerung und von anderen Behörden sind vielfach unpräzise, so dass die Ver-folgungsbehörden einen Verstoß gegen § 16 Abs. 1 Nr. 1 b AÜG allein auf Grund der Hinweise nicht nachweisen können.[560] Die den Sachverhalt einer illegalen Arbeitnehmerüberlassung erfassenden Mitarbeiter der Arbeitsämter oder anderer

---

[555] Zwischen den einzelnen Dienststellen der Bundesanstalt für Arbeit und Abteilungen innerhalb der Dienststelle besteht eine Unterrichtungspflicht nach § 308 Abs. 3 Nr. 2 SGB III.

[556] S. BT-DS 9/847, S. 10.

[557] Vgl. zum Umfang der Unterrichtungspflicht , Schüren, Rdnr. 34, 35 zu § 18 AÜG.

[558] Da das Leiharbeitsverbot in das Baugewerbe nunmehr nicht in § 12 a AFG und der damit verbundene Owi-Tatbestand in § 228 Abs. 1 Nr. 3 AFG, sondern in § 1 b S. 1 AÜG und § 16 Abs. 1 Nr. 1 b AÜG geregelt sind, greift § 18 AÜG seinem Wortlaut nach unmittelbar ein.. Die Zusammenarbeit mit anderen Behörden erstreckt sich daher auch auf die Mitteilung von Verstößen gegen § 1 b S. 1 AÜG; z.Ztpkt. der Gültigkeit des § 228 Abs. 1 Nr. 3 AFG war die Pflicht zur Zusammenarbeit im Hinblick auf die Verfolgung und Ahndung von Verstößen gegen § 12 a AFG problematisch; s. Schüren, Rdnr. 13 zu § 18 AÜG.

[559] S. dazu Krone, S. 145.

[560] S. dazu Krone, S. 155.

124

Behörden selektieren ihre Erkenntnisse, so dass z.b. ein für die Verfolgung des Verstoßes gegen § 16 Abs. 1 Nr. 1 b AÜG erforderlicher Gesichtspunkt mangels des nötigen Hintergrundwissens[561] von der ermittelnden Person als rechtlich nicht erheblich bewertet und der Verfolgungsbehörde nicht mitgeteilt wird. Die erstmaligen Feststellungen zum Sachverhalt einer illegalen Arbeitnehmerüberlassung durch die Mitarbeiter der Arbeitsämter oder anderer Behörden, einschließlich der damit verbundenen Beweisführung, sind aber für eine erfolgreiche Arbeit der Verfolgungsbehörden von entscheidender Bedeutung. Nach dem Abschluss einer Baustellenüberprüfung lassen sich meistens keine ergiebigen Feststellungen mehr treffen, weil u.U. bis dahin existierendes Beweismaterial von den Betroffenen vernichtet oder verfälscht wird. Die zum Zeitpunkt einer durch das Hauptzollamt durchgeführten Kontrolle nach den §§ 304 ff SGB III vorgefundenen Beweismittel eines Verstoßes gegen § 1 b S. 1 AÜG, wie z.b. Stundenzettel, Arbeits- und Überlassungsverträge und Gehaltsabrechnungen, müssen daher durch die Ermittlungsbehörde (hier: Hauptzollamt) umgehend, z.B. durch deren Beschlagnahme, gesichert und dem zuständigen Landesarbeitsamt übersandt werden.[562]

Problematisch könnte sein, dass den Ermittlungsbehörden, wie z.b. dem Hauptzollamt, die Sicherung von Beweismitteln im Wege einer Beschlagnahme nach den §§ 46 Abs. 2 OWiG i.V. m. 94 Abs. 1 StPO grundsätzlich nur im Rahmen der eigenen Verfolgungszuständigkeit möglich ist. Die Vornahme von Ermittlungshandlungen wie die der Sicherstellung und Beschlagnahme ist an gesetzliche Voraussetzungen geknüpft und dürfen nur von bestimmten, gesetzlich legitimierten Mitarbeitern einer Behörde vorgenommen werden. Nach § 46 Abs. 2 OWiG hat die Verfolgungsbehörde, soweit das OWiG nichts anderes bestimmt, im Bußgeldverfahren die selben Rechte und Pflichten wie die Staatsanwaltschaften bei der Verfolgung von Straftaten. Das Bußgeldverfahren beginnt mit seiner Einleitung (§§ 46 Abs. 1 OWiG, 152 Abs. 2 StPO). Nach der Einleitung eines Ermittlungsverfahrens kann die für die Verfolgung der Ordnungswidrigkeit sachlich und örtlich zuständige Ermittlungsbehörde bei Gefahr im Verzuge (§ 105 Abs. 1 StPO) nach den §§ 102 ff StPO durchsuchen und Beweismaterialien sicherstellen (§ 94 Abs. 1 StPO) bzw., bei Weigerung des Betroffenen, Unterlagen beschlagnahmen (§ 94 Abs. 2 StPO). Zur Wahrnehmung dieser Rechte muss die Verwaltungsbehörde für die Verfolgung der Ordnungswidrigkeit, d.h. für die Einleitung und Durchführung des Bußgeldverfahrens sachlich und örtlich zuständig sein.[563] Die Zuständigkeit zur Verfolgung umfasst die selbständige, eigenverantwortliche Ermittlungstätigkeit der Verwaltungsbehörde und die unmittelbare, verantwortli-

---

[561] Vgl. dazu Ausführungen bei Krone, S. 154.

[562] Die Unterrichtungspflicht erstreckt sich auch auf die Übersendung und den Austausch von Unterlagen, weil eine Form für die Unterrichtung nicht vorgeschrieben ist. S. dazu Sandmann/Marschall, Anm. 43 zu § 18 AÜG.

[563] § 35 Abs. 1 und 2 OWiG bestimmen das Vorrecht der Verwaltungsbehörde zur Verfolgung und Ahndung von Ordnungswidrigkeiten., s. auch Göhler, Rdnr. 1 zu § 35 OWiG. Zur sachlichen und örtlichen Zuständigkeit der Verfolgungsbehörde s. beispielhaft, Lemke, Rdnr. 10 zu § 46 OWiG.

che Mitwirkung an einer gerichtlichen Entscheidung über die Beschuldigung durch Unterbreiten des Sachverhaltes[564] und ergibt sich für Verstöße gegen § 16 Abs. 1 Nr. 1 b AÜG aus dem Gesetz. Verfolgungsbehörde eines Verstoßes gegen § 16 Abs. 1 Nr. 1 b AÜG ist nach § 16 Abs. 3 AÜG i.V. m. dem RdErl. 90/82 das örtlich zuständige Landesarbeitsamt, in dem der Verleiher seinen Sitz hat.[565] Die sachliche Zuständigkeit des Landesarbeitsamtes ergibt sich aus § 36 Abs. 1 Nr. 1 OWiG i.V.m. § 16 Abs. 3 AÜG. Das Landesarbeitsamt ist somit befugt, ein Bußgeldverfahren wegen Verstoßes gegen § 16 Abs. 1 Nr. 1 b AÜG nach den §§ 46 Abs. 1, 152 Abs. 2, 160 StPO einzuleiten und die erforderlichen Beweismittel sicherzustellen und zu beschlagnahmen. Andere Behörden, wie z.B. das Hauptzollamt sind zur Beschlagnahme und Sicherstellung von Unterlagen befugt, die sie für die Verfolgung von Ordnungswidrigkeiten in eigener Zuständigkeit, z.B. Verstöße nach § 5 Abs. 1 Nr. 1a AEntG (Nichtzahlung des Mindestlohnes), benötigen. Die Handlungsmöglichkeiten anderer Behörden, z.B. des Hauptzollamtes könnten somit auf die Übersendung von Kopien beschränkt sein, die sie im Rahmen der für die Verfolgung „eigener" Ordnungswidrigkeiten (z.B. nach § 5 Abs. 1 Nr. 1a AEntG) sichergestellt oder beschlagnahmt haben. Die sachliche Zuständigkeit. des Hauptzollamtes für die Sicherung von Beweismitteln, die dem Nachweis eines Verstoßes gegen § 1 b S. 1 AÜG (z.B. eines Überlassungsvertrages) dienen, ergibt sich aber aus den Zusammenarbeitsvorschriften für die mit der Bekämpfung der illegalen Beschäftigung betrauten Behörden. Die Zusammenarbeitsvorschriften regeln eine spezielle Form der Amtshilfe, die aber entgegen den Vorschriften über die allgemeine Amtshilfe kein Ersuchen der begehrenden Stelle voraussetzen. Die Unterrichtungspflicht greift nach den durch das BillBG neu eingeführten Vorschriften über die gegenseitige Unterrichtung der an der Bekämpfung illegaler Beschäftigung beteiligten Behörden, zu denen auch die Hauptzollämter gehören (§ 18 Abs. 1 Nr. 7 AÜG, § 308 Abs. 3 AÜG), unmittelbar ein.[566] Nach § 308 Abs. 3 S. 1 Nr. 2 SGB III muss das Hauptzollamt dem Landesarbeitsamt die für das Vorliegen einer illegalen Arbeitnehmerüberlassung unter Verstoß gegen § 1 b S. 1 AÜG sprechenden Anhaltspunkte mitteilen. Die gesetzliche Bestimmung über die Zusammenarbeit der Bundesanstalt für Arbeit (§ 18 Abs. 1 AÜG) mit anderen mit der illegalen Beschäftigung betrauten Behörden trifft, mit Ausnahme der Unterrichtungspflichten, keine Aussagen über die Formen oder den Inhalt der Kooperation. Die Unterrichtung nach § 18 Abs. 2 AÜG kann schriftlich, durch Übersendung von Unterlagen, mündlich oder fernmündlich erfolgen.[567] Auf Grund der Kooperationsvorschrift des § 18 Abs. 1 AÜG sind gemeinsame Baustellenkontrollen oder Überprüfungen von Betriebstätten der in § 18 Abs. 1 AÜG genannten Behörden zulässig, sowie die Durch-

---

[564] Begr. zu § 27 EOWiG, Regierungsentwurf eines Gesetzes über Ordnungswidrigkeiten mit Begründung (BT-DS V/1269).

[565] S. C IX 1a).

[566] Vgl. dazu Sandmann/Marschall, Anm. 43 zu § 18 AÜG.

[567] Sandmann/Marschall, Anm. 43 zu § 18 AÜG.

126

führung gemeinsamer Durchsuchungen.[568] Um die für einen Verstoß gegen § 1 b S. 1 AÜG sprechenden Anhaltspunkte zu untermauern, ist auch die Übersendung der den Anfangsverdacht belegenden Unterlagen erforderlich. Weigert sich der Betroffene diese herauszugeben, bleibt den Mitarbeitern anderer Behörden, z.B. des Hauptzollamtes, nur der Weg der Beschlagnahme. Insoweit besteht für die Mitarbeiter des Hauptzollamtes die Kompetenz zur Sicherstellung oder Beschlagnahme derjenigen Unterlagen, die sie zur Erfüllung der ihnen obliegenden Aufgabe nach § 308 Abs. 1 SGB III benötigen. Die reine Sachverhaltsschilderung durch die Mitarbeiter der Ermittlungsbehörde genügt nicht, um dem Auftrag einer effektiven Zusammenarbeit nach § 308 Abs. 1 SGB III gerecht zu werden. Den Beweisanforderungen, die an die Landesarbeitsämter zum Nachweis eines Verstoßes gegen § 1 b S. 1 AÜG gestellt werden, muss Rechnung getragen werden, indem den Ermittlungsbehörden auch die Durchführung der dazu nötigen Ermittlungshandlungen zugebilligt wird. Voraussetzung ist aber, dass das Verwaltungshandeln grundsätzlich in den Zuständigkeitsbereich der beteiligten Behörde fällt und rechtmäßig ist. Am Beispiel der Ermittlungstätigkeit des Hauptzollamtes verdeutlicht, bedeutet dies: Das Hauptzollamt ist zur Vornahme von Außenprüfungen, Personalienfeststellung der angetroffenen Arbeitnehmer, einschließlich der Einsichtnahme in die Geschäfts- und Lohnunterlagen ausländischer Arbeitgeber nach den §§ 304 ff SGB III berechtigt, um z.B. die Einhaltung der Zahlung des Mindestlohnes nach dem AEntG i.V.m. dem jeweils gültigen Tarifvertrag zur Regelung eines Mindestlohnes überprüfen zu können. Finden die Mitarbeiter des Hauptzollamtes bei einer Überprüfung Anhaltspunkte für eine illegale Arbeitnehmerüberlassung in das Bauhauptgewerbe, z.B. einen Überlassungsvertrag, aus dem hervorgeht, dass der ausländische (englische) Arbeitgeber die Leiharbeitnehmer an eine deutsche Baufirma gegen Entgelt überlassen hat oder stellen sie fest, dass die englischen Arbeitnehmer mit den deutschen Arbeitnehmern zusammenarbeiten und den Weisungen des Poliers der deutschen Baufirma unterstehen, sind die Mitarbeiter des Hauptzollamtes berechtigt nach § 308 Abs. 1 SGB III Zeugenvernehmungen durchzuführen und Unterlagen für das zuständige Landesarbeitsamt sicherzustellen. Die Übersendung der Unterlagen erfolgt auf Grund des § 308 Abs. 3 Nr. 2 SGB III. Eine Verpflichtung der Mitarbeiter anderer Behörden die Ermittlungshandlungen durchzuführen, lässt sich allerdings dem Gesetzeswortlaut der Vorschriften über die Zusammenarbeit der Verfolgung illegaler Beschäftigung betrauten Behörden nicht entnehmen. Die Unterrichtungspflichten in den jeweiligen gesetzlichen Normen z.B. § 308 Abs. 3 Nr. 2 SGB III und § 18 Abs. 2 AÜG beschränken sich auf Anhaltspunkte, die sich ergeben. Eine gesetzliche, ausdrückliche Verpflichtung zur Vornahme von Ermittlungshandlungen fehlt. Vielmehr beschränkt sich die Unterrichtungspflicht auf Anhaltspunkte, die nicht gezielt erforscht werden, sondern der Ermittlungsbehörde im Zusammenhang mit ihrer Aufgabenerfüllung bei Gelegenheit oder zufällig bekannt werden. Im übrigen wäre eine Verpflichtung der Zusammenarbeitsbehörden zur Sicherung

---

568 Ulber, Rdnr. 16 zu § 18 AÜG.

von Beweisen praktisch nicht umsetzbar. Die Sicherstellung von Beweisen obliegt der Einschätzung der Ermittlungsbehörde und hängt davon ab, inwieweit diese mit den Tatbestandsvoraussetzungen einer Ordnungswidrigkeit nach § 16 Abs. 1 Nr. 1 b AÜG vertraut ist. Auf Grund der komplexen Rechtsmaterie im Bereich der illegalen Beschäftigung kann nicht erwartet werden, dass die Mitarbeiter einer Zusammenarbeitsbehörde über umfassende und präzise Rechtskenntnisse verfügen, um die für den Erlass eines Bußgeldbescheides notwendigen Beweise umfassend und zeitnah zu erheben. Die Zusammenarbeit zwischen den Behörden zur Bekämpfung der illegalen Beschäftigung würde eher beeinträchtigt werden, wenn eine Behörde der anderen die unzureichende Beweiserhebung vorwerfen könnte und das gesetzgeberische Ziel ins Gegenteil verkehren.

Vor Erlass der Zusammenarbeitsvorschriften wurde die Beschlagnahme von Unterlagen auf die sinngemäße Anwendung der §§ 46 Abs. 1 und 2, 53 Abs. 2 OWiG i.V.m. 108 StPO gestützt. Die Beweismittel, die bei einer im Zuständigkeitsbereich des Hauptzollamtes durchgeführten Diensthandlung, hier die Außenprüfung nach den §§ 304 ff SGB III, zufällig entdeckt wurden und den Verdacht auf eine Ordnungswidrigkeit ergaben, die in den Zuständigkeitsbereich einer anderen Verfolgungsbehörde, hier des Landesarbeitsamtes, fiel, konnten von den Mitarbeitern des Hauptzollamtes einstweilen in Beschlag genommen werden. Die Beweismittel waren anschließend an die zuständige Verfolgungsbehörde (Bußgeldbehörde) ohne weitere Ermittlungen abzugeben.[569] Außerdem musste es sich um eine rechtmäßige Diensthandlung handeln. Die Sicherung von Beweismitteln hat somit nunmehr durch die Zusammenarbeitsvorschriften eine ausdrückliche Regelung erfahren.

Neben den Außendienstmitarbeitern des Hauptzollamtes oder der Arbeitsämter sind selbstverständlich auch die bei einer Baustellenkontrolle nach §§ 304 ff SGB III häufig anwesenden Beamten des Polizeidienstes und die Polizeibehörde zur Einleitung eines Ermittlungsverfahrens mit den sich daraus ergebenden Rechten (z.B. der Sicherstellung) befugt. Die Befugnis ergibt sich aus den §§ 53 Abs. 1 OWiG i.V.m. den §§ 46 Abs. 2 OWiG, i.V.m. § 94 StPO. Auch die Beamten des Polizeidienstes können somit ein Bußgeldverfahren nach § 16 Abs. 1 Nr. 1 b AÜG einleiten und die zur Beweissicherung erforderlichen Ermittlungshandlungen vornehmen. Anschließend müssen sie ihre Akten unverzüglich der sachlich und örtlich zuständigen Verwaltungsbehörde übersenden (§ 53 Abs. 1 S.3 O-WiG).

Einer zeitnahen Beweiserhebung durch die Verfolgungsbehörde könnte entgegenstehen, dass sie nach § 41 Abs. 1 OWiG die Sache an die Staatsanwaltschaft ab-

---

[569] Vgl. dazu OLG Schleswig, NStZ 1980, S. 398. Die Mitarbeiter des Bundesgrenzschutzes haben während einer Fahrzeugkontrolle das Tachoblatt des Betroffenen sichergestellt, weil sie Anhaltspunkte für das Vorliegen einer Verkehrsordnungswidrigkeit festgestellt haben, für deren Verfolgung sie aber nicht zuständig gewesen sind.

128

geben muss, sobald Anhaltspunkte für eine Straftat bestehen. Anhaltspunkte für eine Straftat sind gegeben, wenn konkrete Tatsachen dafür vorliegen, dass eine Straftat verwirklicht worden sein kann.[570] Die Verfolgungsbehörde kann aber trotzdem weitere Ermittlungen vornehmen und muss die Sache nicht unverzüglich[571] an die Staatsanwaltschaft abgeben, sobald ein Straftatverdacht besteht. Der Wortlaut des Gesetzes schreibt keinen Zeitpunkt für die Abgabe vor.[572] Die Verwaltungsbehörde ist nicht verpflichtet, die für eine strafbare Handlung sprechenden Beweise zu erheben, muss den Sachverhalt jedoch insoweit aufklären, dass sie die Feststellung treffen kann, ob Anhaltspunkte für eine Straftat vorhanden sind.[573] Besteht die Gefahr der Vernichtung oder des Verlustes von Beweismaterial, kann die Verwaltungsbehörde die für den Nachweis eines Verstoßes gegen § 1 b S. 1 AÜG notwendigen Beweismittel erheben. Die Beweismittel belegen die Annahme der Verwaltungsbehörde und sind für sich genommen Tatsachen, die der Staatsanwaltschaft die Verfolgung einer Straftat ermöglichen. Könnten die zunächst vorhandenen Beweismittel (Anhaltspunkte) für eine Straftat entfallen, z.B. die zu vernehmenden ausländischen Arbeitnehmer werden ausgewiesen, darf die Verwaltungsbehörde die Ermittlungen unter dem Gesichtspunkt der Ordnungswidrigkeit vorerst weiterführen.[574]Ansonsten bestünde die Gefahr des Beweismittelverlustes. Die Staatsanwaltschaft müsste auf Grund der schlechten Beweislage (nicht erhobene Beweise) von der Einleitung eines Ermittlungsverfahrens absehen und die Verfolgung der Ordnungswidrigkeit an die Verwaltungsbehörde nach § 41 Abs. 2 OWiG zurückgeben, die ihrerseits mangels der in der Vergangenheit möglichen Sicherung von Beweisen aber aus Zuständigkeitsgründen nicht erhobenen Nachweise (Sicherstellung von Unterlagen, richterliche Zeugenvernehmungen) das Ordnungswidrigkeitenverfahren einstellen müsste. In diesen Fällen sind rechtzeitige Maßnahmen der Verwaltungsbehörden geboten und werden durch § 41 Abs. 1 OWiG nicht ausgeschlossen.

Die während einer Baustellenkontrolle gem. §§ 304,305 SGB III getroffenen Feststellungen der Mitarbeiter des Arbeitsamtes oder des Hauptzollamtes können aus Zeitgründen in der Regel nur eine abgekürzte, punktuelle Beschreibung der Ereignisse (Prüfungsabläufe) enthalten. Die Kontrollen müssen zügig durchgeführt werden, um alle auf dem Bauvorhaben anwesenden Arbeitnehmer zu erfassen, so dass eine präzise Ermittlungstätigkeit beeinträchtigt wird. Bei einem größeren Bauvorhaben (z.B. Bau einer Wohnsiedlung) wird es wegen der Vielzahl der zu kontrollierenden Arbeitnehmer nicht möglich sein, deren Kleidung (Arbeitskleidung, Freizeitkleidung) zu erfassen und festzuhalten, die Tätigkeiten im

---

[570] Göhler, Rdnr. 4 zu § 41 OWiG.

[571] Anders verhält es sich nach § 53 Abs. 1 S. 3 OWiG bei Abgaben der Beamten des Polizeidienstes an die Verwaltungsbehörde oder an die Staatsanwaltschaft, die unverzüglich erfolgen muss.

[572] Göhler, Rdnr. 4 zu § 41 OWiG, Lemke, Rdnr. 4 zu § 41 OWiG (§ 163 Abs. 2 StPO gilt für die Verwaltungsbehörde nicht).

[573] Lemke, Rdnr. 4 zu § 41 OWiG.

[574] KKOWi-Lampe Rdnr. 5 zu § 41 OWiG.

einzelnen zu dokumentieren oder die Arbeitnehmer, die nebeneinander gearbeitet haben im Hinblick auf ein unter Umständen durchzuführendes Bußgeldverfahren namentlich zu erfassen. Gerade auf diese Feststellungen kommt es in einem Bußgeldverfahren jedoch häufig an. Sieht die Verwaltungsbehörde, hier das Landesarbeitsamt, nach Aufklärung des Sachverhaltes und Anhörung des Betroffenen (§ 55 OWiG) eine Ordnungswidrigkeit des Verleiher bzw. Entleihers als erwiesen an, erlässt sie einen Bußgeldbescheid. Der über den Einspruch (Rechtsmittel) gegen einen Bußgeldbescheid zuständige Amtsrichter entscheidet nach dem Grundsatz der freien Beweiswürdigung (§ 261 StPO).[575] Die Schuld des Angeklagten muss nach Überzeugung des Richters, mit einem nach der Lebenserfahrung ausreichenden Maß an Sicherheit, demgegenüber vernünftige Zweifel nicht mehr aufkommen, feststehen.[576] Der Richter ist bei der Beweiswürdigung nicht an Beweisregeln gebunden, muss aber bei der Bildung seiner Überzeugung zwingende Gesetze der Logik, feste Ergebnisse der Wissenschaft und in gewissem Umfange auch die Lebenserfahrung berücksichtigen.[577] Im Zweifel hat der Richter zu Gunsten des Angeklagten zu entscheiden (in dubio pro reo-Grundsatz).[578] Die Überzeugungen der Verwaltungsbehörde und die der Richter differieren häufig. Beispielsweise wendet in einem Gerichtsverfahren (Einspruch des Verleihers gegen einen Bußgeldbescheid nach § 16 Abs. 1 Nr. 1 b AÜG) der Verleiher ein, dass der von den Mitarbeitern des Arbeitsamtes kontrollierte und erfasste polnische Leiharbeitnehmer keine Arbeitertätigkeiten z.B. Maurer- oder Aufräumarbeiten für die Hochbaufirma X ausgeführt hat, sondern sich lediglich für Planungs- und Organisationsaufgaben der Werkvertragsfirma N auf dem Bauvorhaben zur Vorbereitung eines anstehenden Auftrages aufgehalten hat und somit eine tatsächliche Beschäftigung für den Entleiher X nicht ausgeübt worden ist. Der polnische „Leih"arbeitnehmer hat ein Aussageverweigerungsrecht, weil er eine Arbeitsgenehmigung benötigt hätte, die er wegen § 6 Abs. 1 Nr. 2 ArbGV nicht bekommt[579] und somit gegen § 404 Abs. 2 Nr.2 SGB III verstoßen und ordnungswidrig gehandelt hat. Für die den Bußgeldbescheid erlassene Verwaltungsbehörde wird diese Behauptung des Verleihers unglaubhaft sein, weil sie davon ausgeht, dass die Außendienstmitarbeiter nur Personen erfassen, die nach deren persönlichen Eindruck eine Tätigkeit ausgeübt haben. Ob der Bußgeldbescheid vor Gericht Bestand haben wird, hängt von dem vorliegenden Beweismaterial ab. Stützt die Verwaltungsbehörde ihre Auffassung einer illegalen Tätigkeit des Arbeitnehmers auf die festgestellten Personalien des Arbeitnehmers und seine Angaben zur ausgeübten Tätigkeit, können beim Amtsrichter Zweifel verbleiben. Fehlen die Angaben zu einer konkreten Tätigkeit, z.B. Arbeiten mit einem Spachtel, wird er

---

[575] Einsprüche gegen Bußgeldbescheide werden vor dem Amtsgericht verhandelt (§ 68 Abs. 1 OWiG).

[576] BGH VRS 24, S. 207 ff, S. 210.

[577] Kroschel/Meyer-Goßner, S. 119.

[578] BGHSt 10, 129, 373.

[579] S. dazu C VII 1a) gg(2) Es besteht die Möglichkeit, dass er im Besitz einer Arbeitsgenehmigung, im Rahmen eines Kontingentwerkvertragsverfahrens ist. Diese Arbeitsgenehmigung gilt jedoch nur für eine Tätigkeit als Werkvertragsarbeitnehmer, nicht aber für eine Tätigkeit als Leiharbeitnehmer.

den vom Verleiher vorgebrachten Einwand, dass der Arbeitnehmer tatsächlich nicht auf dem Bauvorhaben tätig gewesen ist und sich aus anderen Gründen dort aufgehalten hat, unter Umständen berücksichtigen. Um den Richter von der Ausübung einer Maurertätigkeit zu überzeugen, könnte es erforderlich sein, dass Zeugen die von dem Leiharbeitnehmer vorgenommen Tätigkeiten im einzelnen benennen oder bestätigen, dass der Leiharbeitnehmer z.b. in einem mit Mörtel verdreckten Overall (Arbeitskleidung) angetroffen worden ist. Da die Durchführung des Bußgeldverfahrens in der Regel erhebliche Zeit in Anspruch nimmt[580] und das Gerichtsverfahrens unter Umständen erst ein bis zwei Jahre nach dem Zeitpunkt einer Kontrolle nach den §§ 304,305 SGB III stattfindet, können sich die Kontrolleure in der Regel an solche Einzelheiten nicht erinnern. Hat der Richter Zweifel an der Ausübung einer Beschäftigung als Leiharbeitnehmer, greift der dubio in reo-Grundsatz ein und er wird den Verleiher nicht wegen eines Verstoßes gegen § 16 Abs. 1 Nr. 1 b AÜG verurteilen (§ 71 OWiG). Auf eine zügige Durchführung des Bußgeldverfahrens ist daher zu drängen.

d) Die Verantwortlichkeit nach § 9 OWiG

Täter einer Ordnungswidrigkeit kann nur ein Mensch (Natürliche Person)[581] und einer Ordnungswidrigkeit nach § 16 Abs. 1 Nr. 1 b AÜG ein Verleiher oder ein Entleiher sein. Ist der Verleiher/Entleiher eine natürliche Person, ist das Bußgeldverfahren gegen ihn einzuleiten. Da sowohl der Verleiher (z.B. eine Zeitarbeitsfirma) als auch der Entleiher (z.B. ein Baubetrieb) juristische Personen des Privatrechts z.B. eine GmbH oder eine AG sein können, ist im Rahmen eines Bußgeldverfahrens der verantwortlich Handelnde zu ermitteln. Eine gesetzliche Festlegung findet sich in § 9 OWiG. Handelt jemand 1. als vertretungsberechtigtes Organ einer juristischen Person (AG) oder als Mitglied eines solchen Organs, 2. als der vertretungsberechtigte Gesellschafter einer Personenhandelsgesellschaft (OHG) oder 3. als gesetzlicher Vertreter eines anderen, ist ein Gesetz, nach dem besondere persönliche Eigenschaften, Verhältnisse oder Umstände (besondere persönliche Merkmale) die Möglichkeit der Ahndung begründen, auch auf den Vertreter anzuwenden, wenn diese Merkmale zwar nicht bei ihm, aber bei dem Vertretenen vorliegen (§ 9 Abs. 1 Nr. 1 bis 3 OWiG). Zu den besonderen persönlichen Merkmalen rechnen auch die Stellung als Gewerbetreibender, Unternehmer, Arbeitgeber[582] und die Stellung als Verleiher/Entleiher.[583] Die vertretungsberechtigten Personen der juristischen Personen und der Personengesellschaften lassen sich in der Praxis grundsätzlich relativ einfach durch Anforderung der Handelsregisterauszüge der Amtsgerichte ermitteln. § 9 Abs. 1 OWiG verlangt nach seinem Wortlaut, dass die vertretungsberechtigte Person gehandelt hat. Der Be-

---

[580] Vgl. dazu Krone, S.150 ff (Dauer des Bußgeldverfahrens: 3 Jahre).

[581] Göhler, Rdnr. 31 zu vor § 1 OWiG m.w.N.

[582] Göhler, Rdnr. 6 zu § 9 OWiG; Schüren, Rdnr. 12 zu § 16 AÜG.

[583] OLG Düsseldorf, EzAÜG Nr. 54 a.

griff des Handelns umfasst positives Tun als auch pflichtwidriges Unterlassen.[584] Die Handlung muss dem Aufgabenkreis bzw. Verantwortungsbereich der vertretungsberechtigten Person entstammen. Notwendig ist ein enger objektiver Zusammenhang zwischen Handlung und dem Aufgabenkreis (Vertretungsaufgabe), der sich aus dem Gesetz, Satzung oder Vertrag ergibt.[585] Die vertretungsberechtigte Person kann aber Befugnisse auf einen Dritten, den Beauftragten im Sinne von § 9 Abs. 2 OWiG, delegieren. So hat das OLG Düsseldorf in einem Beschluss vom 16.11.1995 ausdrücklich hervorgehoben, dass „nicht jeder im Betrieb des Betroffenen vorgekommene Verstoß gegen gesetzliche Vorschriften deren Geschäftsführerin zuzurechnen ist". Vielmehr ist nur der verantwortlich, der konkret an der Einstellung mitgewirkt, die illegale Beschäftigung wissentlich geduldet oder seine Aufsichtspflichten verletzt hat[586] In der Praxis führt diese Auffassung dazu, dass sich im Bereich der verdeckten illegalen Arbeitnehmerüberlassung die Verantwortung auf sog. Strohmänner übertragen wird.[587] Beispielsweise kann der Leiter einer Personalabteilung und nicht der Geschäftsführer einer GmbH für die Einhaltung, der mit der Beschäftigung verbundenen gesetzlichen Bestimmungen des SGB III verantwortlich sein, wenn er die eigenverantwortliche Befugnis zur Einstellung und Beschäftigung nichtdeutscher Arbeitnehmer hat.[588] Handelt es sich bei den Beschäftigten um deutsche Leiharbeitnehmer (Maurer), die für Maurerarbeiten in einem Betrieb des Bauhauptgewerbes eingesetzt werden, ist der Personalchef als Entleiher verantwortlich für den Verstoß gegen § 1 b S. 1 AÜG und damit verantwortlich Handelnder i.S.v. § 16 Abs. 1 Nr. 1 b AÜG, wenn er die eigenverantwortliche Befugnis zur Einstellung des Personals auch von Leiharbeitnehmern hat. Folglich muss sich die Ermittlungsbehörde mit dem Einwand z.B. des vertretungsberechtigten Gesellschafters die Einstellungsbefugnis delegiert zu haben, eingehend auseinandersetzen und kann ihn nicht einfach ignorieren oder als unglaubhaft unberücksichtigt lassen.

e) Der Strohmann

Eine besondere rechtliche Problematik in diesem Zusammenhang sind die sogenannten „Strohmänner". Die den Betrieb leitende Person schaltet eine andere Person als scheinbaren Betriebsinhaber vor. Nach außen hin erscheint der „Strohmann" als rechtlicher Vertreter des Betriebes. In Wirklichkeit obliegt die Geschäftsführung mit der damit verbundenen Dispositions- und Weisungsbefugnis einer anderen Person, dem **wirklichen** Betriebsinhaber. Diese Konstruktion wird gewählt, wenn der wirkliche Betriebsinhaber aus gewerberechtlichen Gründen nicht in Erscheinung treten darf oder sich präventiv einer straf- oder ordnungs-

---

[584] Göhler, Rdnr. 14 zu § 9 OWiG.

[585] Rotberg, Rdnr. 14 zu § 9.

[586] OLG Dü BB 1996, S. 79 ff.

[587] S. unter. IX 1 e..

[588] Beschluss des OLG Hamm vom 12.12.1977; - 1 Ss OWi 1123/77.

widrigkeitrechtlichen Verantwortung entziehen will. Firmeninhaber oder Gesellschaftsorgane versuchen häufig, ihre strafrechtliche Verantwortung auf Angestellte abzuwälzen. Sie berufen sich darauf, dass der Angestellte die Einstellung vorgenommen hat und sie ihren Pflichten durch regelmäßige Kontrolle und sorgfältige Auswahl des Angestellten nachgekommen sind.[589] Hat der „Strohmann" keinerlei Kenntnis von der Tätigkeit des Unternehmens und dessen vertraglichen Vereinbarungen, sondern stellt lediglich seinen Namen zur Verfügung, kann er nicht Täter des § 16 Abs. 1 Nr. 1b AÜG sein. Es fehlt dann an einem finalen Handlungsakt des „Strohmannes".[590] In Betracht zu ziehen wäre in derartigen Fällen eine Beteiligung nach § 14 OWiG.[591]

Somit sind die Ermittlungsbehörden gehalten auch in diese Richtung nachzuforschen und zu überprüfen, ob der rechtliche Vertreter auch der tatsächlich Handelnde gewesen ist. Die Ermittlungen nehmen in all diesen Fällen einen erheblichen Zeitraum in Anspruch. Bis der Verantwortliche feststeht, können daher mehrere Monate vergangen sein. Bei Ausländern besteht durchaus die Möglichkeit, dass diese sich bis zum Abschluss eines Ermittlungsverfahrens nicht mehr in der Bundesrepublik aufhalten. Je länger ein Verfahren dauert, um so nachteiliger wirkt es sich dies auf das Ergebnis aus. Einige Beweismittel, insbesondere das der Zeugen verlieren an Beweiskraft, weil sich die Geschehnisse mit zunehmender Zeitdauer immer schwieriger rekonstruieren lassen.

f) Verantwortlichkeit eines Organs nach § 130 OWiG

Bei einer Aufsichtspflichtverletzung kann über § 130 OWiG das Vertretungsorgan einer juristischen Person oder ein vertretungsberechtigter Gesellschafter einer Personengesellschaft herangezogen werden. Eine Aufsichtspflichtverletzung liegt vor, wenn der Unternehmer es vorsätzlich oder fahrlässig unterlassen hat, die erforderlichen Aufsichtsmaßnahmen durchzuführen, um betriebsbezogene Verstöße gegen Straf- und Bußgeldvorschriften zu verhindern. Die Ordnungswidrigkeiten nach dem AÜG sind betriebsbezogen, weil sie im Zusammenhang mit der unternehmerischen Tätigkeit der Auswahl von Personal[592] des Betriebes stehen. Die Unternehmen treten entweder als Verleiher oder als Entleiher auf.[593] Täter einer Aufsichtspflichtverletzung kann nach dem Gesetzeswortlaut des § 130 OWiG nur der Inhaber eines Betriebes sein. Auch diese Bestimmung wird insoweit ausgelegt, dass nur der tatsächliche Inhaber Täter sein kann. Der „Strohmann" wird nicht als tatsächlicher Inhaber angesehen und kann daher nicht über § 130 OWiG

---

[589] Becker/Wulfgramm, Rdnr. 12 zu § 15 AÜG/ Jörs, S. 47.

[590] Beschluss des OLG Dü v. 18.08.1978 – 5 Ss (OWi) 324/78 – 403/78 I -

[591] Vgl. dazu Schüren, Rdnr. 16 zu § 16 AÜG. Die Beteiligung setzt jedoch Vorsatz hinsichtlich der illegalen Arbeitnehmerüberlassung voraus, was im Einzelfall erst nachgewiesen werden muss.

[592] Vgl. Rotberg, Rdnr. 4 zu § 130 AÜG.

[593] Sandmann/Marschall, Anm. 3 a zu § 16 AÜG; Schüren, Rdnr. 14 zu § 16 AÜG.

zur Verantwortung gezogen werden.[594] Eine Aufsichtspflichtverletzung kommt insbesondere in Betracht, wenn ein Unternehmen mehrere Niederlassungen hat und ein Niederlassungsleiter bereits gegen Vorschriften des AÜG verstoßen und deswegen ein Bußgeld erhalten hat oder strafrechtlich verurteilt worden ist. In diesem Fall ist der Betriebsinhaber verpflichtet, ausdrücklich auf ein rechtstreues Verhalten seiner Mitarbeiter hinzuwirken und hinsichtlich der Einhaltungen der Bestimmungen des AÜG regelmäßige Kontrollen durchzuführen. Die Norm des § 130 OWiG soll verhindern, dass sich gerade in Großbetrieben die Inhaber oder leitenden Angestellten auf fehlende Kenntnis vom illegalen Verleih bzw. Entleih berufen und somit jede straf- oder bußgeldrechtliche Verantwortung von sich weisen.[595]

g) Selbständiges Verfahren gegen Juristische Personen und Personenvereinigungen im Sinne des § 30 OWiG

Hat jemand als vertretungsberechtigtes Organ einer juristischen Person oder als Mitglied eines solchen Organs, als vertretungsberechtigter Gesellschafter einer Personenhandelsgesellschaft, als Vorstand eines nichtrechtsfähigen Vereins oder als Mitglied eines solchen Vorstandes oder als Generalbevollmächtigter oder in leitender Stellung als Prokurist oder Handlungsbevollmächtigter einer juristischen Person oder eines nicht rechtsfähigen Vereins oder einer Personenhandelsgesellschaft eine Ordnungswidrigkeit gemäß § 16 Abs. 1 AÜG begangen, so kann als Nebenfolge auch gegen die juristische Person oder die Personenhandelsgesellschaft eine Geldbuße festgesetzt werden[596] (§ 30 OWiG). Voraussetzung dafür ist, dass Pflichten des Unternehmens verletzt worden sind oder das Unternehmen bereichert worden ist oder werden sollte.[597] Die Geldbußen gegen die verantwortliche Person und die juristische Person oder Personenvereinigung werden grundsätzlich aus prozessökonomischen Gründen[598] in einem einheitlichen Verfahren festgesetzt. Darüber hinaus kann nach § 30 Abs. 4 OWiG ausnahmsweise im selbständigen Verfahren gegen eine juristische Person eine Geldbuße festgesetzt werden. Dies ist der Fall, wenn das Verfahren gegen den verantwortlich Handelnden nicht eingeleitet, eingestellt oder von Strafe abgesehen wird.[599] Der Grund für die Nichtverfolgung kann auch darin liegen, dass es unklar bleibt, welches von

---

[594] S. dazu Schüren, Rdnr. 15 zu § 16 AÜG.

[595] Sandmann/Marschall, Anm. 3 a zu § 16 AÜG.

[596] Dieser Katalog ist abschließend. (s. Begr. EWiKG 2, S. 39 f) Das UKG 2 hat allerdings dem Umstand Rechnung getragen, dass die Organisationsstruktur vieler Unternehmen es erfordert, die bisherige Beschränkung auf die gesetzlichen Organe aufzugeben. In vielen Unternehmen erfolgt eine Delegation der Aufgaben auf leitende Angestellte. Deshalb können nunmehr auch die Generalbevollmächtigten u.ä. Personen herangezogen werden. (s. dazu Göhler, Rdnr. 2 zu § 30 OWiG).

[597] Göhler, Rdnr. 8 zu § 30 OWiG.

[598] S. dazu Göhler, Rdnr. 30 zu § 30 OWiG.

[599] Im Gegensatz zur Regelung vor Erlaß des WiKG 2 kommt es nicht mehr darauf an, ob die Handlung des Organs aus tatsächlichen Gründen nicht verfolgt werden kann. Vielmehr sind die Gründe für die Nichtverfolgung des Organs unerheblich, mit Ausnahme der rechtlichen Verfolgungshindernisse.

134

mehreren Organen die Handlung begangen hat.[600] Auf diesem Weg können die Bauunternehmen (Entleihbetriebe) oder die gewerblichen Verleihfirmen bzw. die unter Verstoß gegen § 1 b S. 1 AÜG verleihenden Baufirmen um den durch die illegale Arbeitnehmerüberlassung erzielten Gewinn gebracht werden. Ansonsten könnten sich die Unternehmen darauf berufen, wie oben bereits ausgeführt, dass der verantwortlich Handelnde sich im Ausland befindet oder der Aufenthaltsort unbekannt ist. Hier ist auch die Fallkonstellation einzuordnen, dass der Betriebsinhaber ein sog. „Strohmann" ist, der lediglich seinen Namen zur Verfügung gestellt aber nicht final gehandelt hat und der sog. „wirkliche" Betriebsinhaber nicht festgestellt werden kann. Es wäre unbillig, wenn sich ein Unternehmen auf diesem Weg rechtswidrig bereichern könnte. Ausgeschlossen ist das selbständige Verfahren nach wie vor bei Vorliegen von rechtlichen Verfolgungshindernissen wie der Verfolgungsverjährung der Handlung des Organs, soweit sie vor Einleitung des selbständigen Verfahrens eingetreten ist[601] (§ 30 Abs. 4 S. 3 OWiG).

h) Schuldvorwurf

Nach § 16 Abs. 1 S. 1 AÜG wird nicht nur ein vorsätzlicher Verstoß gegen § 1 b S. 1 AÜG geahndet, sondern ein fahrlässiges Handeln des Verleihers oder des Entleihers genügt, um z.b. den Tatbestand einer Ordnungswidrigkeit nach § 16 Abs. 1 Nr. 1 b AÜG erfüllen zu können.

Ein vorsätzliches Handeln des Verleihers oder des Entleihers beinhaltet das Wissen und Wollen der Tatbestandsverwirklichung, hier eines Verstoßes gegen § 1 b S. 1 AÜG.[602] Der Täter muss alle Tatbestandsmerkmale des Leiharbeitsverbots nach § 1 b S. 1 AÜG kennen und den Gesetzesverstoß wollen oder zumindest billigend in Kauf nehmen. In der Praxis bereitet der Nachweis des vorsätzlichen Handelns häufig Schwierigkeiten. Wie die bisherigen Ausführungen zeigen,[603] ist schon die rechtliche Einordnung der Vertragsbeziehungen als gewerbsmäßige Arbeitnehmerüberlassung in vielen Fällen rechtlich problematisch und die Auslegung des unbestimmten Rechtsbegriffes der „Gewerbsmäßigkeit" in Literatur und Rechtsprechung umstritten. Die Einordnung eines Vertrages als Werkvertrag oder Arbeitnehmerüberlassung obliegt einer subjektiven Einschätzung der den Vertrag beurteilenden Person und erfolgt im Einzelfall anhand von Indizien und ist letztlich Frage der Gewichtung der Vertragsbestandteile und juristischen Bewertung auf Grund einer Gesamtbetrachtung. Es verbleibt ein großes Maß an Rechtsunsicherheit für Grenzfälle[604], in denen die Abgrenzung schwierig ist.[605] Ein Verlei-

---

[600] S. Göhler, Rdnr. 41 zu § 30 OWiG

[601] Frankfurt in NStZ 92, S. 193; OLG Hamm in MDR 1971, S. 683.

[602] Vgl. statt vieler Schüren, Rdnr. 40 zu § 16 AÜG.

[603] S.C VII.

[604] S. dazu die Ausführungen unter C VII.

[605] Vgl. Stellungnahme der Bundesvereinigung der Deutschen Arbeitgeberverbände zu dem 7. Erfahrungsbericht, BT-DS 12/3180, S. 22.

her, der sich über das Vorliegen von Tatbestandsvoraussetzungen des § 1 b S. 1
AÜG irrt und sich in einem Grenzfall darauf beruft, dass er die tatsächlich vorliegende Arbeitnehmerüberlassung rechtlich irrtümlich als Werkvertrag eingeordnet
hat und somit über kein Unrechtsbewusstsein verfügt, wird in der Regel nicht wegen vorsätzlichen Handelns belangt werden können. In diesem Fall liegt ein sog.
Tatbestandsirrtum[606] nach § 11 Abs. 1 OWiG vor, der eine Ahndung mit einer
Geldbuße wegen fahrlässiger Begehung des § 16 Abs. 1 Nr. 1 b AÜG unberührt
lässt. Anders ist die Rechtslage zu beurteilen, wenn der Verleiher bewusst über
das Vorliegen einer Arbeitnehmerüberlassung getäuscht hat, z.b. durch das Um-
rechnen der erbrachten Arbeitsstunden in Aufmasseinheiten. Eine Täuschungs-
handlung wird nach der Lebenserfahrung nur dann vorgenommen, wenn sich der
Handelnde der Illegalität seiner Handlung bewusst ist. Fahrlässiges Handeln ist
nach überwiegender Auffassung die unbewusste oder ungewollte pflichtwidrige
Tatbestandsverwirklichung. Der Verleiher bzw. Entleiher muss die gebotene
Sorgfalt, zu der er nach den objektiven Umständen und seinen subjektiven Fähig-
keiten verpflichtet ist, außer Acht gelassen haben,[607] indem er den Verstoß gegen
§ 1 b S. 1 AÜG nicht erkannt oder vorausgesehen hat (unbewusste Fahrlässigkeit)
oder pflichtwidrig darauf vertraut hat, dass er das Verbot des § 1 b S. 1 AÜG
nicht verletzt (bewusste Fahrlässigkeit), weil er z.B. von einer nicht *gewerbsmä-*
ßigen Arbeitnehmerüberlassung oder vom Vorliegen eines Werkvertrages ausgegangen ist. Sowohl Verleiher als auch Entleiher ist es zuzumuten, bei der für die
Einhaltung des Leiharbeitsverbots gem. § 1 b S. 1 AÜG zuständigen Stelle, dem
zuständigen Landesarbeitsamt, nachzufragen, ob in einem konkreten Einzelfall
(Grenzfall) legale, nicht gewerbsmäßige Arbeitnehmerüberlassung vorliegt oder
eine werkvertragliche Leistung. Der Betroffene darf sich auf die Auskünfte des
zuständigen Arbeitsamtes zur Legalität des Verleihs bzw. der geäußerten Rechtsauffassung verlassen.[608] Holt der Betroffene die Auskünfte pflichtwidrig nicht ein,
kommt ein fahrlässiges Handeln in Betracht. Ob ein pflichtwidriges Verhalten
vorliegt, beurteilt sich nach dem jeweiligen Einzelfall. Ein mit der selbständigen
Ausübung eines Geschäftsbetriebes befasster Gewerbetreibender muss die Vorschriften der gewerbsmäßigen Arbeitnehmerüberlassung kennen. Der Inhaber eines Baubetriebes (z.B. ein GmbH-Geschäftsführer) kann sich nicht darauf berufen, dass ihm die Vorschriften des AÜG unbekannt sind und er ohne Unrechtsbewusstsein gehandelt hat.[609] Ein insoweit vorliegender Erlaubnisirrtum (Verbotsirrtum gem. § 11 Abs. 2 OWiG) ist vermeidbar. Hat der betroffene Verleiher oder
Entleiher Zweifel im Hinblick auf das Vorliegen der Voraussetzungen des § 1 b

---

[606] Nach § 11 Abs.1 OWiG handelt derjenige nicht vorsätzlich, der bei Begehung einer Handlung einen
Umstand nicht kennt, der zum gesetzlichen Tatbestand gehört..

[607] Im einzelnen ist der Fahrlässigkeitsbegriff stark umstritten, s.dazu Schönke/Schröder, Rdnr. 110 ff zu
§ 15 StGB.

[608] S. Entschdg. Des KG Berlin, 5. Senat für Bußgeldsachen, zur Zulässigkeit des Entleihs von Arbeitnehmern für seinen Mischbetrieb (Beschl. V. 08.03.1999, 2 Ss 11/99 – 5 Ws (B) 50/99, 2 Ss 11/99).

[609] Vgl. dazu Entschdg. Des KG Berlins, 5. Senat f. Bußgeldsachen (Beschl. V. 22.02.2000, 2 Ss 318/99
– 5 Ws (B) 71/00, 2 Ss 318/99).

136

S.1 AÜG, vertraut aber darauf, dass keine Gesetzesverletzung vorliegt, handelt er fahrlässig im Sinne von § 16 Abs. 1 Nr. 1 b AÜG. Sind Verleiher und Entleiher der festen Überzeugung einen Werkvertrag abgeschlossen zu haben, obwohl gravierende Umstände für das Vorliegen eines Arbeitnehmerüberlassungsvertrages sprechen, z.b. weil die fachliche und personelle Weisungsbefugnis vollständig auf den Auftragnehmer (Entleiher) übergegangen ist, liegt ebenfalls ein fahrlässiger Verstoß von Verleiher und Entleiher gegen § 16 Abs. 1 Nr. 1 b AÜG vor. Bei einer gebührenden Auseinandersetzung mit den Vorschriften des AÜG hätten den Beteiligten bei einer derartigen Vertragskonstellation zumindest Zweifel im Hinblick auf die rechtliche Einordnung der Vertragsbeziehung kommen müssen und sich rechtlich durch die das zuständige Landesarbeitsamt oder eine andere fachkundige Stelle wie die Handwerkskammer beraten lassen müssen. Ein unvermeidbarer Verbotsirrtum kommt selbst dann nicht in Betracht, wenn der Verleiher über die Zugehörigkeit des Entleihbetriebes zum Bauhauptgewerbe irrt. Sollen die Leiharbeitnehmer Bauleistungen erbringen, besteht für den Verleiher die Verpflichtung zu prüfen, ob der Entleihbetrieb ein Betrieb des Bauhauptgewerbes ist, z.B. durch Nachfragen bei der Urlaubskasse oder bei dem Entleihbetrieb selbst. Ein unvermeidbarer Verbotsirrtum ist nur in den Fällen denkbar, in denen die Betroffenen z.b. vom Landesarbeitsamt die Auskunft erhalten würden, dass es sich bei der geplanten Vertragsabwicklung nicht um Arbeitnehmerüberlassung handele und sich im nachhinein die Unrichtigkeit dieser Auskunft herausstellen würde.

i) Höhe der Geldbuße

Die Ordnungswidrigkeit gemäß § 1 b S. 1 AÜG kann mit einer Geldbuße bis zu 25.000 Euro geahndet werden. Das Höchstmaß bei einem fahrlässigen Verstoß gegen § 16 Abs. Nr. 1 b AÜG beträgt nach § 17 Abs. 2 OWiG die Hälfte dieses Betrages. Bei der Zumessung der Geldbuße sind die wirtschaftlichen Verhältnisse des Täters (Verleihers, Entleihers) ebenso zu berücksichtigen wie die Bedeutung der Ordnungswidrigkeit und der Vorwurf, der den Täter trifft (§ 17 Abs. 3 OWiG). Zu berücksichtigen sind somit die Häufigkeit gleichartiger Verstöße, Grad der Gefährdung der geschützten Rechtsgüter und die angestrebte Abschreckungswirkung.[610] Bei einen Verstoß gegen das Leiharbeitsverbot ist bei der Bemessung des Bußgeldes somit zu berücksichtigen, ob Verleiher und Entleiher erstmalig dagegen verstoßen haben oder ob es sich um eine Wiederholungstat handelt. Des weiteren sind die Dauer der Überlassung, mehrere Monate oder lediglich einige Tage, die Anzahl der überlassenen Arbeiter und die Höhe des gezahlten Lohnes (2,50,- Euro oder 5,- Euro) zu beachten. Schließlich soll die Geldbuße den wirtschaftlichen Vorteil, den die Täter aus der Ordnungswidrigkeit gezogen hat, übersteigen. Die Höhe des wirtschaftlichen Vorteils kann vom Gericht geschätzt werden.[611]

[610] Becker/Wulfgramm, Rdnr. 33 zu § 16 AÜG.
[611] OLG Düsseldorf v. 04.09.1979, EzAÜG Nr. 59.

j) Zusammenfassung

Die obigen Ausführungen zeigen zunächst eine Reihe der Schwierigkeiten auf, die sich den Kontrollbehörden allen voran der Bundesanstalt für Arbeit bei der Verfolgung und Ahndung eines Verstoßes gegen das Leiharbeitsverbot gem. § 16 Abs. 1 Nr. 1 b AÜG stellen. Außerdem wird deutlich, dass sich die bestehenden Rechtsunsicherheiten bei der Auslegung der unbestimmten Rechtsbegriffe des § 1 b S. 1 AÜG auch auf die Verfolgung und Ahndung der Ordnungswidrigkeit gem. § 16 Abs. 1 Nr. 1 b AÜG nachteilig auswirken.

2. Illegale Arbeitnehmerüberlassung in Betriebe des Baugewerbes (§ 16 Abs. 1 Nr. 1 b AÜG) in Abgrenzung zu § 16 Abs. 1 Nr. 1, 1a AÜG

Nach § 16 Abs. 1 Nr. 1 b AÜG handelt ordnungswidrig, wer vorsätzlich oder fahrlässig entgegen § 1 b S. 1 AÜG gewerbsmäßig Arbeitnehmer überlässt (Verleiher) oder tätig werden lässt (Entleiher). § 16 Abs. 1 Nr. 1 b AÜG sanktioniert somit das Verhalten der illegal, unter Verstoß gegen § 1 b S. 1 AÜG, handelnden Verleiher und der Entleiher. Zu den Tatbestandsvoraussetzungen des § 1 b S. 1 AÜG siehe die Seiten 11-31. Nach dem Wortlaut des § 16 Abs. 1 Nr. 1 b AÜG unterscheidet der Gesetzgeber nicht zwischen einem Verleiher mit und einem Verleiher ohne Verleiherlaubnis. Ist der Verleiher nicht im Besitz einer Erlaubnis der Bundesanstalt für Arbeit gehen jedoch die Sanktionsnormen der §§ 16 Abs. 1 Nr. 1 AÜG (für den Verleiher) und 16 Abs. 1 Nr. 1a AÜG (für den Entleiher) als speziellere Regelungen vor.[612] Nach § 16 Abs. 1 Nr. 1 AÜG handelt ordnungswidrig, wer vorsätzlich oder fahrlässig entgegen § 1 Abs. 1 AÜG einen Leiharbeitnehmer einen Dritten ohne Erlaubnis überlässt und nach § 16 Abs. 1 Nr. 1 b AÜG wird entsprechend das Handeln eines Entleihers sanktioniert, der von einem solchen Verleiher entliehene Arbeitnehmer in seinem Betrieb tätig werden lässt. § 16 Abs. 1 Nr. 1b AÜG regelt die bußgeldrechtliche Verantwortlichkeit von Verleihern und Entleihern, die gegen § 1 b S. 1 AÜG verstoßen in einer gemeinsamen Vorschrift, während die Verantwortlichkeit von Verleihern und Entleihern bei einem Verstoß gegen die Erlaubnisvorschrift des AÜG in getrennten Tatbeständen sanktioniert ist. Ein Grund für diese Handhabung des Gesetzgebers ist nicht ersichtlich Das Leiharbeitsverbot nach § 1 b S. 1 AÜG untersagt „generell" dem Verleiher mit, insbesondere den Zeitarbeitsfirmen, oder auch ohne Erlaubnis die gewerbsmäßige Überlassung von Arbeitern in das Bauhauptgewerbe. Hingegen kommt eine Ordnungswidrigkeit z.B. des Verleihers nach § 16 Abs. 1 Nr. 1b AÜG nur dann in Betracht, wenn der Verleiher im Besitz einer Verleiherlaubnis nach § 1 Abs. 1 AÜG ist.[613] Nur der Verleih eines Verleihers mit Verleiherlaubnis, der gegen § 1 b S. 1 AÜG verstößt, wird durch § 16 Abs. 1 Nr. b AÜG mit Bußgeld bedroht. Ein Verstoß gegen § 16 Abs. 1 Nr. 1 AÜG und damit eine nach

---

[612] S. dazu statt vieler Düwell in HZA, Erl. z. AÜG, Rdnr. 263; Knigge, Rdnr. 12 zu § 228 AFG.

[613] Vgl. Sandmann/Marschall, Anm. 28 b zu § 16, die den Anwendungsbereich des § 16 Abs. 1 Nr. 1 b auf die Verleiher mit Verleiherlaubnis beschränken.

138

dem AÜG verbotene Arbeitnehmerüberlassung liegt dagegen vor, wenn der Verleiher gegen § 1 b S. 1 AÜG verstößt und zudem nicht im Besitz einer für die gewerbsmäßige Arbeitnehmerüberlassung erforderlichen Erlaubnis nach § 1 Abs. 1 AÜG ist. Das sektorale auf den Baubereich beschränkten Leiharbeitsverbot (§ 1 b S. 1 AÜG) hat zweifellos einen eigenständiger Regelungsinhalt und könnte mit § 16 Abs. 1 Nr. 1 AÜG in Idealkonkurrenz stehen (§ 19 OWiG). Der Unrechtsgehalt des § 1 b S. 1 AÜG fällt jedoch gegenüber einem Verstoß gegen § 1 Abs. 1 AÜG nicht weiter ins Gewicht. Die Rechtsfolgen eines Verstoßes gegen § 1 b S. 1 AÜG und eines Verstoßes gegen § 1 Abs. 1 AÜG sind im Hinblick auf den Überlassungsvertrag gleich. Der Vertrag ist unwirksam.[614] Im Hinblick auf den Leiharbeitsvertrag sind die vertraglichen Auswirkungen des Verstoßes gegen § 1 Abs. 1 AÜG für die an einer illegalen Arbeitnehmerüberlassung Beteiligten (Entleiher, Verleiher und Leiharbeitnehmer) auf Grund der Fiktionswirkung des § 10 Abs. 1 AÜG gravierender. Regelt das speziellere Gesetz einen schon von einem anderen Gesetz allgemeinen Sachverhalt, geht es dem allgemeinen Gesetz vor.[615] Ein Verstoß gegen § 1 b S. 1 AÜG bewirkt die Nichtigkeit des Überlassungsvertrages, lässt aber den Leiharbeitsvertrag als wirksam bestehen.[616] Hingegen bewirkt ein Verstoß gegen die Erlaubnisvorschrift nach § 1 Abs. 1 AÜG die Unwirksamkeit des Leiharbeitsvertrages (§ 9 Nr. 1 AÜG) und fingiert einen Arbeitsvertrag zwischen Leiharbeitnehmer und Entleiher. Die Rechtsfolgen eines Verstoßes gegen § 1 Abs. 1 AÜG erfassen somit die Rechtsfolgen eines Verstoßes gegen § 1 b S. 1 AÜG und sind sogar weitergehender. Ein Verstoß gegen § 1 Abs. 1 AÜG regelt den Sachverhalt eines Verstoßes gegen das sektorale Leiharbeitsverbot ebenfalls und darüber hinausgehend. Nach der Gesetzessystematik des AÜG wiegt ein Verstoß gegen die Erlaubnisvorschrift des § 1 Abs. 1 AÜG schwerer. Die zivilrechtlichen Auswirkungen und die rechtliche Bedeutung des § 1 Abs. 1 AÜG sind auch im Rahmen des Ordnungswidrigkeitenrechts zu berücksichtigen, so dass die §§ 16 Abs. 1 Nr. 1, 1a AÜG, dem § 16 Abs. 1 Nr. 1b AÜG vorgehen, obwohl die Bußgeldhöhe für alle drei Vorschriften gleich hoch ist (§ 16 Abs. 3 AÜG, 25.000,- Euro). Der Unrechtsgehalt der §§ 16 Abs. 1 Nr. 1, 1a AÜG erfasst auch den des § 16 Abs. 1 Nr. 1b AÜG. Ist der Verleiher im Besitz einer Verleiherlaubnis nach § 1 Abs. 1 AÜG und verstößt schuldhaft gegen § 1 b S. 1 AÜG, handelt er nach § 16 Abs. 1 Nr. 1 b AÜG ordnungswidrig. Der Entleiher handelt nach § 16 Abs. 1 Nr. 1 b AÜG ordnungswidrig, wenn er Leiharbeitnehmer unter Verstoß gegen § 1 b S. 1 AÜG tätig werden lässt. Die Bußgeldvorschrift des § 16 Abs. 1 Nr. 1 b AÜG knüpft an die tatsächliche Beschäftigung des Leiharbeitnehmers an.[617]

---

[614] S. dazu die Seiten C VIII 2a) bb (2); C VIII 2b) aa .

[615] BGHSt 1, S. 152.

[616] S. dazu die Ausf. unter C VIII 2b) bb.

[617] S. dazu Ulber, Rdnr. 8 zu § 16 AÜG.

a) Fallkonstellationen des § 16 Abs. 1 Nr. 1 b AÜG

Nach § 16 Abs. 1 Nr. 1b AÜG ist die vorsätzliche und fahrlässige Missachtung des Verbots nach § 1 b S. 1 AÜG durch den Verleiher bzw. den Entleiher mit Bußgeld bedroht. Ein fahrlässiger Verstoß gegen § 16 Abs. 1 Nr. 1 b AÜG durch Verleiher und Entleiher kommt bei nachstehend aufgeführten Fallkonstellationen einer rechtsfehlerhaften Beurteilung der Tatbestandsvoraussetzungen des § 1 b S. 1 AÜG in Betracht. Der Verleiher ist im Besitz einer Verleiherlaubnis nach § 1 AÜG und kommt seinen sozialversicherungs- und steuerrechtlichen Pflichten für die bei ihm beschäftigten inländischen Arbeitnehmer oder Arbeitnehmern aus EU-Staaten[618] nach, aber

-Verleiher und Entleiher irren sich über die Gewerbsmäßigkeit der Arbeitnehmerüberlassung.

-Verleiher und Entleiher gehen irrtümlich vom Vorliegen eines Werkvertrages aus, obwohl in Wirklichkeit Arbeitnehmerüberlassung vorliegt.

-Verleiher und Entleiher irren sich über die Zugehörigkeit des Entleihbetriebes zum Bauhauptgewerbe.

b) Überschneidung mit den §§ 16 Abs. 1 Nr. 1, 1a AÜG

Handeln Verleiher und Entleiher vorsätzlich, indem sie z.B. bewusst die Arbeitnehmerüberlassung durch Abschluss eines detaillierten Rahmenvertrages (Scheinwerkvertrag) tarnen, liegen in aller Regel weitere Gesetzesverstöße vor. In einer ganz überwiegenden Anzahl der Fälle wird der Verleiher nicht im Besitz einer formellen, mit einem aufwendigen Antragsverfahren verbunden Verleiherlaubnis nach § 1 Abs. 1 S. 1 AÜG sein. Überlässt ein Verleiher ohne die nach § 1 Abs. 1 S. 1 AÜG erforderliche Erlaubnis unter Verstoß gegen § 1 b S. 1 AÜG einen Leiharbeitnehmer gewerbsmäßig an einen Dritten, handelt nach den obigen Ausführungen nach § 16 Abs. 1 Nr. 1 AÜG ordnungswidrig[619] und der Entleiher nach § 16 Abs. 1 Nr. 1 a AÜG, wenn er den oder die Leiharbeitnehmer tätig werden lässt. Insofern unterscheidet sich die bußgeldrechtliche Verantwortlichkeit des Entleihers von der des Verleihers. Während bei dem Verleiher die „Überlassung" der Arbeitnehmer genügt, d.h. ein Arbeitsverhältnis zum Entleiher begründet wird[620], handelt der Entleiher nach dem Wortlaut des § 16 Abs. 1 Nr. 1 a AÜG erst ordnungswidrig, wenn die Leiharbeitnehmer tatsächlich für ihn tätig gewor-

---

[618] Nach Art. 48 f EGV und der Verordnung Nr. 1612/68 v. 15.10.1968 steht jedem EU-Staatsangehörigen das Recht zu, sich innerhalb der EU-Binnengrenzen als Arbeitnehmer frei zu bewegen, aufzuhalten und einer Erwerbstätigkeit nachzugehen.

[619] Beim Vorliegen eines Scheinwerkvertrages ausdrücklich festgestellt durch das BayOLG in AP Nr. 1 zu § 16 AÜG Nr. 1.

[620] OLG Celle, EzAÜG § 16 AÜG Nr. 1.

den sind.[621] Da § 16 Abs. 1 Nr. 1 a AÜG auch die fahrlässige Begehung sanktioniert, obliegen dem Entleiher Erkundigungspflichten. Der Entleiher muss alle zumutbaren Anstrengungen unternehmen, um sich vom Vorliegen einer gültigen Erlaubnis des Verleihers zu vergewissern.[622] Es genügt nicht, dass er mit dem Verleiher einen den Anforderungen des § 12 Abs. 1 AÜG gerecht werdenden Vertrag schließt. Vielmehr muss er sich die gültige Verleiherlaubnis vorlegen lassen,[623] um der im Verkehr erforderlichen Sorgfalt zu genügen. Hat er sich über den Verleiher durch schriftliche Nachfrage beim Landesarbeitsamt erkundigt, genügt er seiner Erkundigungspflicht. Wird dem Entleiher vom Verleiher eine gefälschte Erlaubnisurkunde vorgelegt und ist die Fälschung für den Entleiher offensichtlich erkennbar, trifft ihn ebenfalls der Vorwurf eines fahrlässigen Verstoßes gegen § 16 Abs. 1 Nr. 1 a AÜG. Ist die Fälschung für ihn als Laien nicht auszumachen, kann ein fahrlässiges Handeln ausgeschlossen werden. Ebenso liegt kein fahrlässiges Handeln vor, wenn der Entleiher auf die Angaben des Landesarbeitsamtes vertraut und diese sich in Nachhinein als falsch herausstellen.[624]

c) Die Problematik des tateinheitlichen Handelns bei § 16 Abs. 1 Nr. 1 , 1a AÜG

Nach dem eindeutigen Wortlaut des § 16 Abs. 1 Nr. 1 AÜG wird der Verleih eines jeden Leiharbeitnehmers sanktioniert, was die Annahme zulässt, dass die Überlassung jeweils eines Arbeitnehmers eine selbständige Tat ist. Konsequenterweise würden zwanzig selbständige Taten vorliegen, wenn zwanzig Leiharbeitnehmer zur selben Zeit an einen Baubetrieb gewerbsmäßig von einem Verleiher ohne Erlaubnis nach § 1 Abs. 1 S. 1 AÜG überlassen werden würden (Tatmehrheit). Die Formulierung des Gesetzgebers „einen Leiharbeitnehmer" könnte zum Ausdruck bringen, dass bei dem Verleih von mehreren Arbeitnehmern für den selben Zeitraum keine einheitlichen Handlung, auch nicht im Rechtssinne vorliegen soll. Dem ist jedoch entgegenzuhalten, dass es nicht allein auf die Anzahl der überlassenen Leiharbeitnehmer ankommen kann. Bei der Beurteilung der Frage, ob eine Tat oder mehrere selbständige Taten vorliegen, steht die Handlung mithin der Akt der Arbeitnehmerüberlassung des Verleihers im Vordergrund.[625] Verletzt dieselbe Handlung ein Gesetz mehrmals, liegt Tateinheit vor (§ 19 Abs. 1, 2. Alt. OWiG). Eine einheitliche Handlung liegt vor, wenn sich das aktive Tun des Täters, soweit es sich in einem Verstoß nach § 16 Abs. 1 Nr. 1 AÜG verwirklicht, im Sinne der natürlichen Betrachtung als Handlungseinheit darstellt. Das Tätigwerden muss sich an sich objektiv auch für einen Dritten als ein einheitlich

---

[621] Statt vieler Ulber , Rdnr. 6 zu § 16 AÜG.

[622] OLG Hamm in AP Nr. 7 zu § 19 AFG.

[623] Ulber,Rdnr. 6 zu § 16 AÜG; Becker/Wulfgramm, Rdnr. 9a zu § 16 AÜG.

[624] Vgl. C IX 1h.

[625] Sandmann/Marschall, Anm. 27 zu § 16 AÜG m.w.N.

zusammengefasstes Tun bei natürlicher Betrachtungsweise darstellen.[626] Ein Indiz für das Vorliegen einer Handlungseinheit ist ein einheitlicher Tatentschluss.[627] Überlässt der Verleiher (ohne Verleiherlaubnis nach § 1 Abs. 1 S. 1 AÜG) zwanzig Leiharbeitnehmer an einen Baubetrieb zur Durchführung einer bestimmten Baumaßnahme, liegt bei natürlicher Betrachtungsweise ein auf einem einheitlichen Tatentschluss beruhender Überlassungsakt und damit eine Handlung vor.[628] Von einem einheitlichen Tatentschluss ist z.b. auszugehen, wenn die Leiharbeitnehmer ihre Tätigkeit am selben Tag beim Entleiher (Baubetrieb) aufnehmen. Die von dem Verleiher zu diesem Zeitpunkt angestrebte Dauer des Arbeitseinsatzes wird ebenfalls von diesem Tatentschluss mit umfasst. Wird nach Ablauf des angestrebten Arbeitseinsatzes die Dauer des Aufenthaltes des Leiharbeitnehmers beim Entleiher verlängert, liegt ein neuer Tatentschluss des Verleihers vor. Ebenso liegt ein neuer Tatentschluss des Verleihers vor, wenn ein und derselbe Leiharbeitnehmer an verschiedene Entleiher ausgeliehen wird.[629] Der Einsatz bei einem Entleiher setzt den Abschluss eines Überlassungsvertrages zwischen Verleiher und Entleiher voraus, der wiederum einen gesonderten Entschluss des Verleihers über den Einsatz beim Entleiher erfordert (Überlassungsakt). Der Abschluss der Überlassungsvereinbarung (Arbeitnehmerüberlassungsvertrag) lässt für sich genommen keinen Rückschluss auf den Tatentschluss zu. Entscheidend ist der Überlassungsakt. In den Fällen in denen ein Verleiher dem Entleiher zunächst sechs Arbeitnehmer überlässt und während der Bauarbeiten feststellt, dass er zur Fertigstellung des Werkes noch weitere Arbeitnehmer einsetzen muss, liegt hinsichtlich der weiteren Arbeitnehmer ein neuer Tatentschluss des Verleihers vor, auch wenn der Überlassungsvertrag unverändert geblieben ist.

Die selben Grundsätze gelten bei einem Verstoß gegen § 16 Abs. 1 Nr. 1 a AÜG durch den Entleiher. Nehmen mehrere Leiharbeitnehmer im Baubetrieb am selben Tag eine Beschäftigung auf, liegt eine Handlung und ein Tatentschluss des Entleihers vor, diese Arbeitnehmer bei sich im Betrieb zu beschäftigen. Es spielt dabei keine Rolle, ob die Dauer des Arbeitseinsatzes der Leiharbeitnehmer unterschiedlich lang ist. Stellt der Entleiher am nächsten Tag wiederum erneut Leiharbeitnehmer an, liegt ein neuer Tatentschluss vor.

---

[626] S. beispielhaft BGHSt 4, S. 219; 26, S. 284.

[627] Vgl. BayObLG München, 3. Senat f. Bußgeldsachen, Beschl. v. 29.06.1999 (3 Ob/Owi 50/99) zur Tateinheit bei der Beschäftigung von Leiharbeitnehmern, die ihre Tätigkeit bei dem Entleiher am selben Tag aufgenommen haben.

[628] Martens-Wilde, S. 126.

[629] OLG Düsseldorf bei Göhler, NStZ 1981, S. 683.

d) Die Abgrenzung zur erlaubnisfreien Arbeitnehmerüberlassung im Rahmen des § 1 b S. 2 AÜG

Liegen die Voraussetzungen des § 1 b S. 2 AÜG vor[630], benötigt der Verleiher bei Eingreifen einer der Ausnahmetatbestände des § 1 Abs. 3 AÜG keine Erlaubnis und ein Verstoß gegen § 16 Abs. 1 Nr. 1 AÜG kommt nicht in Betracht. Der Verleiher z.b. ein Betrieb des Hochbaugewerbes, der gewerbsmäßig Arbeitnehmer an einen anderen Baubetrieb des Hochbaugewerbes verleiht, würde keine Erlaubnis nach § 1 Abs. 1 S. 1 AÜG benötigen und nicht ordnungswidrig nach § 16 Abs. 1 Nr. 1 b AÜG (Leiharbeitsverbot) oder § 16 Abs. 1 Nr. 1 AÜG handeln, wenn

a) ein für den Entleiher und Verleiher geltender Tarifvertrag, hier z.b. des Bauhauptgewerbes (Baurechtsrahmentarifvertrag), die Arbeitnehmerüberlassung zur Vermeidung von Kurzarbeit oder Entlassungen vorsieht (§ 1 Abs. 3 Nr. 1 AÜG),

b) es sich bei den Baubetrieben um Konzernunternehmen im Sinne des § 18 Aktiengesetzes handelt und der Arbeitnehmer seine Arbeit vorübergehend nicht bei seinem Arbeitgeber leistet (§ 1 Abs. 2 AÜG), oder

c) der Leiharbeitnehmer in das Ausland in ein auf der Grundlage zwischenstaatlicher Vereinbarung begründetes deutsch-ausländisches Gemeinschaftsunternehmen verliehen wird, an dem der Verleiher (Baubetrieb) beteiligt ist (§ 1 Abs. 3 Nr. 3 AÜG).

Zu a) Der im Bauhauptgewerbe gültige Baurechtsrahmentarifvertrag enthält keine Regelungen zum Personalaustausch, so dass § 1 Abs. 3 Nr. 1 AÜG insofern nicht zum Tragen kommt. Danach benötigt der Verleiher bei einem Verleih zwischen Betrieben des Bauhauptgewerbes somit immer eine Erlaubnis nach § 1 Abs. 1 S. 1 AÜG. Ansonsten handelt er nach § 16 Abs. 1 Nr. 1 AÜG ordnungswidrig, es sei denn, der Verleiher in seiner Eigenschaft als Arbeitgeber beschäftigt weniger als fünfzig Beschäftigte und überlässt Arbeitnehmer zur Vermeidung von Kurzarbeit oder Entlassungen an einen anderen Hochbaubetrieb. In diesem Fall genügt eine schriftliche Anzeige bei dem für seinen Geschäftssitz zuständigen Landesarbeitsamt (§ 1 a AÜG).

Zu b) Nach § 1 Abs. 3 Nr. 2 AÜG ist der Verleih zwischen Konzernunternehmen innerhalb eines Konzerns (§ 18 AktG) erlaubnisfrei. Auch im Bereich des Bauhauptgewerbes existieren neben den zahlreichen kleinen (Handwerks)betrieben mit zwei oder drei Beschäftigten, bedeutende Konzernunternehmen.[631] Nach dem Wortlaut des § 1 Abs. 3 Nr. 2 AÜG muss es sich um ein Konzernunternehmen im

---

[630] S. dazu die Ausführungen unter C III 1.

[631] Als Beispiel lässt sich das Unternehmen, P.Holzmann AG anführen, über das zwischenzeitlich das Insolvenzverfahren eröffnet worden ist.

Sinne von § 18 AktG handeln, was wiederum ein Unternehmen in der Rechtsform einer AG oder KGaA voraussetzen könnte, für die das Aktiengesetz gilt. Eine derartige Auslegung des Gesetzestextes ist zu eng und wird der gesetzgeberischen Intention nicht gerecht. Nach dem Willen des Gesetzgebers sollten die Regelungen des Arbeitnehmerüberlassungsrechts für den internen Arbeitsmarktes eines Konzerns ausgeschlossen werden, weil eine Gefährdung der Leiharbeitnehmer nicht gegeben sei.[632] Unter Zugrundelegung dieser gesetzgeberischen Intention ist ein Verleih auch in den Fällen zu ermöglichen, in denen die am Verleih beteiligten Unternehmen eine andere Rechtsform als die der AG oder KGaA haben, aber die übrigen materiellen Elemente des Konzernbegriffs vorliegen.[633] Bei der vom Gesetzgeber gewählten Formulierung handelt es sich lediglich um rechtsformneutrale Verweisung.[634] Ein Grund für eine unterschiedliche Behandlung der Aktiengesellschaften und der Personengesellschaft im Hinblick auf das Recht der Arbeitnehmerüberlassung unter Berücksichtigung der gesetzgeberischen Intention ist nicht erkennbar und wäre daher nicht sachgerecht (Art. 3 Abs. 1 GG). Auf Grund der in einem Konzernunternehmen bestehenden einheitlichen Leitung, der die einzelnen Unternehmen unterstehen (beherrschte oder rechtlich selbständige Unternehmen) ist von einheitlichen Arbeitsbedingungen der Beschäftigten innerhalb eines Konzerns auszugehen (Interner Arbeitsmarkt). Auch der Verleih zwischen zwei Unternehmen in der Rechtsform der GmbH & Co KG, die unter einer einheitlichen Leitung zusammengefasst sind, fällt unter § 1 Abs. 3 Nr. 2 AÜG.[635] Weitere Voraussetzung für die Erlaubnisfreiheit der gewerblichen Arbeitnehmerüberlassung nach § 1 Abs. 3 Nr. 2 AÜG ist, dass der Arbeitnehmer die Arbeitsleistung nur vorübergehend nicht bei seinem Arbeitgeber leistet. Das Tatbestandsmerkmal „vorübergehend" wird in der Literatur und Rechtsprechung überwiegend weit ausgelegt.[636] Die Überlassung kann sich nach der in der Literatur vertretenen Auffassung über mehrere Jahre erstrecken.[637] Eine Orientierung an der begrenzten Überlassungsdauer eines Arbeitnehmers, derzeit 24 Monate (§ 3 Abs. 1 Nr. 6 AÜG) wird überwiegend abgelehnt[638], weil der Ausschuss für Arbeit und Sozialordnung, der Auffassung des BAG folgend, eine sechsmonatige Einsatzbegrenzung nicht als Maßstab ansieht.[639] Ein anderer Ansatzpunkt soll die Anlehnung an die von der Rechtsprechung aufgestellten Grundsätze zur rechtlichen Zulässigkeit befristeter Verträge sein.[640] Sehr weitgehend ist die Auffassung, nach der die Überlassung nur dann endgültig ist, wenn feststeht, dass der überlassene Arbeit-

[632] BT-DS 10/3206, S. 33.
[633] BAG v. 5.5.1998 in AP Nr. 8 zu § 1 AÜG.
[634] Vgl. statt vieler Schüren, Rdnr. 732 zu § 1 AÜG.
[635] Sandmann/Marschall, Anm.. 2 zu AÜG Art 1 § 1 AÜG.
[636] Vgl. statt vieler BAG AP Nr. 8 zu Art. 1 § 1 AÜG.
[637] Gaul, BB 1996, S. 1224 f, Schüren, Rdnr. 755 zu § 1 AÜG.
[638] Vgl. z.B. Becker in DB 1988, S. 2561 f, S.2564.
[639] BT-DS 10/3206, S. 33; BAG AP Nr. 8 zu Art.1, § 1 AÜG.
[640] Ulber, Rdnr. 253 zu § 1 AÜG.

nehmer nie mehr zu seinem Arbeitgeber innerhalb des Konzerns zurückkehrt.[641] Da es sich bei der Konzernüberlassung um gewerbsmäßige Arbeitnehmerüberlassung handelt, ist für die Beurteilung „eines vorübergehende" Einsatzes des Leiharbeitnehmers bei einem anderen Arbeitgeber, die derzeit bestehende Überlassungsdauer von 24 Monaten angemessen. Würden die Regelungen des AÜG eingreifen, wäre eine über diesen Zeitraum hinausgehende Arbeitnehmerüberlassung nach dem AÜG unzulässig. Der Begriff „vorübergehend" bringt zum Ausdruck, dass der Verleih nur für einen begrenzten überschaubaren Zeitraum erfolgen soll. Hat der Entleiher ein Interesse an einer längeren Beschäftigung, bietet sich der Abschluss eines Arbeitsvertrages mit dem Arbeitnehmer an. § 1 Abs. 3 Nr. 2 AÜG befreit den Verleiher von der Pflicht eine Erlaubnis bei der Bundesanstalt für Arbeit einzuholen. Die Grundsätze der Arbeitnehmerüberlassung gänzlich auszuschließen, ist aber zu weitgehend. Hätte der Gesetzgeber dies gewollt, hätte er auf die Formulierung „vorübergehend" verzichtet. Der gewerbsmäßige Arbeitskräfteverleih ist auf einen vorübergehenden Einsatz der Leiharbeitnehmer bei einem fremden Arbeitgeber ausgerichtet. Gewerbsmäßige Dauerleiharbeitsverhältnisse sollen vermieden werden, was auch für eine Konzernüberlassung gelten muss. Bei einer jahrelangen Überlassung ist für Außenstehende, dem Betriebsrat und vielleicht sogar für den Arbeitnehmer eine Abgrenzung zur Arbeitsvermittlung nicht mehr möglich. Die gesetzgeberische Wertung des § 1 Abs. 2, 2. Alt. AÜG wonach bei einer Überschreitung der Überlassungsdauer von 24 Monaten von Arbeitsvermittlung[642] auszugehen ist, mithin ein dauerhaftes Arbeitsverhältnis zum Entleiher begründet wird, sollte auch bei der Auslegung des § 1 Abs. 3 Nr. 2 AÜG Berücksichtigung finden. Vorübergehend ist somit eine Überlassung, welche die Dauer von 24 Monaten nicht überschreitet.

Zu c) Die dritte Ausnahme erfasst den Verleih in das Ausland, wenn der Entleiher ein auf der Grundlage zwischenstaatlicher Vereinbarungen begründetes deutsch-ausländisches Gemeinschaftsunternehmen ist (vgl. § 5 Nr. 4 Anwerbestopp-Ausnahmeverordnung) und der Verleiher an diesem Unternehmen, sei es auch nur geringfügig,[643] beteiligt ist. Da § 1 Abs. 3 Nr. 3 AÜG nur bei einer Entsendung von Arbeitnehmern in das Ausland Anwendung findet und der Entleiher somit seinen Sitz im Ausland hat, stehen im Rahmen dieser Abhandlung, die sich mit dem Verleih in das inländische Bauhauptgewerbe befasst, die zwischenstaatlichen Vereinbarungen zum Abschluss von Kontingentwerkverträgen im Vordergrund.[644]

---

[641] ArbG Köln, BB 1996 S. 800 f. .

[642] Die Relevanz der Abgrenzung Arbeitnehmerüberlassung/Arbeitsvermittlung nach Wegfall des Arbeitsvermittlungsmonopols ist auf S. 42,43 erörtert worden.

[643] Sandmann/Marschall, Anm. 84 zu § 1 AÜG.

[644] S. dazu C VII 1a) gg (2). In diesen Fällen handelt es sich vertraglich nicht um Arbeitnehmerüberlassung, sondern um Werkverträge. Die praktische Abwicklung gestaltet sich häufig anders.

e) Zusammenfassung

Liegen zwar die Voraussetzungen des § 1 b S.2 AÜG vor, aber nicht die des § 1 Abs. 3 AÜG, des § 1 Abs. 1 S. 2 AÜG (Abordnung) oder der Kollegenhilfe nach § 1 a AÜG vor, benötigt der Verleiher für den gewerblichen Verleih von Bauarbeitern in das Bauhauptgewerbe eine Verleihererlaubnis. Ist er schuldhaft nicht im Besitz einer solchen Erlaubnis nach § 1 Abs. 1 AÜG handelt er nach § 16 Abs. 1 Nr. 1 AÜG ordnungswidrig. Der Entleiher handelt in diesem Fall nach § 16 Abs. 1 Nr. 1a ordnungswidrig, wenn er den oder die Leiharbeitnehmer in seinem Betrieb tätig werden lässt. Verletzt der Verleiher schuldhaft die Anzeigepflicht nach § 1 a AÜG handelt er nach § 16 Abs. 1 Nr. 2a AÜG ordnungswidrig. Ist der Verleiher im Besitz einer Verleihererlaubnis und verstößt vorsätzlich oder fahrlässig gegen § 1 b S. 1 AÜG handelt er nach § 16 Abs. 1 Nr. 1b AÜG ordnungswidrig. Der Entleiher handelt ordnungswidrig wenn er die Leiharbeitnehmer tätig werden lässt.

3. Tätigwerdenlassen eines ausländischen Leiharbeitnehmers ohne Arbeitsgenehmigung, § 16 Abs. 1 Nr. 2 AÜG

Wie bereits ausgeführt, werden gerade im Baubereich ausländische Arbeitskräfte als Leiharbeitnehmer unter Umgehung der gesetzlichen Bestimmung des AÜG und des Leiharbeitsverbots gem. § 1 b S. 1 AÜG eingesetzt. Bei einem unter Beachtung der Erlaubnisvorschrift gem. § 1 Abs. 1 AÜG erfolgten „legalen" Verleih ist der Verleiher Arbeitgeber des Leiharbeitnehmers[645] und er würde nach § 404 Abs. 2 Nr. 2 SGB III ordnungswidrig handeln, wenn er einen Leiharbeitnehmer unter Verletzung der Vorschriften der §§ 284 ff SGB III bzw. § 6 Abs. 1 Nr. 2 ArGV beschäftigen würde. Da § 404 Abs. 2 SGB III keine Regelung bezüglich des Entleihers enthält, würde der Entleiher sanktionslos bleiben, wenn nicht § 16 Abs. 1 Nr. 2 AÜG ihn ebenfalls mit einer Geldbuße bedrohen würde. Das Verhalten des Entleihers, der Ausländer ohne die nach dem SGB III erforderliche Arbeitsgenehmigung tätig werden lässt, ist rechtsethisch genauso verwerflich wie das Verhalten des Verleihers, der mit ihnen ein Beschäftigungsverhältnis begründet und an den Entleiher überlässt.[646] § 16 Abs. 1 Nr. 2 AÜG schließt eine Regelungslücke[647] und sanktioniert das Verhalten eines Entleihers, der einen ihm von einem Verleiher ohne Erlaubnis nach § 1 Abs. 1 AÜG überlassenen Leiharbeitnehmer, der nicht im Besitz einer nach den §§ 284 ff SGB III erforderlichen Arbeitsgenehmigung ist, tätig werden lässt. Der Entleiher soll durch die Bußgeldvorschrift des § 16 Abs. 1 Nr. 2 AÜG angehalten werden, das Vorliegen der Arbeitsgenehmigungen bzw. deren gesetzliche Notwendigkeit bei ausländischen Arbeitskräften zu kontrollieren. Setzt er Leiharbeitnehmer in seinem Betrieb ein,

---

[645] S. dazu C VIII 1.

[646] Vgl. dazu die Ausführungen zu C VII.

[647] S. auch Becker/Wulfgramm, Rdnr. 10 zu Art. 1, § 16 AÜG; Rdnr. 24 zu § 16 AÜG; Sandmann/Marschall, Anm. 29 zu § 16 AÜG.

obliegen ihm besondere Sorgfaltspflichten, weil die Arbeitserlaubnis zu versagen ist, wenn der ausländische Arbeitnehmer als Leiharbeitnehmer (§ 1 Abs. 1 AÜG) tätig werden will. Der Entleiher muss somit prüfen, ob der Leiharbeitnehmer im Besitz einer Arbeitsberechtigung nach § 2 ArGV ist, einer der Ausnahmetatbestände des § 284 Abs. 1 S. 2 SGB III vorliegt, z.b. es sich um einen EU-Angehörigen handelt, der keine Arbeitsgenehmigung benötigt oder gar eine arbeitsgenehmigungsfreie Beschäftigung nach § 9 ArGV, wie z. B. zum Zeitpunkt. der Geltung der AEVO das Aufstellen von Fertighäusern und Fertigbauhallen ausgeübt werden soll. Bei einem größeren Bauunternehmen mit mehreren Niederlassungen (Betriebsabteilungen) besteht beispielsweise für den Betriebsinhaber die Verpflichtung seinen Niederlassungsleitern zur Einhaltung der Arbeitsgenehmigungsvorschriften konkrete Kontrollanweisungen zu erteilen.

Erfolgt der Verleih eines ausländischen Leiharbeitnehmers, der eine Arbeitsgenehmigung (Arbeitserlaubnis) nach den §§ 284 ff SGB III für die Ausübung einer Tätigkeit benötigt unter Verstoß gegen § 1 b S. 2 AÜG, liegt zwischen dem Verstoß gegen § 16 Abs. 1 Nr. 1 b AÜG (Verleiher und Entleiher) und den Verstößen gegen § 16 Abs. 1 Nr. 2 AÜG (Entleiher) und § 404 Abs. 2 Nr. 2 SGB III (Verleiher) Tateinheit vor. Eine Gesetzeskonkurrenz zwischen diesen Bußgeldvorschriften unter dem Gesichtspunkt der Spezialität, Subsidiarität oder Konsumtion kommt nicht in Betracht. Bei der Spezialität geht ein Gesetz, welches einen schon von einem anderen Gesetz allgemein erfassten Sachverhalt durch Hinzutreten weiterer Merkmale besonders regelt, dem allgemeinen Gesetz vor.[648] Die Verstöße gegen das Arbeitsgenehmigungsverfahren und das Leiharbeitsverbot gem. § 1 b S. 1 AÜG regeln verschiedene Sachverhalte, so dass keine der beiden Normen als allgemeines Gesetz angesehen werden kann. Die Subsidiaritätsregel lässt solche Gesetze zurücktreten, die nur hilfsweise gelten sollen, falls nicht schon andere Gesetze den Bußgeldverstoß aussprechen.[649] Die obigen bußgeldrechtlichen Normen stehen nebeneinander und haben insoweit unterschiedliche Regelungsinhalte und gesetzgeberische Ziele als § 1 b S. 1 AÜG den Verleih von Arbeitern in das Bauhauptgewerbe unterbinden und § 404 Abs. 2 Nr. 2 SGB III die „illegale" Beschäftigung von Ausländern verhindern will, so dass eine Subsidiarität nicht in Betracht kommt. Ein Fall der Konsumtion liegt vor, wenn eine Norm nach Sinn und Zweck ein seinem Wortlaut nach anwendbares Gesetz so umfasst, dass dieses Gesetz in dem anderen aufgeht und weder Spezialität noch Subsidiarität anzunehmen ist.[650] Mangels identischer Regelungsinhalte kommt im Hinblick auf die obigen Bußgeldtatbestände keine Konsumtion in Betracht. Die obigen Vorschriften der §§ 16 Abs. 1 Nr. 1 b, 16 Abs. 1 Nr. 2 AÜG und § 404 Abs. 2 Nr. 2 AÜG stehen vielmehr nebeneinander und kommen zur Anwendung, wenn ein Verleiher, der im Besitz einer Verleiherlaubnis nach § 1 Abs. 1 AÜG ist, unter Verlet-

---

[648] RG 68, S. 92.

[649] RG 60, S. 122.

[650] Schönke-Schröder, Rdnr 131zu Vorb. §§ 52 ff StGB.

zung des § 1 b S. 1 AÜG ausländische Arbeitnehmer, die nicht im Besitz einer für ihre Tätigkeit erforderlichen Arbeitsgenehmigung (§§ 284 ff SGB III) sind, an eine Betrieb des Bauhauptgewerbes verleiht.

4. Verstöße gegen Strafvorschriften

Unter den nachstehend aufgeführten Voraussetzungen kann ein Verstoß von Verleiher und Entleiher gegen § 16 Abs. 1 Nr. 1 b AÜG zugleich einen Straftatbestand verletzen. Haben Verleiher und Entleiher nach § 16 Abs. 1 Nr. 1 b AÜG wegen Verletzung des Leiharbeitsverbots (§ 1 b S. 1 AÜG) ordnungswidrig gehandelt und erfüllen darüber hinaus in Tateinheit einen qualifizierten Straftatbestand z.B. den der §§ 15,15 a AÜG, ist gem. § 21 Abs. 1 OWiG nur das Strafgesetz anwendbar. Dieser Grundsatz beruht auf der Auffassung, dass die Wirkung der Strafe die des Bußgeldes grundsätzlich übersteigt[651] und die Straftat ihrem Wesen nach als Unrechtsform das in der selben Handlung enthaltene, begangene Verwaltungsunrecht überlagert, so dass deshalb nur eine Ahndung nach dem Strafgesetzbuch geboten ist. Aus diesem Grund werden nachstehend die Straftatbestände aufgezeigt, die bei einem Verstoß gegen § 1 b S. 1 AÜG durch die illegal handelnden Verleiher und Entleiher ebenfalls verletzt werden[652] und die Bußgeldvorschrift des § 16 Abs. 1 Nr. 1 b AÜG, obwohl deren Voraussetzungen vorliegen, wegen § 21 Abs. 1 OWiG nicht zum Tragen kommt. Außerdem befassen sich die nachstehenden Ausführungen mit den Verstößen gegen § 1 b S. 1 AÜG bei denen der Bußgeldtatbestand des § 16 Abs. 1 Nr. 1b AÜG nicht eingreift, weil der Verleiher nicht im Besitz einer Verleiherlaubnis ist und § 16 Abs. 1 Nr. 1 AÜG aus Gründen der Gesetzeskonkurrenz vorgeht.[653]

a) Verleih von Ausländern ohne Arbeitsgenehmigung, § 15 AÜG

Nach § 15 Abs. 1 AÜG handelt ein Verleiher, der nicht im Besitz einer Verleiherlaubnis nach § 1 Abs. 1 AÜG ist, strafbar, wenn er auch nur einen[654] Ausländer, der nicht im Besitz der nach § 284 Abs. 1 SGB III erforderliche Arbeitsgenehmigung ist, gewerbsmäßig einen Dritten überlässt. Nach dem Wortlaut des § 15 Abs. 1 AÜG ist es für einen Verstoß irrelevant, ob der Verleih in das Bauhauptgewerbe zur Verrichtung von Arbeitertätigkeiten erfolgt ist. Verstößt ein Verleiher durch die selbe Handlung gegen § 1 b S. 1 AÜG und gegen § 15 Abs. 1 AÜG besteht zwischen § 15 Abs. 1 AÜG und § 16 Abs. 1 Nr. 1 AÜG Tateinheit. Als Beispiel lässt sich anführen: Ein Verleiher, der nicht im Besitz einer Verleiherlaubnis nach § 1 Abs. 1 AÜG ist, überlässt zehn ausländische, polnische Arbeitnehmer für Maurerarbeiten (Rohbau), die keine Arbeitsgenehmigung nach § 284 Abs. 1 SGB

[651] Rotberg, Rdnr. 1 zu § 21 OWiG.
[652] S. dazu auch Ausführungen zu A II.
[653] S. Ausführungen zu C IX 2.
[654] BGH in NJW 1982, S. 394.

148

III besitzen, an eine Hochbaufirma. Der Verleih erfolgt unter Verstoß gegen das Leiharbeitsverbot gem. § 1 b S. 1 AÜG. Der Bußgeldvorschrift des § 16 Abs. 1 Nr. 1 b AÜG wird aber im Wege der Gesetzeskonkurrenz (Spezialität) verdrängt und § 16 Abs. 1 Nr. 1 AÜG kommt wegen § 21 Abs. 1 OWiG nur zum Tragen, wenn eine Strafe nicht verhängt wird. In diesem Fall kann nach § 21 Abs. 2 OWiG ein Bußgeld festgesetzt werden. Nach dem Wortlaut des § 15 Abs. 1 AÜG ist Täter, der sich nicht im Besitz einer Verleiherlaubnis nach § 1 Abs. 1 AÜG befindende Verleiher. Der Leiharbeitnehmer als notwendiger Teilnehmer bleibt straffrei.[655] Strafbar ist nur der vorsätzliche Verstoß gegen § 15 Abs. 1 AÜG, weil sich weder aus § 15 AÜG noch aus anderen Vorschriften des AÜG's die Strafbarkeit fahrlässigen Handelns ergibt.[656] Bedingter Vorsatz, mithin die billigende Inkaufnahme des tatbestandsmäßigen Erfolges der Verwirklichung des § 15 Abs. 1 AÜG genügt.[657] Liegt beim Verleiher ein Tatbestandsirrtum vor, weil der Verleiher sein Handeln für nicht erlaubnispflichtig nach § 1 Abs. 1 AÜG hält, sei es weil er vom Vorliegen eines Werkvertrages ausgeht oder der Auffassung des OLG Celle folgend, sein Handeln als nicht gewerbsmäßig einstuft, wird in diesen Fällen dem Verleiher kein vorsätzliches, auch nicht bedingt vorsätzliches Handeln, nachgewiesen werden können, so dass eine Strafbarkeit nach § 15 Abs. 1 AÜG ausscheidet. Bei den Tatbestandsmerkmal der „Gewerbsmäßigkeit" oder des Vorliegens einer „Arbeitnehmerüberlassung" im Sinne des § 1 Abs. 1 AÜG handelt es sich um normatives Tatbestandsmerkmale. Allein die Kenntnis von Umständen, die das Vorliegen eines Scheinwerkvertrages indizieren genügen nicht.[658] Der Verleiher muss den juristischen Sinngehalt des Merkmals erfassen und eine Wertung der das normative Merkmal ausfüllenden tatsächlichen Umstände vorgenommen haben. Ein sog. „Bewertungsirrtum" ist vorsatzausschließend, wenn der Verleiher den rechtlich-sozialen Bedeutungsinhalt des Tatumstandes nach Laienart nicht richtig erfasst hat.[659] Meint der Verleiher ein einmaliger, vorübergehender Verleih von Arbeitnehmern falle nicht unter die Bestimmungen des AÜG, hat er keinen Vorsatz hinsichtlich eines gewerbsmäßigen Verleihs. Ebenso hat er keinen Vorsatz hinsichtlich einer Arbeitnehmerüberlassung, wenn er vom Vorliegen eines Werkvertrages ausgeht und eine eventuell vorliegende Arbeitnehmerüberlassung erst gar nicht in seine Überlegungen einbezieht. Liegt ein Verstoß nach § 15 Abs. 1 AÜG mangels Vorsatzes nicht vor, ist zu prüfen, ob der Verleiher fahrlässig einen Bußgeldtatbestand verwirklicht hat. Da der Verleiher bei der im Rahmen dieser Untersuchung relevanten Verstöße zugleich gegen § 1 b S. 1 AÜG verstoßen hat, kommt allerdings ein Bußgeld wegen fahrlässigen Verstoßes gegen § 16 Abs. 1 Nr. 1b AÜG in Betracht. Es ist dann zu prüfen, ob der Verleiher bei Beachtung der objektiv erforderlichen Sorgfalt und ge-

[655] Sandmann/Marschall, Anm.. 6 zu § 15 AÜG.
[656] S. dazu § 15 Abs. 1StGB.
[657] Becker/Wulfgramm, Rdnr. 9 zu Art. 1, § 15; Schüren, Rdnr. 35 zu § 15 AÜG.
[658] So aber Schüren, Rdnr. 36 zu § 15 AÜG.
[659] Vgl. Ausf. bei Schönke/Schröder, Rdnr. 16 zu § 15 StGB.

höriger Anspannung seines Gewissens nicht hätte erkennen können und müssen, dass in den obigen Fallkonstellationen ein Fall von gewerbsmäßiger Arbeitnehmerüberlassung vorliegt.

Gerade im Baubereich werden Leiharbeitnehmer unter extrem ungünstigen, zum Teil menschenverachtenden Arbeitsbedingungen verliehen, so dass die in § 15 Abs. 2 AÜG enthaltene Strafschärfung von Relevanz ist.[660] Nach § 15 Abs. 2 AÜG erhöht sich das Strafmaß von sechs Monaten auf bis zu fünf Jahren, wenn ein besonders schwerer Fall des illegalen Verleihs von ausländischen Arbeitnehmern vorliegt. Der Gesetzgeber nennt selbst zwei Regelbeispiele in § 15 Abs. 2 S. 2 AÜG, das gewerbsmäßige Handeln und das Handeln aus grobem Eigennutz. Das gewerbsmäßige Handeln ist in diesem Zusammenhang anders zu definieren als der Begriff der Gewerbsmäßigkeit im Sinne des § 1 Abs. 1 AÜG, was darin begründet liegt, dass ein strafbegründendes Merkmal nicht gleichzeitig strafschärfend wirken darf.[661] Da das gesamte Recht des Arbeitnehmerüberlassungsgesetzes ganz überwiegend den gewerbsmäßigen Verleih reglementiert, muss der Begriff der Gewerbsmäßigkeit im Sinne des § 15 Abs. 2 S. 2 AÜG einen darüber hinausgehenden Inhalt haben.[662] Nach der billigungswerten Rechtsprechung des BGH handelt ein Täter gewerbsmäßig, wenn er die Absicht hat, sich aus wiederholter Tatbegehung (Verleih von ausländischen, sich nicht im Besitz einer Arbeitsgenehmigung befindenden, Arbeitnehmern durch einen Verleiher ohne Verleiherlaubnis) eine nicht nur vorübergehende Einnahmequelle von einigem Umfang zu verschaffen.[663] Entscheidend bei der Beurteilung der Gewerbsmäßigkeit im Sinne des § 15 Abs. 2 S. 2 AÜG ist damit der Umfang der strafbedrohten Tätigkeit. Er setzt ein Gewinnstreben von erheblicher Intensität hinsichtlich der Höhe des Gewinns oder die Nachhaltigkeit der Tätigkeit voraus,[664] was beispielsweise gegeben ist, wenn die ausländischen Arbeitnehmer in besonderem Maße ausgebeutet und benachteiligt werden.[665] Der illegal tätige Verleiher handelt aus grobem Eigennutz, wenn er wirtschaftliche Vorteile in besonders anstößigem Maße anstrebt.[666] Die beiden Regelbeispiele haben damit unterschiedliche Inhalte. Während § 15 Abs. 1 S. 2, 1. Alt. AÜG auf das besonders ausdauernde Handeln und umfangreiche Gewinnstreben abzielt (z.B. Überlassung von 100 Leiharbeitnehmern zu einem Minimallohn von 2,50 Euro), führt in § 15 Abs. 2 S. 2, 2. Alt. AÜG die besonders verwerfliche Begehungsweise zum Vorliegen eines schweren Falles im Sinne von § 15 Abs. 2 AÜG. Als Beispiele lassen sich anführen: Ein

[660] Vgl. z.B. BT/DS 14/4220, S. 39.

[661] Vgl. § 46 Abs. 3 StGB; Dreher-Tröndle, Rdnr. 43 ff zu § 46 StGB.

[662] So auch Sandmann/Marschall, Anm. 17 zu § 15 AÜG; Becker/Wulfgramm, Rdnr 3 a u. 14 zu § 15 AÜG.

[663] BGHSt 1, S. 383.

[664] BGHSt 29, S. 187 ff, S. 189.

[665] BGH, NJW 1982, S. 394.

[666] Vgl. dazu § 370 III Nr. 1 AO; BT-DS, 7/3100, S. 6.

fünfzehnstündiger täglicher Einsatz der Arbeitnehmer beim Entleihbetrieb über einen Zeitraum von mehreren Wochen oder die polnischen Arbeitskräfte (Leiharbeitnehmer) erhalten ihren Lohn gar nicht, in anderer Höhe als vereinbart oder erst nach Abschluss der mehrere Monate andauernden Arbeiten.[667] Eine Überlagerung der beiden Alternativen des § 15 Abs. 2 AÜG ist nur teilweise gegeben, weil ein grob eigennütziges Handeln dem Ziel eines maximalen Gewinns dient.[668] Überlässt der Verleiher die Arbeitnehmer unter schweren Arbeitsbedingungen für einen kürzeren Zeitraum (zwei Wochen) erstmalig an einen Entleihbetrieb scheidet die erste Alternative des § 15 Abs. 2 S. 2 AÜG damit aus. Haben die Arbeitnehmer keine Möglichkeit sich zu waschen, regelmäßig zu essen und müssen sie über 15 Stunden täglich arbeiten, liegt ein Fall des § 15 Abs. 2 S. 2, 2. Alt. vor. Aus der Formulierung „in der Regel" in § 15 Abs. 2 S. 2 AÜG ergibt sich, dass die aufgeführten Beispiele keinen abschließenden Katalog darstellen, sondern bei ihrem Vorliegen ein besonders schwerer Fall anzunehmen ist.[669] Es handelt sich um Regelbeispiele, die eine Auslegungshilfe für den unbestimmten Rechtsbegriff „des schweren Falles" sein sollen. Ein besonders schwerer Fall kann auch aus anderen Gründen gegeben sein[670] z.B. bei besonderer Gefährlichkeit des angewandten Mittels oder bei außergewöhnlich niederträchtigen Verhalten.[671]

b) Entleih von Ausländern ohne Arbeitsgenehmigung, § 15 a AÜG

Nach § 15 a AÜG ist der Entleih von Ausländern, die nicht in Besitz einer nach § 284 Abs. 1 S. 1 SGB III erforderlichen Arbeitsgenehmigung sind, strafbar, wenn der Entleiher die Leiharbeitnehmer zu Arbeitsbedingungen tätig werden lässt, die in einem auffälligen Missverhältnis zu denen deutscher Leiharbeitnehmer stehen, die die gleiche oder vergleichbare Tätigkeit ausüben. Täter kann nur ein Entleiher sein,[672] d.h. eine Person, die nicht selbst Arbeitgeber ist, sondern einen Leiharbeitnehmer lediglich als Entleiher in seinem Betrieb (Baubetrieb) beschäftigt. Erfasst wird nur der Entleih eines Arbeitnehmers durch einen gewerbsmäßig handelnden Verleiher, der mit Erlaubnis der Bundesanstalt für Arbeit nach § 1 Abs. 1 AÜG tätig ist, z.B. der Entleih durch eine Hochbaufirma eines Maurers für Maurertätigkeiten von einer Zeitarbeitsfirma. Durch die Fiktionsregelung des § 10 Abs. 1 AÜG wird der Entleiher (Hochbaufirma), der einen Leiharbeitnehmer eines Verleihers beschäftigt, der nicht im Besitz der nach § 1 Abs. 1 AÜG erforderlichen Verleiherlaubnis ist, Arbeitgeber des Leiharbeitnehmers. In diesem Fall finden die für den Arbeitgeber geltenden, allgemeinen Regeln des dritten Sozialgesetzbuches Anwendung. Durch § 15 a AÜG wird eine Strafbarkeitslücke ge-

---

[667] Vgl. dazu auch Mayer in BB 1993, S. 1429.
[668] Ulber, Rdnr. 17 zu § 15 AÜG m..w..N.
[669] Schüren, Rdnr. 24 zu § 15 AÜG.
[670] BGH, Wistra 1988, S. 27.
[671] Schönke/Schröder, Rdnr. 47 Vorbem. § 38.
[672] Schüren, Rdnr. 8 zu § 15 a AÜG; Sandmann/Marschall,, Anm. 2 zu § 15 a AÜG.

schlossen.[673] Die einzelnen Tatbestandsvoraussetzungen des § 15 a AÜG entsprechen denen der §§ 406 Abs. 1 Nr. 3, 407 SGB III. Ohne den Straftatbestand des § 15 a AÜG würde ein Entleiher, der nicht kraft Fiktion zum Arbeitgeber des Leiharbeitnehmers wird, straffrei ausgehen. Dies obwohl er in der Regel die selbe kriminelle Energie entwickelt hat, wie ein Arbeitgeber-Entleiher. Wie bereits mehrfach angesprochen bilden vor allem finanzielle Gründe den Anreiz für illegale Ausländerbeschäftigung verbunden mit illegaler Arbeitnehmerüberlassung in das Bauhauptgewerbe. Ausländische Arbeitskräfte z.b. aus Polen sind bereit, für Dumpinglöhne ununterbrochen zu arbeiten. In ihrem Heimatland stellt ein selbst für deutsche Verhältnisse geringer Verdienst ein erhebliches Einkommen dar. Die Arbeitskräfte sind ihrem Arbeitgeber zumeist ausgeliefert, weil sie sich nicht an eine deutsche Behörde oder ein deutsches Gericht wegen der ausbeuterischen Arbeitsbedingungen wenden können.[674] Um den finanziellen Anreizen illegaler Ausländerbeschäftigung, auch für den Entleiher, entgegenzuwirken und die ausländischen Arbeitnehmer vor der Gefahr der Ausbeutung zu schützen, wurde auch der illegal handelnde Entleiher, der nicht Arbeitgeber des Leiharbeitnehmers ist, bei Vorliegen bestimmter Voraussetzungen mit Strafe bedroht.[675] Aus diesen Ausführungen ergibt sich aber auch, dass § 15 a AÜG den Entleih von einem gewerbsmäßig handelnden Verleiher sanktioniert.[676]

Ebenso wie bei § 15 AÜG setzt § 15 a AÜG voraus, dass die Leiharbeitnehmer nicht im Besitz einer nach § 284 Abs. 1 SGB III erforderlichen Arbeitsgenehmigung sind.[677] Anders als bei § 15 AÜG ist bei § 15 a AÜG das „tätig werden lassen" des Leiharbeitnehmers Tatbestandsvoraussetzung. Ein Leiharbeitnehmer wird erst dann für einen Entleiher tätig, wenn er die Arbeit tatsächlich aufnimmt. Der Abschluss eines Überlassungsvertrages zwischen Verleiher und Entleiher (Baubetrieb) genügt nicht, um eine Strafbarkeit des Entleihers zu begründen.[678] Weiteres wesentliches Tatbestandsmerkmal des § 15 a Abs.1 AÜG ist, dass die Leiharbeitnehmer nach dem Leiharbeitsverhältnis zu Arbeitsbedingungen beschäftigt werden, die in einem auffälligen Missverhältnis zu denen deutscher Leiharbeitnehmer stehen, unter der Voraussetzung, dass die ausgeübten Tätigkeiten vergleichbar sind. Vergleichbar ist die Tätigkeit eines ausländischen Leiharbeitnehmers mit denen eines deutschen Arbeitnehmer dann, wenn es sich um Tätigkeiten handelt, bei denen die Art der Ausführung in den wesentlichen Punkten übereinstimmt oder wenn zwar in wesentlichen Punkten Abweichungen bestehen, aber noch zum überwiegenden Teil Übereinstimmung mit der Tätigkeit des deut-

---

[673] Becker/Wulfgramm, Art. 1, Rdnr. 3 zu § 15 a AÜG; BT DS 12/3180, S. 28.

[674] S. dazu BT DS 7/3100, S. 5.

[675] Schüren, Rdnr. 4 zu § 15 a AÜG.

[676] Vgl. Schüren, Rdnr. 8 zu § 15 a AÜG; andere Auffassung Ulber, Rdnr. 3 zu § 15 a AÜG, der auch die nicht gewerbsmäßige Arbeitnehmerüberlassung unter den Tatbestand des § 15 a Abs. 1 AÜG subsumiert.

[677] S. dazu obige Ausführungen.

[678] Münch. ArbR- Marschall, Rdnr. 36 zu § 169; Jörs, S. 23.

schen Leiharbeitnehmers besteht, die bei dem Verleiher beschäftigt sind. Orientierungsmaßstab sind die Arbeitsbedingungen der Kollegen des ausländischen Leiharbeitnehmers, die eine vergleichbare Tätigkeit ausüben. Beschäftigt der Verleiher nur ausländische Arbeitskräfte oder sind bei ihm keine deutschen Leiharbeitnehmer beschäftigt, die eine vergleichbare Tätigkeit ausüben, sind als Vergleichsmaßstab die Arbeitsbedingungen deutscher Leiharbeitnehmer, die eine vergleichbare Tätigkeit ausüben eines vergleichbaren Verleihers heranzuziehen.[679] Bei der Beurteilung, ob eine „vergleichbare" Tätigkeit vorliegt kann auf die Berufsgruppen zum BRTV-Bau zurückgegriffen werden, z.b. die Berufsgruppe VI des Bauhauptgewerbes für die Verrichtung einfacher Bauarbeiten. Maßgeblich sind die Arbeitsbedingungen, die dem Arbeitsverhältnis zwischen Verleiher und ausländischem Leiharbeitnehmer zugrunde liegen.[680] Unter Arbeitsbedingungen ist die tatsächliche Ausgestaltung des Arbeitsverhältnisses nach Lohnhöhe, Urlaubsdauer und Nebenleistungen zu verstehen. Da sich aus dem Wortlaut des § 15 a Abs. 1 AÜG und der Gesetzessystematik keine Beschränkung auf die essentiellen Arbeitsbedingungen eines Arbeitsverhältnisses zwischen Verleiher und Entleiher ergibt, zählen auch alle weiteren Umstände, unter denen Arbeitnehmer ihre Arbeitsleistung zu erbringen haben zu den Arbeitsbedingungen im Sinne des § 15 a Abs. 1 AÜG.[681] Zu den Arbeitsbedingungen zählt mithin auch die Beachtung des Leiharbeitsverbots gem. § 1 b S. 1 AÜG. Nach § 1 b S. 1 AÜG ist die gewerbsmäßige Arbeitnehmerüberlassung in das Bauhauptgewerbe für Arbeiten, die üblicherweise von Arbeitern verrichtet werden untersagt. Deutsche und ausländische Leiharbeitnehmer dürfen somit zur Verrichtung von Arbeitertätigkeiten nicht gewerbsmäßig in das Bauhauptgewerbe verliehen werden. Werden ausländische Arbeitskräfte, die nicht im Besitz einer Arbeitsgenehmigung nach § 284 Abs. 1 SGB III sind, unter Verstoß gegen § 1 b S. 1 AÜG in das Bauhauptgewerbe verliehen, könnte die Annahme gerechtfertigt sein, dass sie unter Arbeitsbedingungen eingesetzt, die in einem auffälligen Missverhältnis zu denen deutscher Leiharbeitnehmer stehen, weil diese eben dort auch nicht tätig sein dürfen. Sie werden zu anderen Arbeitsbedingungen beschäftigt als deutsche Leiharbeitnehmer. Es stellt sich jedoch die Frage, ob diese Arbeitsbedingungen in einem auffälligen Missverhältnis zu denen gerade deutscher Arbeitnehmer stehen. Von einem Missverhältnis zwischen den Arbeitsbedingungen ist z.b. auszugehen, wenn der an die deutschen Leiharbeitnehmer ausgezahlte Lohn um zwanzig Prozent höher ist, als der eines ausländischen Leiharbeitnehmers. Die Vorschrift des § 15 a Abs. 1 AÜG ist mithin so zu verstehen, dass die deutschen Leiharbeitnehmer zu besseren Arbeitsbedingungen beschäftigt werden als die ausländischen. Es ist auf die Arbeitsbedingungen abzustellen, die sich im Rahmen des rechtlich Zulässigen bewegen. Nach dem Zweck der Vorschrift sollen Benachteiligungen der ausländischen Leiharbeitnehmer vermieden und verhindert werden dass durch die illegale

[679] Sandmann/Marschall, Rdnr. 3 zu AÜG Art. 1 § 15 a.

[680] S. dazu BT-DS 7/3100, S. 7.

[681] So auch Ulber, Rdnr. 8a zu § 15 a AÜG.

Ausländerbeschäftigung die Arbeitsmarktchancen von Deutschen verschlechtert werden.[682] Ein unzulässiges, verbotenes Verhalten kann nicht als Vergleichsmaßstab herangezogen und als Arbeitsbedingung im Sinne des § 15 a AÜG gewertet werden.

Wie bei § 15 AÜG setzt die Strafbarkeit des Entleihers Vorsatz voraus (§ 15 StBG). Der Entleiher muss wissen, dass der ausländische Leiharbeitnehmer nicht im Besitz der nach § 284 Abs. 1 SGB III erforderlichen Arbeitsgenehmigung ist und ihn trotzdem beschäftigen wollen. Den Entleiher treffen bei der Beschäftigung von ausländischen Leiharbeitnehmern zu Recht Erkundigungspflichten.[683] Nach der zutreffenden Rechtsprechung des BGH muss sich jeder Gewerbetreibende die Kenntnis der für seinen Tätigkeitsbereich maßgebenden Vorschriften verschaffen.[684] Dazu zählen auch die für ihn einschlägigen Normen des Arbeitsgenehmigungsrechts nach dem SGB III. Die Vorschriften hätten keine rechtsverbindliche Wirkung, wenn sich die Gewerbetreibenden auf deren Nichtkenntnis berufen könnten. Der Entleiher muss sich vergewissern, dass der ausländische Leiharbeitnehmer im Besitz der nach § 284 Abs. 1 SGB III erforderlichen Arbeitsgenehmigung ist und sich diese vorzeigen lassen. Kommt er dieser Pflicht nicht nach, nimmt er billigend in Kauf (bedingter Vorsatz), dass der von ihm beschäftigte Leiharbeitnehmer nicht im Besitz einer nach § 284 Abs. 1 SGB III erforderlichen Arbeitsgenehmigung ist. Handelt es sich um einen im Rahmen dieser Arbeit relevanten Entleihbetrieb des Bauhauptgewerbes muss dem Entleiher bewusst sein, dass die Erteilung einer Arbeitsgenehmigung nach § 6 Abs. 1 ArGV zu versagen ist, wenn der ausländische Arbeitnehmer als Leiharbeitnehmer im Sinne des § 1 Abs. 1 AÜG tätig werden will. Es können nur ausländische Arbeitnehmer als Leiharbeitnehmer tätig sein, die z.B. im Besitz einer Arbeitsberechtigung (§ 2 ArGV) sind. Davon ist in der Regel aber nicht auszugehen.[685] Der Entleiher muss sich bei ausländischen Arbeitnehmern aus Staaten, die nicht der Europäischen Union angehören, die Arbeitsberechtigung im Original zeigen zu lassen. Der Vorsatz des Entleiher muss sich auf alle Tatbestandsmerkmale des § 15 a Abs. 1 AÜG erstrecken, mithin auch auf die Arbeitsbedingungen der ausländischen Leiharbeitnehmer, die in einem auffälligen Missverhältnis zu denen deutscher Leiharbeitnehmer stehen müssen. Ein vorsätzliches Handeln des Entleihers liegt nur vor, wenn er seine Leiharbeitnehmer wissen- und willentlich „ausbeuterischen" Arbeitsbedingungen aussetzt. Wie bei § 15 AÜG wirkt sich ein gewerbsmäßiges Handeln, hier des Entleihers oder aus grobem Eigennutz strafschärfend aus (Schwerer Fall nach § 15 a Abs. 1 S. 2 AÜG).[686] Daneben wird sowohl der

---

[682] BT-DS 10/2012.

[683] OLG Hamm, AP Nr. 7 zu § 19 AFG; Hess VGH , DB 1995, S. 1770.

[684] Jeder Gewerbetreibende muss sich die Kenntnis der für seinen Tätigkeitsbereich maßgebenden Vorschriften verschaffen. (BGH, NJW 1953, S. 1151).

[685] Vgl. Ulber, Rdnr. 15 zu Einleitung G.

[686] S dazu vorherige Ausführungen.

umfangreiche als auch der beharrliche Entleih mit einer höheren Strafe bedroht. Der umfangreiche Entleih ist in § 15 a Abs. 2 Nr. 1 AÜG gesetzlich bestimmt und liegt vor, wenn gleichzeitig mehr als fünf Arbeitnehmer, die nicht im Besitz einer erforderlichen Arbeitsgenehmigung sind, mindestens dreißig Tage für den Entleiher tätig sind. Ein beharrlicher Entleih liegt vor, wenn der Entleiher wiederholt, mindestens zwei Mal, trotz Abmahnung, Ahndung oder sonst hemmend wirkender Erfahrungen an der illegalen Beschäftigung festhält.[687] Im Gegensatz zur Gewerbsmäßigkeit bei § 15 Abs. 2 AÜG, die ebenfalls ein wiederholtes, aber nicht beharrliches Handeln des Verleihers, voraussetzt, kommt es bei § 15 a Abs. 2 AÜG nicht auf die Gewinnerzielungsabsicht des Entleihers an. Diese steht hinter dem Handeln des Entleihers und wirkt sich nur mittelbar aus. Bei einem umfangreichen oder beharrlichen Entleih von ausländischen Leiharbeitnehmern unter ausbeuterischen Arbeitsbedingungen ist davon auszugehen, dass der Entleiher einen erheblichen Gewinn erzielt. Die Gewinnerzielungsabsicht muss anders als bei § 15 oder bei einem Handeln aus groben Eigennutz (§ 15 a Abs. 2 S. 2 AÜG) aber nicht nachgewiesen werden. Des weiteren wirken sich die ausbeuterischen Arbeitsbedingungen, denen die ausländischen Leiharbeitnehmer ausgesetzt sind bei § 15 AÜG strafschärfend aus (§ 15 Abs. 2 AÜG), während sie bei § 15 a Abs. 1 AÜG strafbegründend sind.

Problematisch ist die praktische Relevanz und der Nachweis der qualifizierten Tatbestandsmerkmale des § 15 a Abs. 2 AÜG. Beschäftigt der Entleiher ausländische Arbeitskräfte, die nicht im Besitz einer nach § 284 Abs. 1 SGB III erforderlichen Arbeitsgenehmigung sind, vorsätzlich unter Verstoß gegen § 1 b S. 1 AÜG, ist sein Handeln nach § 15 a Abs. 1 AÜG strafbar. Voraussetzung für eine Strafbarkeit nach § 15 a Abs. 2 S. 1 Nr. 1 AÜG ist, dass mehr als fünf Leiharbeitnehmer gleichzeitig, also mindestens sechs, mindestens dreißig Tage beim Entleiher eingesetzt werden.[688] Dabei ist es gleichgültig, ob es sich um die selben Arbeitnehmer handelt. Eine Auswechslung der Arbeitnehmer während einer Dreißig-Tage-Frist ist unerheblich.[689] Damit ein umfangreicher Entleih im Sinne von § 15 a Abs. 2 Nr. 1 AÜG vorliegt, müssen die Arbeitnehmer für einen Zeitraum von mindestens dreißig Kalendertagen im Einsatz gewesen sein. Bei der Berechnung der Frist bleiben kurzzeitige Unterbrechungen wie beispielsweise die arbeitsfreien Wochenenden außer Betracht.[690] Längere Arbeitsunterbrechungen, die nicht betriebsüblich sind, können zu einer Unterbrechung der Frist führen.[691] Wie

[687] BT DS 10/2102, S. 32.
[688] Ulber, Rdnr. 10 zu § 15 a AÜG.
[689] Becker/Wulfgramm, Rdnr. 8 a zu § 15 AÜG; Schüren, Rdnr. 21 zu § 15 a AÜG.
[690] S. dazu Ulber, Rdnr. 11 zu § 15 a AÜG.
[691] Um eine Umgehungsmöglichkeit illegal handelnder Entleiher dadurch zu vermeiden, dass sie absichtlich den Einsatz der Arbeitnehmer zwei oder drei Tage unterbrechen, stellt Schüren, Rdnr. 20 zu § 15 a AÜG auf das Gesamtbild des Einsatzes ab. Mehrere Arbeitseinsätze sind zusammenzurechnen, wenn nach einer Gesamtwürdigung alle Umstände trotz der Unterbrechungen ein einheitlicher, zusammenhängender Einsatz anzunehmen ist.

bereits das Bundesverfassungsgericht feststellte,[692] ist die Dauer der Überlassung vor allem bei Tätigkeiten im Baubereich oft kurz.[693] Eine Frist von dreißig Tagen, unter Berücksichtigung der Wochenenden, bedeutet eine Einsatzzeit auf einem Bauvorhaben von ca. anderthalb Monaten. Dies ist ein erheblicher Zeitraum und kommt allenfalls bei Großvorhaben in Betracht. Des weiteren wird die dreißigtägige Frist des § 15 a Abs. 2 Nr. 2 AÜG dadurch umgangen, dass die Regelungen des Arbeitzeitgesetzes gänzlich außer Acht gelassen werden. Im Bereich der illegalen, unter Verstoß gegen § 1 b S. 1 AÜG erfolgten, Beschäftigung von Leiharbeitnehmern im Baugewerbe halten sich die Entleiher und Verleiher nicht an die gesetzlich vorgegebenen Arbeitszeiten (§ 3 ArbZG). Die Arbeitszeiten betragen weitgehend mehr als zehn Stunden täglich, so dass sich der Gesamtzeitraum für die Arbeiten verkürzt und dadurch weniger als dreißig Tage beträgt. Beispiel: Eine Firma X erhält den Auftrag innerhalb eines Monats in einem bestimmten Baukomplex die Estricharbeiten durchzuführen. Die Firma setzt Arbeitnehmer ein, die nicht im Besitz einer nach § 284 Abs. SGB III erforderlichen Arbeitsgenehmigung sind. Im Bereich der illegalen Beschäftigung kann davon ausgegangen werden, dass diese Arbeitnehmer mehr als zehn Stunden täglich tätig sind und vorwiegend nachts und am Wochenende arbeiten. Dadurch ist es der Firma möglich, ihre Leistungen innerhalb kürzester Zeit z.B. von zwei Wochen zu erbringen. Sie kann mehr Aufträge annehmen und erfüllen und einen größeren Umsatz erzielen. Schließlich stehen die Verfolgungsbehörden in einem Ermittlungsverfahren gegen den Entleiher häufig vor Beweisschwierigkeiten. Selbst wenn Anhaltspunkte für eine Beschäftigung von sechs ausländischen Leiharbeitnehmern über einen Zeitraum von mehr als dreißig Tagen vorliegen, stehen als Zeugen häufig nur die ausländischen Leiharbeitnehmer zur Verfügung. In der Regel liegen keine Unterlagen vor, die zu Beweiszwecken verwendet werden können. Die ausländischen Leiharbeitnehmer sind nicht bereit, den Verleiher oder den Entleiher zu belasten. Vielmehr sind häufig schon vorab Absprachen über den Inhalt der Aussagen der Arbeitnehmer für den Fall einer Baustellenkontrolle nach den §§ 304 ff SGB III getroffen worden. Die Betroffenen geben den Kontrolleuren gegenüber an, erst am Tage der Baustellenkontrolle angefangen zu haben. Ein mehr als dreißig Tage andauernder Einsatz der befragten Leiharbeitnehmer lässt sich bei dieser Beweislage nicht nachweisen.[694]

Wie sich schon aus den Ausführungen auf S. 3 ergibt, verletzen illegal handelnde Verleiher und Entleiher bei einer unter Verstoß gegen § 1 b S. 1 AÜG erfolgten Arbeitnehmerüberlassung zumeist weitere Strafvorschriften, um einen möglichst großen wirtschaftlichen Gewinn zu erzielen oder gegenüber anderen Baufirmen konkurrenzfähig zu bleiben. Der Vollständigkeit halber ist auch auf diese Strafvorschriften einzugehen, die wegen § 21 Abs. 1 OWiG eine von Entleiher und

---

[692] S. BVerfG, NJW 1988, S.1196.

[693] S. auch BT-DS, 8/4479, S. 25.

[694] Vgl. dazu Ausführungen in BT-DS 14/4220, S. 43.

Verleiher begangene Ordnungswidrigkeit nach § 16 Abs. 1 Nr. 1 b AÜG (Verstoß gegen das Leiharbeitsverbot gem. § 1 b S. 1 AÜG) verdrängen. Die Strafbarkeit von Verleiher und Entleiher im Hinblick auf „allgemeinen" strafrechtlichen Sanktionsnormen wird nachstehend aufgezeigt und ist im einzelnen problematisch.[695] Die Strafbarkeit hängt u.a. von der Stellung als Arbeitgeber ab und war im Hinblick der sich daraus ergebenden strafrechtlichen Konsequenzen für Verleiher und Entleiher heftig umstritten.[696]

c) Die Beitragshinterziehung

Als Beispielfall soll der, der Entscheidung des BGH vom 31.03. 1982[697] zugrundeliegende Sachverhalt dienen:

Der Geschäftsführer der B-GmbH stellte für die GmbH in der Zeit vom 02.06.1976 bis zum 04.05.1977 zum großen Teil deutsche und ausländische Arbeitnehmer ein, die keine Arbeitspapiere hatten. Solche Arbeitnehmer überließ er im genannten Zeitraum für insgesamt 8671,75 Stunden anderen Baufirmen zur Arbeitsleistung, obwohl weder er noch die GmbH die hierfür gem. § 1 Abs. 1 AÜG erforderliche Erlaubnis hatte. Vereinbarungsgemäß erhielt der Geschäftsführer von den anderen Firmen 16,50,- DM (8,25,- Euro) pro Mann und Stunde; den Arbeitnehmern zahlte er mindestens 8,- DM (4,- Euro) pro Stunde. Er unterließ es, diese Arbeitnehmer bei dem zuständigen Sozialversicherungsträger anzumelden und für sie Sozialversicherungsbeiträge zu entrichten.

Täter eines Beitragsbetruges können nach § 263 Abs. 1 StGB zum Nachteil eines Sozialversicherungsträgers oder des § 266 a StGB (Vorenthalten von Sozialversicherungsbeiträgen) der Entleiher (Verantwortlich Handelnder der Baufirma) ebenso wie der Verleiher (der Geschäftsführer der oben bezeichneten GmbH) sein. Aus § 28 e Abs. 1 S. 1 SGB IV ergibt sich, dass der Arbeitgeber den Gesamtsozialversicherungsbeitrag an die Einzugstelle (Krankenkasse)[698] zu leisten hat. Dazu gehören nach § 28 d SGB IV die Beiträge zur gesetzlichen Krankenversicherung, Rentenversicherung, Pflegeversicherung und Arbeitslosenversicherung. Auf Grund der Fiktionsregelung des § 10 Abs. 1 i.V.m. § 9 Abs. 1 AÜG

---

[695] S.u.a. Martens, WzS 1983, S. 8 ff.

[696] Im Hinblick auf die Abführung der Sozialversicherungsbeiträge: Durch das Urteil des BGH v. 31.03.1982 in welchem lediglich der Entleiher auf Grund der Fiktionsregelung des § 10 Abs. 1 S. 1 AÜG als Arbeitgeber der illegal verliehenen Leiharbeitnehmer angesehen wurde, entbrannte ein heftige Diskussion. Der BGH lehnte die Auffassung in der Literatur eines faktischen Arbeitsverhältnisses zwischen Verleiher und Leiharbeitnehmer ab. Im Rahmen der Auseinandersetzung wurde immer wieder die Frage aufgeworfen, ob der Verleiher straffrei bleiben sollte und die gesetzlichen Regelungen insofern eine Lücke aufwiesen. Dieser Streit ist nunmehr auf Grund der gesetzlichen Regelung des § 10 Abs. 3 AÜG obsolet geworden; vgl. dazu P. Bilsdorfer in BB 1982 S. 1866 ff.

[697] BGH v. 31.03.1982, EzAÜG, Bd. 2, Nr. 111.

[698] S. § 28 h SGB III.

kommt ein Arbeitsverhältnis zwischen Entleiher und illegal verliehenen Leiharbeitnehmer zustande, wenn der Verleiher nicht im Besitz einer nach § 1 Abs. 1 AÜG erforderlichen Verleiherlaubnis gewesen ist. Der Entleiher ist mithin der Arbeitgeber und muss für die Beitragszahlungen einstehen, die er an die Gesamtsozialversicherung zu zahlen hat.[699] Im obigen Beispielsfall ist das der verantwortlich Handlende des Baubetriebes. Durch das 2. Gesetz zur Wirtschaftskriminalität wurde die Haftung auf den Verleiher, hier den GmbH Geschäftsführer, ausgedehnt. Nach § 28 e Abs. 2 S. 3,4 SGB IV haftet der Verleiher neben dem Entleiher als Gesamtschuldner, wenn er das Arbeitsentgelt oder Teile des Arbeitsentgeltes an den Leiharbeitnehmer gezahlt hat, obwohl der Vertrag nach § 9 Abs. 1 AÜG unwirksam gewesen ist. In diesem Fall werden sowohl Verleiher als auch Entleiher als Arbeitgeber (§ 28 e S. 4 SGB IV) angesehen. Eine entsprechende Regelung findet sich in § 10 Abs. 3 AÜG, die einen über § 28 e Abs. 2 S. 3,4 SGB IV hinausgehenden Anwendungsbereich hat. Sie beschränkt sich nicht nur auf die Sozialversicherungsbeiträge, sondern erfasst auch die anderen Lohnbestandteile. Die Beitragspflicht des Verleihers hat strafrechtliche Konsequenzen, weil sich der Verleiher ebenso wie der Entleiher als Arbeitgeber des Beitragsbetruges oder des Vorenthaltens von Sozialversicherungsbeiträgen schuldig gemacht haben könnte.[700] Beide Tatbestände knüpfen an die Beitragspflicht bzw. die Arbeitgebereigenschaft an. Die in § 28 e S. 4 SGB IV festgelegte, gesetzliche Haftungserweiterung ist eine Regelung, die vor allem der besonderen Dreiecksbeziehung bei der Arbeitnehmerüberlassung gerecht wird.

Für den obigen Beispielsfall bedeutet dies: Der Verleiher (GmbH-Geschäftsführer) ist nach § 28 e Abs. 2 S. 3 SGB IV verpflichtet, die Sozialversicherungsbeiträge für seine Leiharbeitnehmer abzuführen. Er gilt nach § 28 e Abs. 2 S. 4 SGB IV in Bezug auf die Sozialversicherungsbeiträge als Arbeitgeber der Leiharbeitnehmer. Der Entleiher (verantwortlich Handlende des Baubetriebes) ist kraft gesetzlicher Fiktion des § 10 Abs. 1 AÜG Arbeitgeber der Leiharbeitnehmer. Die Leiharbeitnehmer haben in sozialversicherungsrechtlicher Hinsicht zwei Arbeitgeber, die nach § 28 e Abs. 2 S. 4 SGB IV gesamtschuldnerisch haften.[701] Die Strafbarkeit des Verleihers und des Entleihers wegen Betruges nach § 263 Abs. 1 StGB setzen voraus, dass die Einzugsstelle bzw. deren Sachbearbeiter über das Abführen von Sozialversicherungsbeiträgen nach den §§ 28 ff SGB IV getäuscht werden, auf Grund dessen einem Irrtum erliegen, die nach den gesetzlichen Vorschriften abzuführenden Sozialversicherungsbeiträge nicht einziehen und dem Gesamtsozialversicherungsträger dadurch ein Schaden entsteht. Führt ein Verleiher, der nicht die nach § 1 Abs. 1 AÜG erforderliche Verleiherlaubnis besitzt und den Leiharbeitnehmern ihren Lohn ausgezahlt hat, die Sozialversicherungsbeiträge an seine Einzugsstelle ab (denkbar z.B. bei einem Scheinwerkvertrag), kann

[699] So auch der BGH in der unter FN 49 genannten Entscheidung.

[700] S. dazu BT-DS 10/ 318 , S. 53

[701] Vgl. beispielsweise BGH in NStZ 1998 m.Rd.bem. von Knifka.

sich der Entleiher gegenüber der Einzugsstelle eines Beitragsbetruges schuldig gemacht haben, wenn er die Leiharbeitnehmer der Einzugsstelle nicht meldet (§ 28 a Abs. 4 SGB IV) und der von ihm an vergleichbare Arbeitnehmer seines Betriebes gezahlte Lohn höher ist als der des Verleihers. Der Verleiher, der das vereinbarte Arbeitsentgelt an den Leiharbeitnehmer gezahlt hat, hat auch den darauf entfallenden Gesamtversicherungsbeitrag zu zahlen (§ 28 Abs. 2 S. 3 SGB IV). Im Bereich des Bauhauptgewerbes gelten hinsichtlich des Lohnes allgemein verbindliche Tarifverträge wie z.B der Tarifvertrag zur Regelung der Löhne und Ausbildungsvergütungen im Baugewerbe im Gebiet der Bundesrepublik Deutschland mit Ausnahme des Beitrittgebiets v. 10.04.1996. Handelt es sich beim Entleihbetrieb um einen Betrieb des Bauhauptgewerbes gilt für die Eingruppierung und die Höhe des Arbeitsentgeltes der für die Arbeitnehmer des Entleihbetriebes gültige Lohntarifvertrag.(§ 10 Abs. 1 S. 4 AÜG).[702] Ist der Lohn höher als die zwischen Leiharbeitnehmer und Verleiher vereinbarte Vergütung, ist der Entleiher verpflichtet den „Restbetrag" an seine Einzugsstelle abzuführen[703] und der Entleiher könnte sich eines Beitragsbetruges schuldig gemacht haben. Haben Entleiher und der Verleiher, der nicht im Besitz einer nach § 1 Abs. 1 AÜG erforderlichen Erlaubnis ist, eine gemeinsame Einzugsstelle und hat der Entleiher die Sozialversicherungsbeiträge bereits abgeführt, entfällt für den Verleiher mangels Vermögensschaden der Einzugsstelle ein Beitragsbetrug nach § 263 Abs. 1 StGB. Führen weder der Verleiher (ohne Erlaubnis nach § 1 Abs. 1 AÜG) noch der Entleiher als Arbeitgeber (kraft Fiktion nach § 10 Abs. 1 AÜG) die Sozialversicherungsbeiträge an die gemeinsame Einzugsstelle ab, können sich beide eines Beitragsbetruges nach § 263 Abs. 1 StGB schuldig gemacht haben. Ist der Verleiher im Besitz einer Verleiherlaubnis nach § 1 Abs. 1 AÜG kann sich der Entleiher eines Beitragsbetruges gem. § 263 Abs. 1 StGB schuldig gemacht haben, wenn er seiner Meldepflicht gegenüber der Einzugsstelle nach § 28 a Abs. 4 SGB IV nicht nachkommt, um seiner subsidiären Haftung für die Sozialversicherungsbeiträge gem. § 28 Abs. 2 S. 1 SGB IV zu entgehen.[704] Ein Verleiher, der im Besitz einer Verleiherlaubnis gem. § 1 Abs. 1 AÜG ist Arbeitgeber der Leiharbeitnehmer und kann eines Beitragsbetruges gem. § 263 Abs. 1 StGB schuldig sein, wenn er die Sozialversicherungsbeiträge nicht an seine Einzugsstelle abführt. Den Entleiher trifft bei der letztgenannten Fallkonstellation keine Verpflichtung zur Abführung der Sozialversicherungsbeiträge, lediglich die Meldepflicht nach § 28 a Abs. 4 SGB IV.

Bei einem Beitragsbetrug zum Nachteil der Gesamtsozialversicherung stellt sich vor allem das Problem der Irrtumserregung bei den Mitarbeitern der Einzugsstelle. Täuschen der Entleiher als „fingierter" Arbeitgeber oder der Verleiher, wegen der Auszahlung des Lohnes an die Leiharbeitnehmer, als „faktischer" Arbeitgeber

---

[702] Nach § 10 Abs. 1 S. 4 AÜG.

[703] Die Beitragssätze errechnen sich bis zur Beitragsbemessungsgrenze prozentual vom Einkommen.

[704] S. Becker / Wulfgramm, Rdnr. 45 zu § 15 a AÜG.

über die Anzahl der bei ihm beschäftigten Leiharbeitnehmer, indem sie nur einen Teil der bei Ihnen beschäftigten Leiharbeitnehmer anmelden und die vollständige Anzahl verschweigen, liegt unstreitig eine Irrtumserregung bei den Sachbearbeitern vor.[705] Melden weder der Verleiher, der nicht im Besitz einer nach § 1 Abs. 1 AÜG erforderlichen Erlaubnis ist, noch der Entleiher die beim Entleiher beschäftigten Leiharbeitnehmer der Einzugsstelle, können sich die Sachbearbeiter keine Vorstellungen zu der Anzahl und der Beitragspflicht hinsichtlich der beim Entleihbetrieb eingesetzten Leiharbeitnehmer machen. Es wird die Ansicht vertreten, dass sie sich deshalb in keiner Irrtumslage befinden. Es fehlt ihnen ein Bezug zu konkreten Umständen, die eine Irrtumslage erzeugen können.[706] Trotzdem nimmt ein Großteil der Literatur in diesen Fällen zutreffend einen Irrtum an, weil auf jeden Fall eine Fehlvorstellung von der Wirklichkeit in Gestalt des Nichtwissens vorliegt.[707] Wer die Wahrheit nicht kennt, hat eine positive Fehlvorstellung von der Wirklichkeit.[708] Es ist sachlich nicht gerechtfertigt und als unbillig anzusehen, denjenigen durch Straffreiheit zu begünstigen, der sich konsequent in vollem Umfang gegen die Rechtsordnung stellt und keine Meldung gegenüber der Einzugsstelle erstattet.[709] Aus diesen Gründen ist auch bei einer Nichtmeldung der Leiharbeitnehmer weder durch den Verleiher ohne die nach § 1 Abs. 1 AÜG erforderliche Verleiherlaubnis noch den Entleiher von einer Irrtumserregung bei den Sachbearbeitern der Einzugsstelle auszugehen.

Im obigen Beispielsfall hat sich der GmbH-Geschäftsführer (Verleiher), der nicht im Besitz einer Verleiherlaubnis gem. § 1 Abs. 1 AÜG ist, eines Beitragsbetruges schuldig gemacht, wenn er zudem vorsätzlich und in rechtswidriger Bereicherungsabsicht gehandelt hat. Von einem vorsätzlichen Handeln ist auszugehen, weil ein Gewerbetreibender in seiner Eigenschaft als Arbeitgeber die Bestimmungen des Sozialversicherungsrechts kennt und zumindest bedingt vorsätzlich handelt, wenn er die Sozialversicherungsbeiträge nicht an die Einzugsstelle der Gesamtsozialversicherung abführt. Da er sich die Beitragszahlungen entgegen seiner Verpflichtung nach § 28 e SGB IV erspart hat, ist auch von einer rechtswidrigen, unberechtigten Bereicherungsabsicht auszugehen.

Da der Entleiher sich vergewissern muss, dass der Verleiher im Besitz einer nach § 1 Abs. 1 AÜG erforderlichen Erlaubnis der Bundesanstalt für Arbeit ist[710], kann er sich nicht darauf berufen, er habe keine Kenntnis von der Fiktionswirkung des § 10 Abs. 1 AÜG gehabt und sei sich bei einem Verleih von einem Verleiher ohne die nach § 1 Abs. 1 AÜG erforderlich Verleiherlaubnis, seiner Arbeitgeberstel-

[705] BGH, Wistra 1987, S. 290.
[706] Lackner, Rdnr. 18 zu § 263.
[707] Vgl. Franzheim in Wistra 1987, S. 314/315.
[708] Cramer in Schönke/Schröder, Rdnr. 36 zu § 263.
[709] S. Dreher/Tröndle, Rdnr. 18 a zu § 263 StGB.
[710] Vgl. dazu die Ausführungen zu C IX 4b.

lung und der Verpflichtung zum Abführen der Sozialversicherungsbeiträge nicht bewusst gewesen. Er handelt dann insofern bedingt vorsätzlich im Hinblick auf einen Beitragsbetrug nach § 263 Abs. 1 StGB. Ist der Verleiher im Besitz einer nach § 1 Abs. 1 AÜG erforderlichen Erlaubnis, kommt Beihilfe des Entleihers zu einem Beitragsbetrug des Verleihers in Betracht, wenn der Verleiher die Sozialversicherungsbeiträge nicht an die Einzugsstelle abführt. In Rechtsprechung und Literatur ist anerkannt, dass psychische Hilfeleistungen (§ 27 StGB) wie die Zusage, die durch die strafbare Tat erlangten Vorteile anzunehmen, als Beihilfe zur Haupttat angesehen werden kann.[711] Erklärt sich der Entleiher bereit, die Leiharbeitnehmer zu einem, entgegen einem branchenüblichen für vergleichbare Leiharbeitnehmer zu zahlenden Lohn, zu einem erheblich niedrigeren Stundenlohn zu entleihen, bei dem sich die Vermutung des Nichtabführens von Sozialversicherungsbeiträgen durch den Verleiher förmlich aufdrängt, liegt vorsätzliche Beihilfe des Entleihers zum Beitragsbetrug des Verleihers (§ 263 Abs. 1 StGB) vor.

Das Vorenthalten von Sozialversicherungsbeiträgen nach § 266 a StGB hat in diesem Zusammenhang häufig nur Auffangfunktion. Er tritt hinter dem Betrug zurück, wenn der selbe Vermögensschaden auf der Verwirklichung beider Tatbestände beruht.[712] Die Vorschrift des § 266 a StGB erfasst nur das Vorenthalten von Arbeitnehmerbeiträgen durch den Arbeitgeber. Hinsichtlich der Arbeitgeberanteile kommt nur Betrug nach § 263 Abs. 1 StGB in Betracht. Im obigen Beispielsfall sind der GmbH-Geschäftsführer und der verantwortlich Handelnde des Baubetriebes eines Beitragsbetrugs gem. § 263 Abs. 1 StGB schuldig. Hinsichtlich der ausländischen Arbeitnehmer, die keine Arbeitspapiere hatten, ist der Tatbestand des § 15 Abs. 1 AÜG durch den Verleiher verwirklicht. Der Entleiher ist nach § 15 a Abs. 1 AÜG strafbar, weil der vom Verleiher gezahlte Lohn erheblich geringer war, als der deutscher Leiharbeitnehmer. Die zugleich verwirklichten Ordnungswidrigkeitentatbestände der §§ 16 Abs. 1 Nr. 1, 1a AÜG kommen nicht zur Anwendung (§ 21 Abs. 1 OwiG). § 16 Abs. 1 Nr. 1b AÜG tritt wegen Gesetzeskonkurrenz zurück.

d) Die Steuerhinterziehung

Weitere im Zusammenhang mit illegaler Arbeitnehmerüberlassung auftretende Straftatbestände sind die der Steuerhinterziehungen nach § 370 Abs. 1 AO. In Betracht kommen hier die Lohn- und Umsatzsteuerhinterziehung durch Verleiher und Entleiher. Ein Verleiher, der seine Leiharbeitnehmer nicht der Einzugsstelle

---

[711] BGHSt 8, S. 390, Franzheim, S. 303.

[712] Franzheim in Wistra 1987, S. 313. Es ist zwischen Handlungseinheit und Handlungsmehrheit zu unterscheiden. Franzheim nimmt Handlungsmehrheit an, weil es sich um zwei selbständige Tathandlungen handelt. Das Vorenthalten der Sozialversicherungsbeiträge liegt zeitlich nach der Falsch- oder Nichtmeldung der Arbeitnehmer. Martens in wistra 1987, S. 154 ff, S. 158 hingegen hat natürliche Handlungseinheit und damit Tateinheit angenommen. Die erstgenannte Meinung geht von einer mitbestraften Nachtat aus, die zweitgenannte von Konsumtion. Auf die Entscheidung des Meinungsstreits wird daher verzichtet.

der Sozialversicherung meldet, zahlt in der Regel auch keine Lohnsteuer an das Finanzamt. Im Gegensatz zur Rechtslage bei den Sozialversicherungsbeiträgen entfaltet die Fiktion des § 10 Abs. 1 AÜG, die den Entleiher, der einen Leiharbeitnehmer von einem Verleiher entliehen hat, der nicht im Besitz der nach § 1 Abs. 1 AÜG erforderlichen Erlaubnis ist, zum Arbeitgeber werden lässt, im Steuerrecht keine Wirkung,.[713] Unter Berücksichtigung des § 41 Abs. 1 AO wird der illegal handelnde Verleiher als Arbeitgeber im Sinne des Lohnsteuerrechts angesehen.[714] Der wirtschaftliche Erfolg aus dem Leiharbeitsverhältnis kommt dem Verleiher zugute, so dass er die Lohnsteueranmeldung beim Finanzamt einreichen muss. Ein Verstoß hiergegen wird nach § 370 Abs. 1 Nr. 2 AO geahndet. Ebenso wie beim Beitragsbetrug kann sich der Entleiher einer Beihilfe zur Steuerhinterziehung des Verleihers schuldig gemacht haben, wenn er die Entleiher zu derart niedrigen Preisen, z.B. 5,00 Euro entleiht, wie sie nach einer branchenüblichen Kalkulation nur bei der Nichtabführung von Steuern angeboten werden können.[715] Der Entleiher hat sich der psychologischen Beihilfe (§ 27 StGB) zur Lohnsteuerhinterziehung schuldig gemacht haben, indem er durch den Abschluss des Überlassungsvertrages zu einem günstigen, entgegen dem branchenüblichen, Preis, die Annahme der durch die strafbare Tat des Verleihers erlangten Vorteile zugesagt und den Verleiher bei seinem strafbaren Verhalten unterstützt hat.[716]

Im Bereich der Scheinwerkverträge kommen Verstöße gegen das Umsatzsteuerrecht durch den Verleiher in Betracht. Wie bereits oben ausgeführt[717] werden in fingierten Rechnungen Werkleistungen abgerechnet, die rechtlich als Arbeitnehmerüberlassung einzuordnen sind. Die Rechnungsbeträge sind nach § 1 Abs. 1 Umsatzsteuergesetz (UStG) umsatzsteuerpflichtig. Für den Fall, dass die tatsächliche Leistung nicht der in der Rechnung aufgeführten entspricht, fehlt es an einer ordnungsgemäßen Rechnung im Sinne des § 14 Abs. 1 UStG.[718] Dies hat zur Folge, dass der Verleiher nicht mehr zum Vorsteuerabzug nach § 15 UStG berechtigt ist. Eine fehlerfreie Rechnungslegung und ordnungsgemäße Leistungsbezeichnung ist Voraussetzung für die Anwendung des § 15 UstG und damit dem Vorsteuerabzug.[719] Der Verleiher ist einer Umsatzsteuerhinterziehung nach § 370 Abs. 1 Nr. 1 AO schuldig, wenn er trotz fehlerhafter Rechnungslegung die Vorsteuer von der Umsatzsteuer abzieht.

Den obigen Straftatbeständen wird in der Praxis ein erhebliches Gewicht beigemessen. Häufig ist der Nachweis eines Beitragsbetruges leichter zu erbringen, als

---

[713] Vgl. dazu Entscheidung des Bundesfinanzhofes, NJW 1982, S. 2893 ff.

[714] P. Bilsdorfer in BB 1987, S. 1968.

[715] Vgl. dazu Becker/ Wulfgramm, Rdrn. 43 zu § 15 a AÜG.

[716] S. dazu Ausführungen zur Beitragshinterziehung.

[717] S. dazu C VII 1a) dd.

[718] Vgl. dazu Franzheim in ZRP 1984, S. 304.

[719] P. Bilsdorfer in DStR 1983, S. 609.

der eines Verstoßes gegen § 1 b S. 1 AÜG oder einer anderen Bestimmung des AÜG.[720] Die sich der Praxis stellenden Probleme bei dem Nachweis z.b. der Arbeitnehmerüberlassung in Abgrenzung zu einem Scheinwerkvertrag haben zur Folge, dass die Verstöße gegen das AÜG in vielen Fällen nicht verfolgt werden und als sogenannte Nebendelikte nach § 154 StPO durch die Staatsanwaltschaft eingestellt werden.[721] Auch aus diesem Grund war eine Darstellung der allgemeinen Straftatbestände erforderlich. Die Tatbestände der Steuerhinterziehung (§ 370 Abs.1 Nr. 2 AO), des Beitragsbetruges (§§ 263 Abs. 1 StGB, 266 a StGB) und der Verstöße gegen das AÜG (§§ 15, 15 a AÜG) setzten jeweils einen eigenständigen Tatenschluss des Verleihers bzw. Entleihers hinsichtlich der völlig unterschiedlichen Tatbestandsvoraussetzungen voraus, so dass die Straftatbestände in Realkonkurrenz (Tatmehrheit) zueinander stehen.

6. Zusammenfassung

Die obigen Ausführungen zeigen, dass seitens des Straf- und Bußgeldrechts ein umfassendes Regelungsinstrumentarium besteht. Probleme bereitet der Nachweis der Verwirklichung einzelner Straftatbestände, vor allem im Bereich des AÜG, durch illegal handelnde Verleiher und Entleiher. Mit der praktischen Relevanz dieses Instrumentariums und der Arbeit der Verfolgungsbehörden beschäftigen sich auch die nachfolgenden Ausführungen, die sich mit der von der Bundesanstalt für Arbeit veröffentlichten Statistik auseinandersetzen.

X. Statisik der Bundesanstalt für Arbeit für die Jahre 1996 – 1998

Die in der Anlage enthaltene Statistik beschränkt sich auf die Feststellung der Bundesanstalt für Arbeit.

Die Anzahl der abgeurteilten und verurteilten Straftaten nach den §§ 15, 15 a AÜG, im Jahresdurchschnitt um die 200 Fälle im Jahr nach § 15 AÜG und bei § 15 a AÜG um die 15 Fälle, ist im Vergleich z.b. zu den wegen Leistungsmissbrauch (unberechtigter Bezug von Arbeitslosengeld/-hilfe) ausgesprochenen Bußgeldern, im Schnitt um die 89.000 Fälle, äußerst gering.[722] Die wesentliche Ursache für die geringe Zahl von Aburteilungen und Verurteilungen ist darin zu finden, dass die strafrechtlichen Verstöße gegen das AÜG mit Verstößen gegen andere Strafgesetze einhergehen wie beispielsweise der Lohnsteuerhinterziehung, Betrugsstraftaten und das Vorenthalten von Sozialversicherungsbeiträgen.[723] Da sich die Sachverhaltsaufklärung wegen der bekannten Beweisschwierigkeiten[724] bei illegalem Verleih und Entleih nach den §§ 15, 15 a AÜG sehr schwierig ge-

---

[720] Vgl. dazu BT-DS 13/5498, S. 32.

[721] BT-DS 13/5498, S. 50.

[722] Vgl. den achten Erfahrungsbericht in BT-DS 13/5498, S. 32.

[723] S. dazu die Ausführungen zu A II.

[724] S. dazu C IX 1b hinsichtlich des Zeugenbeweises und der beweiserheblichen Unterlagen.

staltet, konzentrieren sich die Staatsanwaltschaften auf andere Straftaten und stellen die Verstöße gegen das AÜG z.b. nach den §§ 154,154 a StPO ein, um wegen der übrigen, nachweisbaren Straftaten eine zügige Hauptverhandlung zu ermöglichen (Verfahrensbeschleunigung durch Teilverzicht).[725] Wie bereits angesprochen ist die illegale Arbeitnehmerüberlassung aus den verschiedensten Gründen schwer nachweisbar und erfordert einen erheblichen Ermittlungsaufwand, wie beispielsweise das Enttarnen eines Scheinwerkvertrages als illegale Arbeitnehmerüberlassung oder der Nachweis einer Überlassensdauer von mehr als dreißig Tagen in § 15 a Abs. 2 Nr. 1 AÜG. Hervorzuheben sind in diesem Zusammenhang, dass z.B. im Jahr 1998 von der Bundesanstalt für Arbeit lediglich ein einziger Verstoß gegen § 15 a Abs. 2 AÜG aufgegriffen worden ist.[726]

1. Verstöße gegen das Leiharbeitsverbot nach § 16 Abs. 1 Nr. 1 b AÜG

Die Statistik der Bußgeldverfahren nach § 1 Abs. 1 b AÜG zeigt, dass bis zum Jahr 1998 ein deutlicher Anstieg der eingeleiteten Bußgeldverfahren gegen illegal handelnde Verleiher und Entleiher (Verstoß gegen § 16 Abs. 1 Nr. 1 b AÜG) zu verzeichnen ist. Im Jahr 1998 sind viermal so viele Ermittlungsverfahren nach § 16 Abs. 1 Nr. 1 b AÜG gegen illegal handelnde Verleiher eingeleitet worden, wie im Jahr 1996. Die Entwicklung bei den Ermittlungsverfahren gegen illegal handelnde Entleiher ist ähnlich. Der Anstieg der eingeleiteten Bußgeldverfahren lässt sich mit einer verstärkten Zunahme der Baustellenkontrollen nach den §§ 304 ff SGB III und § 2 AEntG erklären. Insbesondere die Einführung des Arbeitnehmerentsendegesetzes und die damit verbundenen verstärkten Kontrollen auf den Baustellen wegen z.B. der Beachtung der Meldepflichten nach § 3 AEntG haben dazu beigetragen, dass auch mehr Fälle von illegalem Verleih im Baubereich aufgedeckt worden sind.[727] Das Absinken der Fallzahlen im Jahre 1999 lässt sich zumindest teilweise damit erklären, dass am Ende des Jahres 1998 noch eine hohe Zahl von unerledigten Fällen vorgelegen haben (insgesamt 1 700 Fälle), die zunächst abgearbeitet werden mussten.[728] Die Statistik zeigt, dass sich die Lockerung des Leiharbeitsverbots durch das 1994 in Kraft getretene Gesetz zur Änderung des Arbeitsförderungsgesetzes im Bereich des Baugewerbes,[729] welches nunmehr den Verleih zwischen Betrieben des Bauhauptgewerbes, die dem selben Rahmen- und Sozialkassentarifvertrag angehören zulässt, die Tätigkeit der Verfolgungsbehörden nicht vehement erschwert hat. Dies mag zunächst verwundern, weil durch eine Legalisierung des Verleihs zwischen Baubetrieben (§ 1 b S. 2 AÜG) die Möglichkeit geschaffen wurde, den illegalen, unter Verstoß gegen § 1 b

[725] Vgl. dazu Ausf. in BT-DS 14/4220, S. 33.

[726] S. die in der Anlage beigefügte Statistik der Bundesanstalt für Arbeit aus der BT-DS 14/4220, S. 99, s. Anlage.

[727] S. dazu BT-DS 14/4220, S. 30.

[728] BT-DS 14/4220, S. 30.

[729] S. Anlage.

S. 1 AÜG durchgeführten Verleih, hinter einem legalen Verleih zu verstecken und zu verschleiern.[730] Es zeigt sich jedoch, dass eine Zunahme der Baustellenkontrollen, verbunden mit einem verstärkten Personaleinsatz und die gute Zusammenarbeit verschiedener Behörden, hier der Arbeitsämter und der Hauptzollämter, zu einer höheren Aufdeckung von Verstößen gegen das Leiharbeitsverbot gem. § 1 b S. 1 AÜG führt. Die Vorschriften für die „Zusammenarbeitsbehörden" z.b. im dritten Sozialgesetzbuch ermöglichen einen Datenaustausch zwischen Finanzbehörden, Sozialämtern, Ordnungsämtern und Arbeitsämtern.[731] In den §§ 307,308 SGB III ist die Zusammenarbeit zwischen den Arbeitsämtern und Hauptzollämtern bezüglich der Durchführung von Baustellenkontrollen nach den §§ 304 ff SGB III geregelt. Nach § 5 Abs. 4 i.V.m. § 2 Abs. 1 AEntG sind neben den Arbeitsämtern die Hauptzollämter für die Ahndung von Ordnungswidrigkeiten nach § 5 Abs. 1 AEntG zuständig. Stellen die Mitarbeiter des Hauptzollamtes während einer Baustellenkontrolle einen Verstoß gegen § 1 b S. 1 AÜG fest, leiten sie ihre Erkenntnisse an das den Verstoß ahndende zuständige Landesarbeitsamt weiter.[732] Zusammenfassend lässt sich feststellen, dass aus den statistischen Zahlen nicht entnehmen lässt, dass die Legalisierung des Verleihs in § 1 b S. 2 AÜG auf die Anzahl der aufgegriffenen Verstöße gegen das Leiharbeitsverbot nach § 1 b S. 1 AÜG Auswirkungen zeigt, jene verhindert oder dezimiert.

Der überwiegende Teil der wegen Verstoß gegen § 16 Abs. 1 Nr. 1 b AÜG eingeleiteten Ermittlungsverfahren wird durch die Ahndungsbehörde (LAA) mit einer Geldbuße geahndet. Im Jahr 1998 sind ca. 5% der eingeleiteten und nicht abgeschlossen Verfahren wegen illegalen Verleihs in das Baugewerbe aus Ermessensgründen nicht nach § 47 OWiG verfolgt worden, in ca. 4% der Fälle liegt keine Ordnungswidrigkeit vor und ca. 2% der Verstöße werden mit einer Verwarnung geahndet. Dagegen sind ca. 75 % der laufenden Verfahren (Unerledigte Fälle und eingeleitete Verfahren) mit der Verhängung einer Geldbuße abgeschlossen worden, wogegen 7 % der Verleiher Einspruch eingelegt haben. Die Statistik zeigt damit auf, dass die eingeleiteten Ermittlungsverfahren durch die Festsetzung eines Bußgeldes abgeschlossen werden. Die Zahl der Einstellungen, in denen eine Ordnungswidrigkeit nicht nachzuweisen ist, ist sehr gering, lediglich 4 %. Im Vergleich zu den anderen aufgedeckten Verstößen gegen das Arbeitnehmerüberlassungsrecht haben die Verstöße gegen das Leiharbeitsverbot gem. § 1 b S. 1 AÜG allerdings nur eine untergeordnete Bedeutung, was die nachstehend aufgeführte Statistik zeigt.

---

[730] Vgl. dazu die Auführungen zu C VII.

[731] S. dazu auch, BT-DS 14/4220, S. 41 ff.

[732] S. dazu die Ausführungen zu C IX 1b.

165

Die nach den §§ 16 Abs. 1 und 1 a AÜG eingeleiteten Ermittlungsverfahren übersteigen die gegen Verleiher und Entleiher eingeleiteten Ermittlungsverfahren nach
§ 16 Abs. 1 Nr. 1 b AÜG um das bis zu Fünfzehnfache. Auch hier zeigt sich, dass
sich die Personalaufstockung bei den Kontrollbehörden positiv auf die Verfolgung und Ahndung des Verleihs ohne nach § 1 Abs. 1 AÜG erforderliche Verleiherlaubnis und des Entleihs von einem solchen Verleiher positiv ausgewirkt
hat. Auch diese Zahlen sind kontinuierlich gestiegen, mit Ausnahme des illegalen
Verleihs von Ausländern im Sinne des § 16 Abs. 1 Nr. 2 AÜG dessen Anzahl
gleichbleibend niedrig ist. Wegen der erheblichen Konsequenzen für die Verleiher mit Verleiherlaubnis (z.B. Verlust der Verleiherlaubnis) sind jene bemüht,
keine Ausländer ohne erforderliche Arbeitsgenehmigung zu beschäftigen.[733] Der
Anteil der nicht verfolgten Ordnungswidrigkeiten, in denen keine Ordnungswidrigkeit vorliegt, die Ordnungswidrigkeit verjährt ist oder im Rahmen des von der
Ahndungsbehörde ausgeübten Ermessens nach § 47 OWiG nicht verfolgt wird, ist
im Vergleich zu den festgesetzten Bußgeldern hoch, z.B. im Jahre 1999 werden
fast genauso viele Ermittlungsverfahren (47 %) nicht weiter verfolgt wie mit einem Bußgeld geahndet. Die Ursache ist darin zu sehen, dass sich die Bundesanstalt für Arbeit auf schwerwiegende Fälle konzentriert.[734] Die Verfahren, in denen
die Verleiher nur ein geringfügiger Verstoßt trifft, können durch eine Einstellung
nach § 47 Abs. 1 OWiG oder ein Verwarnungsgeld zügig abgeschlossen werden.
Die Statistik der Bußgeldverfahren nach Art. 1 § 16 Abs. 1 und 1 a AÜG erfasst
alle Verstöße gegen das Erlaubnisrecht nach § 1 Abs. 1 AÜG, also vor allem die,
der sich außerhalb des Bauhauptgewerbes vollziehen. Von dieser Statistik werden
aber auch die Fälle des § 1 b S. 2 AÜG erfasst, bei denen der Verleiher (Baubetrieb) nicht im Besitz einer nach § 1 Abs. 1 AÜG erforderlichen Erlaubnis ist, die
Ausnahmetatbestände des § 1 Abs. 3 AÜG nicht eingreifen und kein Fall der Kollegenhilfe nach § 1 a AÜG vorliegt. Des weiteren verdrängen die Verstöße gegen
das Erlaubnisrecht des § 1 Abs. 1 AÜG die Verstöße gegen das Leiharbeitsverbot
gem. § 1 b S. 1 AÜG.[735] Liegt ein Verstoß des Verleihers gegen § 16 Abs. 1 Nr. 1
AÜG vor, erübrigt sich für die Verfolgungsbehörden ein Eingehen auf § 16 Abs.
1 Nr. 1 b AÜG. Sie werden in aller Regel ihre Ermittlungstätigkeit auf den Nachweis der Tatbestandsvoraussetzungen des § 16 Abs. 1 Nr. 1 AÜG beschränken.
Es ist davon auszugehen, dass von der Statistik über Bußgeldverfahren nach den
§§ 16 Abs. 1 Nr. 1 und 1 a AÜG auch Verleih- und Entleihtätigkeiten erfasst werden, die zugleich einen Verstoß gegen das Leiharbeitsverbot gem. § 1 b S. 1 AÜG
darstellen.

---

[733] BT-DS 13/5498, S. 31.

[734] BT-DS 13 / 5498, S. 29.

[735] S. dazu Ausführungen C IX 2b).

2. Illegale Ausländerbeschäftigung

Ebenso verhält es sich mit den Bußgeldverfahren nach den §§ 404 Abs. 2 Nr. 2, 3 und 406 Abs. 1 Nr. 3, 407 SGB III. Die statistischen Zahlen belegen, dass ein Schwerpunkt der aufgedeckten Verstöße durch die Bundesanstalt für Arbeit im Bereich der illegalen Ausländerbeschäftigung liegt. Davon erfasst werden die Beschäftigung von Ausländern ohne Arbeitsgenehmigung (§ 404 Abs. 2 Nr. 3 SGB III), die Ausübung einer Beschäftigung ohne Arbeitsgenehmigung (§ 404 Abs. 2 Nr. 2 SGB III), die Beschäftigung von nichtdeutschen Arbeitnehmern ohne erforderliche Arbeitsgenehmigung zu ausbeuterischen Bedingungen (§ 406 Abs. 1 Nr. 3 SGB III) und die beharrliche oder umfangreiche Beschäftigung nichtdeutscher Arbeitnehmer ohne erforderliche Arbeitsgenehmigung (§ 407 SGB III). Die Verstöße gegen das Arbeitsgenehmigungsrecht lassen sich für die Verfolgungsbehörden leichter aufklären als der illegale, der gegen die Vorschriften des AÜG verstoßene Verleih/Entleih, von Arbeitskräften. Bei einer Baustellenkontrolle nach den §§ 304 ff SGB III werden die angetroffenen Arbeitnehmer, meistens vor Ort, hinsichtlich ihrer Personalien und den Besitz einer für ihre Tätigkeit nach § 284 Abs. 1 SGB III erforderlichen Arbeitsgenehmigung überprüft. Voraussetzung eines Verstoßes des angetroffenen ausländischen Arbeitnehmers gegen § 404 Abs. 2 Nr. § SGB III ist, dass er bei der Ausübung einer Beschäftigung angetroffen wird, für die er nicht die nach § 284 Abs. 1 SGB III erforderliche Arbeitsgenehmigung besitzt. Diese Tatbestandsvoraussetzungen sind durch Einsichtnahme in den Pass und Nachfrage bei den für die Erteilung der Arbeitsgenehmigungen zuständigen Stellen zu ermitteln. Ein erheblicher Ermittlungsaufwand ist insofern nicht erforderlich. Hingegen müssen die Verfolgungsbehörden bei einem illegalen Verleih/Entleih umfangreiche Ermittlungen vornehmen, beispielsweise feststellen, welche Arbeitnehmer zusammengearbeitet haben, über welchen Zeitraum die Arbeitnehmer zusammengearbeitet haben, die Anzahl der auf dem Bauvorhaben angetroffenen Arbeitnehmer festhalten und in welcher Höhe und auf welche Art und Weise Verleiher und Entleiher abgerechnet haben, wer die Weisungen hinsichtlich der zur verrichtenden Tätigkeiten erteilt hat und in welchem Umfang u.s.w. Auch in dieser Statistik werden, nach außen hin nicht erkennbare, Verstöße gegen das Leiharbeitsverbot gem. § 1 b S. 1 AÜG enthalten sein.

3. Aussagekraft der Statistik

Die Statistik zeigt nur die von der Bundesanstalt für Arbeit eingeleiteten Ermittlungsverfahren der illegalen Arbeitnehmerüberlassung. Es ist zu vermuten, dass die Dunkelziffer wesentlich höher ist.[736] Der deutsche Gewerkschaftsbund schätzt, dass mehr als eine Million Arbeitnehmer in Deutschland ein oder mehrmals jährlich im Rahmen unerlaubter Arbeitnehmerüberlassung eingesetzt werden.[737] Um die Entwicklung der Verstöße gegen das Leiharbeitsverbot gem. § 1 b

---

[736] BT-DS 13 /5498, S. 39.

[737] BT-DS 13 / 5498, S. 29.

S. 1 AÜG besser beurteilen zu können, wäre eine differenzierte Darstellung erforderlich. Aus den Statistiken wird nicht ersichtlich, ob z.B. ein Ermittlungsverfahren gegen den Verleiher wegen Verstoß gegen § 16 Abs. 1 Nr. 1 b AÜG wegen des Vorranges einer Straftat oder wegen einer anderen Ordnungswidrigkeit eingestellt oder nicht weiter verfolgt worden ist. Die Statistik zeigt, dass bei den eingeleiteten Ermittlungsverfahren wegen Verstoßes gegen § 16 Abs. 1 Nr. 1 b AÜG in den meisten Fällen ein Bußgeld verhängt wird. Diese Feststellung lässt die Annahme zu, das ein Ermittlungsverfahren nach § 16 Abs. 1 Nr. 1 b AÜG erst dann eingeleitet wird, wenn der Nachweis eines Verstoßes schon bei Einleitung des Verfahrens fast vollständig geführt ist. Den aus der Statistik der Bundesanstalt für Arbeit gezogenen Schlussfolgerungen kann jedoch nur bedingt eine zutreffende Aussagekraft beigemessen werden. Die Statistik ist in sich nicht schlüssig. Die Statistik der Bußgeldverfahren nach § 1 Abs. 1 b AÜG z.B. besagt für das Jahr 1998 (Verleih) das insgesamt 1196 offene Ermittlungsverfahren zu bearbeiten waren und das am Jahresende 812 Ermittlungsverfahren noch nicht abgeschlossen waren. Nicht nachvollziehbar ist dann aber, wie 884 Ermittlungsverfahren durch die Festsetzung eines Bußgeldes abgeschlossen werden konnten, gegen die insgesamt 61 Einsprüche eingelegt worden sind. Die Anzahl der eingeleiteten und geahndeten Bußgeldverfahren wegen eines Verstoßes gegen § 16 Abs. 1 Nr. 1 b AÜG sind im Vergleich zu den anderen, eingeleiteten Bußgeldverfahren als gering einzustufen. Zu berücksichtigen ist aber, dass der Erfolg der Arbeit der Bundesanstalt für Arbeit nicht allein nach den erfolgreich durchgeführten Bußgeldverfahren beurteilt werden darf. Die Bundesanstalt für Arbeit muss ihre Ermittlungstätigkeit aus Kapazitätsgründen (Personal und Verwaltungsaufwand) auf schwerwiegende Verstöße konzentrieren[738], was u.a. nach sich zieht, dass Verstöße gegen § 1 b S. 1 AÜG nicht weiter verfolgt werden. Schließlich schlägt sich ein wesentlicher Aspekt auch nicht in der Statistik nieder. Die abschreckende Wirkung der nach den §§ 304 ff SGB III durchgeführten Baustellenkontrollen, auch wenn bei einer solchen Kontrolle gar keine Verstöße gegen Straf- und Bußgeldvorschriften festgestellt werden. Die Kontrollmaßnahmen durch die Bundesanstalt für Arbeit werden den einen oder anderen Arbeitgeber (Baubetrieb) abhalten gegen § 1 b S. 1 AÜG zu verstoßen. Würden keine Baustellenkontrollen nach den § 304 ff SGB III durchgeführt werden, wäre der Anteil der illegalen Arbeitnehmerüberlassung unter Verstoß gegen § 1 b S. 1 AÜG mit Sicherheit erheblich größer und würde auch für jedermann erkennbar ausgeübt werden.

4. Zusammenfassung

Die bisherigen Ausführungen spiegeln sich in der Statistik wieder. Je schwieriger die Beweisführung für die Verfolgungsbehörden ist, um so geringer ist zwangsläufig auch die Zahl der aufgedeckten Verstöße. Einen wesentlichen Beitrag zur Bekämpfung der illegalen Beschäftigung leistet das Personal der Bundesanstalt

---

[738] BT-DS 13 / 5498, S. 29

für Arbeit im Wege der Durchführung von Baustellenkontrollen nach den §§ 304 ff SGB III. Eine Aufstockung des Personals führte zu einer erhöhten Aufklärungsrate der Verstöße gegen das Leiharbeitsverbots gem. § 1 b S. 1 AÜG. Die im Rahmen dieser Dissertation einschlägigen Straftatbestände und Vorschriften des Ordnungswidrigkeitenrechts stellen einen unentbehrlichen Beitrag zur Beachtung der Vorschriften des Arbeitnehmerüberlassungsrechts, insbesondere des Leiharbeitsverbots gem. § 1 b S. 1 AÜG dar. Aus der Statistik lässt sich zweifelsfrei der Rückschluss auf einen Handlungsbedarf in diesem Bereich feststellen.

D Die rechtliche Bedeutung des Arbeitnehmerentsendegesetzes (AEntG) im Hinblick auf das Leiharbeitsverbot gem. § 1 b S. 1 AÜG

I. Einleitung

Der Gesetzgeber ist durch den Erlass des AEntG neue Wege gegangen und verfolgt damit vorwiegend zwei Ziele. Zum einen will er die im deutschen Inland bestehende Tarifautonomie sichern und zum anderen die aus dem Ausland in das Inland entsandten Arbeitnehmer schützen, in dem ihnen angemessene Arbeitsbedingungen auf dem inländischen Arbeitsmarkt gewährleistet werden.[739] Anlass für die Einführung des Gesetzes war die Einrichtung des europäischen Binnenmarktes, die Gewährung von Dienstleistungsfreiheit und der Arbeitnehmerfreizügigkeit, die auf dem europäischen Arbeitsmarkt zu erheblichen Wanderungsbewegungen geführt haben. Zunehmend wurden von ausländischen Arbeitgebern, vor allem im Baubereich, Dienstleistungen im Inland erbracht.[740] Dabei wurden die ausländischen Arbeitskräfte gegenüber den deutschen Arbeitskräften diskriminiert, weil sie nicht den in Deutschland geltenden Sozial-, Tarif- und Arbeitsbedingungen unterlagen.[741] Außerdem kam es zu Wettbewerbsverzerrungen, weil die ausländischen Firmen mangels Tarifbindung ihre Leistungen zu erheblich geringeren Beträgen anbieten konnten als ein deutsches Unternehmen. Beispielsweise sind für einen portugiesischen Facharbeiter lediglich 30,- DM (15,- Euro) Lohnkosten angefallen, während ein inländisches Unternehmen ca. 60,- DM (30,- Euro) für eine Facharbeiterstunde einkalkulieren musste.[742]

---

[739] Vgl. dazu Koberski/Sahl/Hold, Rdnr. 16 d. Einleitung.

[740] Dazu kritisch: Gerken in BB 1995, S. 2370.

[741] S. J. Ulber, Rdnr. 49 d. Einleitung F.

[742] Lorenz 1996, 9.

II. Geltungsbereich des AEntG

Zum besseren Verständnis wird der Geltungsbereich des AEntG kurz skizziert.

1. Persönlicher Geltungsbereich

Die Vorschrift richtet sich vorwiegend an die Arbeitgeber. Sowohl die aus- als auch die inländischen Arbeitgeber sollen ihren Arbeitnehmern im Geltungsbereich eines für allgemeinverbindlich erklärten Tarifvertrages des Bauhaupt- und Baunebengewerbes die in dem Gesetz vorgesehenen Mindestarbeitsbedingungen gewähren. Entsprechend richten sich die Meldepflichten nach § 3 AEntG und das Bereithalten der Arbeitsunterlagen nach § 2 Abs. 3 AEntG, die den Kontrollbehörden ein Überprüfen der Einhaltung der Bestimmungen des AEntG ermöglichen sollen, an die Arbeitgeber. Der Verstoß eines Arbeitgebers gegen die Bestimmungen des AEntG wird als Ordnungswidrigkeit nach § 5 AEntG sanktioniert. Durch das am 01.01.1999 in Kraft getretene Korrekturgesetz des AEntG[743] sind die inländischen Arbeitgeber nunmehr ausdrücklich in den Geltungsbereich des AEntG einbezogen worden (§ 1 Abs. 1 S. 4 AEntG). Die bis dahin geführte Auseinandersetzung über den Geltungsbereich des AEntG für inländische Arbeitgeber hat sich damit erübrigt.[744] Folglich müssen auch deutsche Arbeitgeber mit einer Geldbuße rechnen, wenn sie ihren Arbeitnehmern nicht die im AEntG geregelten Mindestarbeitsbedingungen gewähren.[745] Für die Arbeitnehmer stellt sich das AEntG als „Schutzgesetz" dar. Den Billigarbeitskräften ausländischer Arbeitnehmer sollen ein Mindestarbeitsentgelt (§ 1 Abs. 1 Nr. 1 AEntG) und eine für alle im Bundesgebiet tätigen Bauarbeiter, ausländische oder deutsche, einheitliche Urlaubsregelung (§ 1 Abs. 1 S. 2 AEntG) zugute kommen. Da es sich um Mindestarbeitsbedingungen handelt, steht der Gewährung einer höheren Vergütung/ Lohnes rechtlich nichts entgegen.[746]

2. Sachlicher Geltungsbereich

Der Anwendungsbereich des Gesetzes erstreckt sich auf den im § 1 Abs. 1 bis 5 AEntG abgesteckten Rahmen. Er umfasst das Bauhaupt und -nebengewerbe im Sinne der §§ 1 und 2 der Baubetriebeverordnung vom 28.10.1980[747], zuletzt geändert durch Art. 1 der Verordnung vom 13.12. 1996[748], Betriebe, die Montageleistungen auf Baustellen erbringen, Betriebe der Seeschiffahrtsassistenz und Verleiher (§ 1 Abs. 2 a AEntG). Zu den Betrieben, die Montageleistungen auf Bau-

---

[743] BGBL I 1998, S. 3843.

[744] Dagegen:. OLG Düsseldorf in NZA 1998, S. 1286 f; dafür: OLG Naumburg, Az: 1 Ss (B) 351/98, Beschluß v. 22.04.1999.

[745] Vgl. dazu Hanau in NJW 1996, S. 370.

[746] Ulber, Rdnr. 6 zu § 1 AEntG.

[747] BGBl, S. 2033, Zum Bauhauptgewerbe s. dazu S. 19-24.

[748] BGBl I, S. 1954.

stellen erbringen, gehört der gesamte industrielle Stahlbau und Anlagenbau, die Montagearbeiten der Eisen-, Metall- und Elektroindustrie, wenn die Leistungen auf Baustellen außerhalb des Betriebssitzes erbracht werden, der Aufzugsbau und die Betriebe, die Elektroanlagen wie z.B. Fernsprechanlagen installieren.[749] Der Begriff der Montageleistungen wird sehr weit gefasst. Nicht darunter fallen Montageleistungen, die nicht im Zusammenhang mit einer Baumaßnahme stehen, wie z.B. die Montage eines Fließbandes oder reine Werkstatt- oder Reparaturmaßnahmen.[750] Im Rahmen dieser Dissertation sind die Regelungen des AEntG bezüglich des Bauhauptgewerbes relevant. Von dem Leiharbeitsverbot gem. § 1 b S. 1 AÜG werden weder das Baunebengewerbe[751], noch die erwähnten Montageleistungen, die in Abgrenzung zu § 1 Abs. 1 AEntG von Betrieben erbracht werden, die nicht unter die Baubetriebeverordnung fallen,[752] erfasst. Das Leiharbeitsverbot gem. § 1 b S. 1 AÜG erstreckt sich nur auf die Betriebe des Bauhauptgewerbes.

Grundlage für die Anwendung des AEntG ist, dass die Arbeitnehmer eine Tätigkeit im Geltungsbereich eines für allgemeinverbindlich erklärten Tarifvertrages wahrnehmen (§ 1 Abs. 1 AEntG). Die von den in und -ausländischen Arbeitgebern, einzuhaltenden Arbeitsbedingungen im Sinne des AEntG beschränken sich auf die Festlegung eines Mindestlohnes und die im Tarifvertrag enthaltenen Urlaubsregelungen. § 1 Abs. 1 S. 1 AEntG setzt voraus, dass von den Tarifparteien im Tarifvertrag ein für alle unter dessen Geltungsbereich fallenden Arbeitnehmer ein einheitliches Mindestentgelt festgelegt worden ist. Da im Baubereich für alle Bundesländer und eine Reihe von Regionen bestehenden Lohntarifverträge differenzieren nach Berufsgruppen.[753] Sie verfügen über ein Eingruppierungssystem, bei denen die Ausbildung, die Fertigkeiten und Kenntnisse der Arbeitnehmer und ihre auszuübende Tätigkeit maßgeblich für die Höhe des vom Arbeitgeber nach Tarifvertrag zu zahlenden Lohnes sind. Aufgrund der Differenzierung nach Berufsgruppen und der damit verbundenen, unterschiedlich hohen Löhne, erfüllen die Lohntarifverträge nicht die Anforderungen des § 1 Abs. 1 AEntG.[754] Sie berücksichtigen die Ausbildung, die Fertigkeiten und Kenntnisse der Arbeitnehmer und setzen danach eine Vergütung fest. Dagegen verlangt § 1 Abs. 1 AEntG ein einheitliches Mindestentgelt für alle unter den Geltungsbereich des Tarifvertrages fallenden Arbeitnehmer. Aus diesem Grund haben die Tarifparteien des Bauhauptgewerbes einen eigenständigen Mindestlohntarifvertrag abgeschlossen, der nach § 1 Abs. 3 a S. 1 AEntG für allgemein verbindlich erklärt worden ist.[755] Der

---

[749] Koberski/Sahl/Hold, Rdnr. 40 zu § 1 AEntG.

[750] Webers in DB 1996, S. 575.

[751] S. dazu Ausführungen zu C III 1c) bb.

[752] So auch Koberski/Sahl/Hold, Rdnr. 39 zu § 1 AEntG.

[753] Vgl. z.B. Tarifvertrag zur Regelung der Löhne und Ausbildungsvergütungen im Baugewerbe im Beitrittsgebiet (ausgenommen Berlin-Ost) v. 10.04.1996.

[754] Koberski/Sahl/Hold, Rdnr. 119 ff zu § 1 AEntG.

[755] S. MindestlohnTV v. 02.09.1996 zwischen dem Zentralverband des Deutschen Baugewerbes e.V. und der Industriegewerkschaft Bauen-Agrar-Umwelt.

im Bereich des Bauhauptgewerbe abgeschlossene Mindestlohntarifvertrag legt unterschiedliche Mindestlöhne für die alten und die neuen Bundesländer fest. Im Hinblick auf die für allgemeinverbindlich erklärten tariflichen Urlaubsregelungen enthalten alle Tarifverträge der Bauwirtschaft einschlägige Normen. Inhalt der Regelungen sind die Dauer des Urlaubs, das Urlaubsentgelt oder ein zusätzliches Urlaubsgeld. Im Unterschied zu den Verträgen über den Mindestlohn, müssen die Urlaubsbestimmungen nicht gesondert geregelt werden. Es gelten die in den für allgemeinverbindlich erklärten Tarifverträgen enthaltenen Bestimmungen unmittelbar.[756] Für den Anwendungsbereich der im Baubereich für allgemein verbindlich erklärten regionalen Bautarifverträge und den MindestlohnTV gilt das Arbeitsortprinzip, d.h. der am Beschäftigungsort geltende tarifliche Mindestlohn ist zu zahlen bzw. dessen Urlaubsbedingungen sind zu gewähren.[757]

III. Das AEntG und die Leiharbeitnehmer

Im Hinblick auf das Leiharbeitsverbot gem. § 1 b S. 1 AÜG ist vor allem die Regelung des § 1 Abs. 2a AEntG zu beachten. Danach findet der für allgemein verbindlich erklärte MindestlohnTV des Bauhauptgewerbes auf Leiharbeitnehmer Anwendung, die von einem Entleiher mit Tätigkeiten beschäftigt werden, die in seinen Geltungsbereich fallen, hier des Baugewerbes. Der Verleiher hat den Leiharbeitnehmern den im MindestlohnTV vorgeschriebenen Mindestlohn zu zahlen. Die gewerblichen Verleihunternehmen (Zeitarbeitsfirmen) und ihre Arbeitnehmer unterlagen bisher, von wenigen Ausnahmen abgesehen, nicht dem persönlichen oder sachlichen Geltungsbereiches eines Tarifvertrages.[758] Es wurde auf die Branchenzugehörigkeit des Arbeitgebers bzw. des Verleihers abgestellt und nicht wie im Rahmen der Regelung des § 1 Abs. 2 a AEntG der Einsatz- bzw. Arbeitsort der Leiharbeitnehmer beim Entleiher zugrundegelegt. Die Regelung des § 1b S. 1 AÜG wird durch das AEntG allerdings nicht berührt.[759] Die Normen haben im Ergebnis unterschiedliche Auswirkungen und Anwendungsbereiche. Eine Aufhebung des Leiharbeitsverbots gem. § 1 b S. 1 AÜG ist durch den Gesetzgeber bisher nicht erfolgt, so dass gewerbliche Verleiher (Zeitarbeitsfirmen) nicht in das Bauhauptgewerbe verleihen dürfen.

1. Vergleich mit dem Leiharbeitsverbot

Gegenüber dem Leiharbeitsverbot nach § 1 b S. 1 AÜG erstreckt sich der Regelungsbereich des AEntG nicht nur, wie unter D II aufgeführt, auf das Bauhauptgewerbe, sondern auch auf das Baunebengewerbe (§ 2 BaubetriebeVO), Montageleistungen, Seeschiffahrtsassistenz und Verleiher. Das Leiharbeitsverbot gem.

---

[756] Hanau , NJW 1996, S. 1370.

[757] Vgl. dazu Sahl/Stang in AiB 1996, S. 652.

[758] S dazu A II 6.

[759] S. Gaul, in NJW 1998, S. 648.

§ 1 b S. 1 AÜG und die Regelungen des AEntG zeigen im Hinblick auf ihre Zielsetzungen erhebliche Übereinstimmungen auf. Während das Leiharbeitsverbot vorwiegend auf den Bauvorhaben des Bauhauptgewerbes für überschaubare Verhältnisse sorgen soll, um zahlreiche Gesetzesverstöße gegen sozialstaatliche Pflichten (korrektes Abführen von Steuern und Sozialversicherungsbeiträgen) durch illegal handelnde Verleiher zu verhindern und die Leiharbeitnehmer auf diesem Weg vor ausbeuterischen Arbeitsbedingung durch den Verleiher schützen soll[760], will das AEntG einer Diskriminierung ausländischer Arbeitskräfte gegenüber deutschen Arbeitnehmern verhindern, indem es angemessene Arbeitsbedingungen für entsandte Arbeitnehmer sicherstellt.[761] Beide „Schutzgesetze" das des § 1 b S. 1 AÜG und das des AEntG verfolgen das Ziel der Sicherung der Tarifautonomie im Bereich des Baugewerbes. Trotz dieses gemeinsamen Ziels, ist die gesetzgeberische Vorgehensweise zur dessen Erreichung wesentlich unterschiedlich ausgestaltet. § 1 b S. 1 AÜG ist eine repressive Regelung (Verbotsregelung), während das AEntG eine positiv rechtliche Regelung darstellt, die auch Arbeitgeber, welche nicht einem allgemein verbindlichen Tarifvertrag unterliegen, in diesen Vertrag einbindet. Dazu gehören nach § 1 Abs. 1 und 2 a AEntG die gewerblichen Verleiherunternehmen (Zeitarbeitsfirmen) und ausländische Arbeitgeber.

2. Auswirkungen des § 1 Abs. 2 a AEntG auf den Verleih in das Bauhauptgewerbe

Der gewerbliche Verleih in das Bauhauptgewerbe ist nach § 1 b S. 1 AÜG auf Grund des Territorialitätsprinzips auch den ausländischen Arbeitgebern untersagt.[762] Das AÜG gilt für jede in der Bundesrepublik Deutschland durchgeführte Arbeitnehmerüberlassung, also auch dann, wenn inländischen Entleihern Leiharbeitnehmer vom Ausland überlassen werden.[763] Ist der ausländische Verleiher nicht im Besitz einer nach § 1 Abs. 1 AÜG erforderlichen Verleiherlaubnis, handelt er ordnungswidrig im Sinne von § 16 Abs. 1 Nr. 1 AÜG. Die Vorschrift des § 1 Abs. 2 a AEntG wird bei dieser Konstellation nicht zum Tragen kommen, weil durch die Fiktionswirkung der §§ 9 Nr. 1, 10 Abs. 1 AÜG der Entleiher Arbeitgeber der in das Bauhauptgewerbe gewerbsmäßig überlassenen Arbeitnehmer wird und dadurch der BRTV-Bau und der für den Entleiher geltende, regionale Bautarifvertrag Anwendung finden.[764] Da die Regelungen des AEntG auf das Arbeitsverhältnis zwischen Arbeitgeber und Arbeitnehmer gestalterisch einwirken und abzielen, kann § 1 Abs. 2 a AEntG vor dem Hintergrund der Gesetzessystematik nur so ausgelegt werden, dass es sich um einen Verleiher handelt, der Ar-

---

[760] Vgl. dazu Ausführungen zu C I.

[761] S. dazu Ausführungen zu D II 1.

[762] Vgl. dazu Sandmann/Marschall, Anm. 57 zu Art. 1, § 3.

[763] S. BSG SozR 2400, § 8 Nr. 1.

[764] Vgl. dazu auch die Ausführungen zu C VIII 2a) aa) (2).

beitgeber der Leiharbeitnehmer ist, also einen Verleiher mit Verleihererlaubnis. Allerdings können nur Verleihunternehmen mit Sitz in einem EWR-Mitgliedsstaat oder einem anderen Vertragsstaat des Abkommens über den Europäischen Wirtschaftsraum eine Verleihererlaubnis erhalten. Hat der Verleiher seinen Geschäftssitz außerhalb der EU oder des europäischen Wirtschaftsraumes z.b. in den USA ist ihm nach § 3 Abs. 2 AÜG die Erlaubnis zu versagen. Ist der ausländische Verleiher im Besitz einer Erlaubnis nach § 1 Abs. 1 AÜG und verstößt bewusst gegen das Leiharbeitsverbot nach § 1 b S. 1 AÜG hat dem Leiharbeitnehmer nach § 1 Abs. 2 a AEntG zumindest den Lohn nach dem Mindestlohntarifvertrag Bau zu zahlen, gleichgültig welche Vereinbarung er mit dem Leiharbeitnehmer getroffen hat. Der Arbeitsvertrag mit dem Leiharbeitnehmer ist wirksam und lediglich teilnichtig.[765] Nach dem klaren Wortlaut des § 1 Abs. 2 a AEntG beschränkt sich die Tarifbindung des Verleihers auf die Zahlung des Mindestentgeltes (Mindestlohntarifvertrag). Die Urlaubsregelungen der regionalen Bautarifverträge entfalten keine Bindungswirkung, auch nicht die urlaubsbezogenen Leistungen.[766]

3. Zusammenfassung

Im Bereich des Leiharbeitsverbots gem. § 1 b S. 1 AÜG kommt der Regelung des § 1 Abs. 2 a AEntG eine untergeordnete Rolle zu. Das Leiharbeitsverbot gem. § 1 b S. 1 AÜG wird durch die Regelungen des AEntG nicht berührt.

IV. Ergebnis

Wie schon bei der Prüfung der Verfassungsmäßigkeit des § 1 b AÜG festgestellt, können die Regelung des AEntG das sektorale Leiharbeitsverbot im Baugewerbe nicht ersetzen. Der Mindestlohn nach dem MindestlohnTV entspricht nicht dem durchschnittlich gezahlten Lohn im Bauhauptgewerbe.[767] Auch wenn durch § 1 Abs. 2 a AEntG die gewerblichen Verleihunternehmen in den Anwendungsbereich des MindestlohnTV-Bau einbezogen werden, kann es zu Wettbewerbsverzerrungen im Baubereich kommen. Alle anderen tarifvertraglichen Regelungen des Bauhauptgewerbes wie z.B. die Urlaubsregelungen, die zu zahlenden Sozialkassenbeiträge, finden auf die gewerblichen Verleihunternehmen keine Anwendung. Zudem ist § 1 Abs. 2 a AEntG nicht zur Verhinderung des illegalen Verleihs geeignet. Es kann sich im Schatten des legalen Verleihs der illegale Verleih ausbreiten, so dass dem Sozialversicherungsaufkommen durch z.B. das Nichtabführen von Sozialversicherungsbeiträgen ein erheblicher Schaden entsteht. Insofern bedarf es einer klaren Verbotsregelung.

---

[765] S. dazu Ausführungen zu C VIII 2b) bb.

[766] Insofern a.A. ohne nähere Begründung, Ulber, Rdnr. 24 c zu Art.1, § 1 AEntG.

[767] S. dazu Ausf. zu C VI 5.

174

E. Die Vereinbarkeit des § 1 b AÜG mit dem EU-Recht

Der EuGH hat mit Urteil vom 25.10.2001 entschieden,[768] dass das Leiharbeitsverbot gem. § 1 b AÜG gegen die Art. 52 und 59 EGV verstößt. Im Vordergrund der Entscheidung steht die Abordnung von Arbeitnehmern zu Arbeitsgemeinschaften des Bauhauptgewerbes gem. § 1 b S. 2 AÜG i.V.m. § 1 Abs. 1 S. 2 AÜG. Liegen bei inländischen (deutschen) Bauunternehmen die Voraussetzungen des § 1 b S. 2 AÜG vor, besteht für sie die Möglichkeit Arbeitnehmer von einem Bauunternehmen an eine Bauarbeitsgemeinschaft abzuordnen, wenn die Unternehmen der Arbeitsgemeinschaft dem selben Rahmen- und Sozialkassentarifvertrag unterliegen oder von deren Allgemeinverbindlichkeitserklärung erfasst werden.[769] Da die deutschen Tarifverträge wegen des Territorialitätsprinzip nicht für die nicht in Deutschland ansässigen, ausländischen Bauunternehmen gelten, sind jene von in Deutschland gebildeten oder zu bildenden Arbeitsgemeinschaften ausgeschlossen. Darin liegt nach Auffassung des EuGH ein Verstoß gegen die Dienstleistungsfreiheit gem. § 59 EGV. Die ausländischen Bauunternehmen der EU-Staaten müssten in Deutschland eine feste Niederlassung gründen, deren Arbeitnehmer zu über 50 Prozent der betrieblichen Gesamtarbeitszeit typische Tätigkeiten des Baugewerbes ausüben müssen, wenn sie sich an einer deutschen Bauarbeitsgemeinschaft beteiligen wollen. Eine Zweigniederlassung nur mit Verwaltungspersonal besetzt, genügt diesen Anforderungen nicht. Darin sieht der EuGH einen Verstoß gegen die Niederlassungsfreiheit nach § 52 EGV. Der EuGH zählt zwar den sozialen Schutz der Arbeitnehmer im Baubereich zu den zwingenden Gründen des Allgemeininteresses, hält aber zur Erreichung dieses Ziels einen, wie oben ausgeführten, „Niederlassungszwang" im Bundesgebiet für nicht erforderlich.[770] Eine Diskriminierung ausländischer Bauunternehmen gegenüber den deutschen lässt sich nicht leugnen. Im Rahmen des europäischen Freizügigkeitsrechts wird der grenzüberschreitende Verkehr und das überregionale Dienstleistungsangebot ausländischer Firmen angestrebt.[771] Art. 59 EGV verbietet sämtliche Diskriminierungen des Dienstleistungserbringers auf Grund seiner Staatsangehörigkeit und verlangt die Aufhebung aller Beschränkungen, wenn sie geeignet sind, die Tätigkeit des Dienstleistenden, der in einem anderen Mitgliedstaat ansässig ist und dort rechtmäßige ähnliche Dienstleistungen erbringt, zu unterbinden oder zu behindern.[772] Die ausländischen Bauunternehmen sind von der Regelung des § 1 b S. 2 AÜG ebenso ausgeschlossen, wie die gewerblichen Verleihunternehmen. Ein ausländisches Unternehmen, welches ausschließlich Bauleistungen i.S. des § 1 der Baubetriebe-VO erbringt, unterliegt nach der der-

---

EuGH, NZA 2001, S. 1299.

Vgl. auch Ausführungen zu C IV 1.

EuGH, NZA 2001, S. 1300.

Gerken in BB 1995, S. 2370.

EuGH 1991, NJW 1991, S. 2693.

zeit geltenden Rechtslage nicht dem BRTV-Bau und kann sich somit an einer im Bauhauptgewerbe tätigen Bauarbeitsgemeinschaft nicht beteiligen. Wie die vorstehenden Ausführungen gezeigt haben ist ein Schutz der Bauarbeiter nur durch eine Verbotsregelung wie des § 1 b AÜG zu erreichen.[773] Die Kritik des EuGH richtet sich vornehmlich gegen die Ausnahmeregelung des § 1 b S. 2 AÜG. Eine Möglichkeit für den Gesetzgeber bestünde darin, den § 1 b S. 2 AÜG zu streichen und den Verleih in das Bauhauptgewerbe bzw. die Abordnung zu einer Bauarbeitsgemeinschaft gänzlich zu unterbinden, d.h. eben auch für inländische Bauunternehmen des Bauhauptgewerbes, die allesamt dem BRTV-Bau unterliegen. Da die Abordnung nach § 1 Abs.1 S.2 AÜG sowohl von den Arbeitgeberverbänden als auch den Gewerkschaften der Bauwirtschaft gewünscht worden ist[774] und auch auf die Ausnahmeregelung des § 1 b S. 2 AÜG auf die Bestrebungen von Arbeitgebern und Arbeitnehmern der Bauwirtschaft zurückzuführen ist[775], wird der Gesetzgeber diesen Weg wohl nicht gehen. Als andere Alternative verbleibt nur die Einbindung der Bauunternehmen aus EU-Staaten in das Tarifvertragssystem der Bundesrepublik Deutschland. Der EuGH hat festgestellt, dass das Gemeinschaftsrecht es zulasse, dass die Mitgliedstaaten ihre Rechtsvorschriften oder die von den Sozialpartnern geschlossenen Tarifverträge unabhängig davon, in welchem Land der Arbeitgeber ansässig ist, auf alle Personen auszudehnen, die in ihrem Hoheitsgebiet, und sei es auch nur vorübergehend, eine unselbständige Erwerbstätigkeit ausüben.[776] Danach ist die Einbindung der in EU-Staaten ansässigen Arbeitgeber, die Dienstleistungen (Bauleistungen) im Inland erbringen wollen, in z.B. den BRTV-Bau europarechtlich zulässig. Die Regelungen des AEntG beschränken sich auf einen Mindestlohn und die Urlaubsregelungen (§ 1 Abs. 1 und 2 AEntG). Sie genügen den Anforderungen des § 1 b S. 2 AÜG nicht, der Wettbewerbsverzerrungen im Baubereich, zwischen Betrieben verschiedener Tarifbereiche mit z.B. unterschiedlichen Sozialkassensystemen, vermeiden will. Die Regelungen des AEntG müssten daher so ausgestaltet sein, dass eine unmittelbare Anbindung der ausländischen Arbeitgeber an die für allgemein verbindlich erklärten Bautarifverträge erfolgt, wenn sie Bauleistungen im Inland erbringen. Die Beschränkung auf einen Mindestlohn und die Urlaubsleistungen müssten entfallen, um Wettbewerbsverzerrung im Bereich des Bauhauptgewerbes zu vermeiden.

---

[773] S. dazu auch die Begründung in der BT-DS 9/846. „ Im Bereich der Bauwirtschaft ist durch eine Ausweitung der Kontroll- und Meldepflichten, die Ordnung auf dem Teilarbeitsmarkt Bau nicht wieder herzustellen".

[774] Sandmann/Marschall, Anm. 37 b zu Art. 1, AÜG Einl..

[775] BT-DS 12/7564, S. 3, durch die Ausnahmeregelung des § 1 b S. 2 AÜG sollte die Flexibilität der Betriebe im Baugewerbe erhöht und die Wettbewerbsfähigkeit verbessert werden.

[776] EuGH, NZA 1990, S. 653;

F. Schlussbetrachtung

Das Leiharbeitsverbot gem. § 1 b S. 1 AÜG ist auch unter Berücksichtigung der seit seinem Entstehen erfolgten, zahlreichen Änderungen im AÜG und im Arbeitsförderungsrecht verfassungsgemäß und verstößt nicht gegen die durch das Verbot berührten Grundrechte der Verleiher, Entleiher und Leiharbeitnehmer. Das AEntG lässt die Regelung des § 1 b S.1 AÜG nicht entbehrlich werden. Der Gesetzgeber hat zur Bekämpfung der illegalen Beschäftigung im Baubereich ein umfassendes gesetzliches Instrumentarium geschaffen, dessen zivilverwaltungs- und straf- bzw. bußgeldrechtlichen Konsequenzen Verleiher und Entleiher von einem Verleih in das Bauhauptgewerbe abhalten sollen. Dem Leiharbeitnehmer kommt auf Grund dieser Vorschriften ein umfassender sozialer Schutz zugute. Die Praxis steht jedoch vor dem Problem des Nachweises eines Verstoßes gegen § 1 b S. 1 AÜG, so dass die vom Gesetzgeber getroffenen Regelungen nur eingeschränkt Wirkung entfalten können. Für die Praxis ist mit Sicherheit auch der Umgang mit den vielfältigen, unterschiedlichen Fallgestaltungen einer den Baubereich betreffenden illegalen Arbeitnehmerüberlassung problematisch, die zu den unterschiedlichsten Rechtsfolgen auf dem Gebiet des Zivil-, Straf- und Verwaltungsrechts führen. Die Vorschrift des § 1 b AÜG kann in ihrem Anwendungsbereich nicht isoliert betrachtet werden, sondern wird in ihrem Geltungsbereich durch weitere Vorschriften, insbesondere der des § 1 Abs. 1 AÜG (Erlaubnispflicht) überlagert. Dies hat zur Folge, dass es zu einer schwer durchschaubaren Häufung anzuwendender Vorschriften kommt, die ineinander verschachtelt sind. Hinzu kommen die Abgrenzungsschwierigkeiten zur legalen Arbeitnehmerüberlassung, z.B. im Rahmen des § 1 b S. 2 AÜG, den rechtlichen Vertragskonstruktionen, die keine Arbeitnehmerüberlassung darstellen, z.B. den Werkvertrag und der nicht einfach zu bestimmende Anwendungsbereich des § 1 b S. 1 AÜG. Diese Arbeit soll dazu dienen, einen Einblick in die möglichen Fallgestaltungen illegaler Arbeitnehmerüberlassung in den Baubereich und die sich daraus ergebenden rechtlichen Konsequenzen zu verschaffen sowie damit verbundene Rechtsunsicherheiten beseitigen helfen. Außerdem soll dazu beigetragen werden, Verleiher und Entleiher von einen Verstoß gegen § 1 b S. 1 AÜG abzuhalten. Das Leiharbeitsverbot hat nicht an Aktualität verloren, sondern eher noch gewonnen. Durch den europäischen Binnenmarkt strömen mehr ausländische Arbeitskräfte und Unternehmen auf den deutschen Markt als je zuvor. Problematisch ist dabei vor allem die Beschäftigung von Arbeitnehmern aus Billiglohnländern, die bereit sind für Löhne weit unter dem Tariflohn zu arbeiten. Die deutschen Baufirmen könnten ohne die gesetzlichen Regelungen nur konkurrenzfähig bleiben, wenn sie ebenfalls untertarifliche Löhne zahlen. Dies hätte erhebliche Konsequenzen für das inländische Tarifvertragssystem, gerade der Bauwirtschaft, den Arbeitsmarkt und das Sozialversicherungssystem. Auch wenn die Anwendung des Leiharbeitsverbots nach § 1 b S. 1 AÜG mit zahlreichen rechtlichen Problemen verbunden ist und illegale Praktiken schwer nachzuweisen sind, ist an dieser Regelung festzuhalten. Gerade der Abschreckungsfunktion des Leiharbeitsverbots gem. § 1 b S. 1

AÜG kommt erhebliches Gewicht zu. Die Statistik zeigt zudem, dass die Aufklärungsrate der Verstöße gegen das sektorale Verbot im Baugewerbe und damit einhergehend die Bekämpfung illegaler Praktiken steigend ist. Bei einem Verzicht auf das Leiharbeitsverbot würde in Anbetracht der Öffnung des deutschen Marktes die Gefahr bestehen, dass der Zustand eintritt, der vor Erlass des Leiharbeitsverbots bestand. Das Instrument der Arbeitnehmerüberlassung könnte wiederum missbraucht werden, um beispielsweise der Steuerhinterziehung Vorschub zu leisten. Auch seriöse Firmen könnten sich auf Grund der Wettbewerbslage gezwungen fühlen, untertariflich bezahlte Leiharbeitnehmer zu beschäftigen, für die zudem keine Steuern und Sozialversicherungsbeiträge abgeführt werden. Die Regelungen des AEntG können das Leiharbeitsverbot nach § 1 b S. 1 AÜG nicht ersetzen. Die gewerblichen Verleihunternehmen werden auf Grund des § 1 Abs. 2 a AEntG nur im Hinblick auf den MindestlohnTV in das im Bauhauptgewerbe geltende Tarifvertragssystem eingebunden. Zudem ist davon auszugehen, dass sich die Unternehmen vor allem aus Billiglohnländern, wie z.B. Portugal, nicht an die Festsetzungen des AEntG i.V.m. dem MindestlohnTV halten. Es wären umfangreiche Kontrollen der Einhaltung des MindestlohnTV'es erforderlich. Gerade diese umfangreichen Kontrollen sind vom persönlichen und sachlichen Aufwand her für die Verfolgungsbehörden nicht zu leisten. Sie können nicht alle ausländischen und inländischen Betriebe im Hinblick auf die Einhaltung der Bestimmungen des AEntG kontrollieren. Durch das Leiharbeitsverbot gem. § 1 b S. 1 AÜG soll vermieden werden, dass sich im Schatten des legalen Verleihs der illegale Verleih ausbreitet. Die Lage auf den Baustellen ist für die Prüfbehörden durch diese Regelung überschaubarer, weil jeglicher, gewerbsmäßiger Verleih untersagt ist. Ansonsten wäre die straf- und bußgeldrechtliche Verfolgung des illegalen Verleihs unter Verstoß gegen § 1 b S. 1 AÜG eine unlösbare Aufgabe. Aus sozial- und arbeitsmarktpolitischen Interessen ist das Leiharbeitsverbot gem. § 1 b S. 1 AÜG zunehmend gelockert worden, was eine konsequente Durchsetzung des Verbots beeinträchtigt. Es sind Ausnahmetatbestände geschaffen worden, die wiederum benutzt werden, um einen unzulässigen Verleih in das Bauhauptgewerbe zu verschleiern. Dadurch ist die Anwendung des § 1 b S. 1 AÜG für die Verfolgungsbehörden schwieriger geworden. Wie die Statistik zeigt, ist das Verbot dadurch jedoch nicht obsolet geworden. Die Anzahl der aufgedeckten Verstöße gegen das Leiharbeitsverbot ist sogar gestiegen. Eine Alternative, die das Leiharbeitsverbot gem. § 1 b S. 1 AÜG entbehrlich werden lassen könnte, ist die Einbindung der gewerblichen Verleihfirmen und vor dem Hintergrund der Entscheidung des EuGH auch der ausländischen Verleihfirmen in das Tarifvertragssystem des Bauhauptgewerbes. Zu Wettbewerbsverzerrung kann es dann dennoch kommen, weil die ausländischen Firmen nicht zur Abführung von Sozialversicherungsbeiträgen im Inland verpflichtet sind. Um den Anforderungen des EuGH gerecht zu werden, müsste der Gesetzgeber die gewerblichen Verleihfirmen an den Geltungsbereich der Bautarifverträge binden (durch Änderung des Tarifvertragsgesetzes) und zugleich die Ausnahmetatbestände des Leiharbeitsverbots gem. § 1 b S. 2 AÜG und der Abordnung gem. § 1 Abs. 1 S. 2 AÜG außer Kraft setzen.

Literaturverzeichnis

Amtliche Nachrichten der Bundesanstalt
für Arbeit
zitiert: ANBA

Arbeitsstatistik 1996-1998

Bauer, Dietmar
in: NZA 1995, S. 203 ff
zitiert: Bauer, NZA, S.

Zum Nebeneinander erlaubter
Arbeitnehmerüberlassung und
erlaubter Arbeitsvermittlung

Becker, Friedrich
zitiert: Leitf. z. gew. ANÜ

Leitfaden zur gewerbsmäßigen
Arbeitnehmerüberlassung (Zeitarbeit)
4. Auflage, Köln 1985

derselbe
in: ZfA 1978, S. 131 ff

Zur Abgrenzung des Arbeitnehmerüberlassungsgesetzes gegenüber
anderen Vertragstypen mit drittbezogenen Personaleinsatz

derselbe
in: DB 1982, S. 2348 ff

Gemeinschaftsrechtliche, sozialpolitische,
arbeitsmarktpolitische und verfassungsrechtliche Aspekte des Verbots der Arbeitnehmerüberlassung in das Baugewerbe

derselbe
in: ZRP 1981, S. 262 ff

Kritische Anmerkungen zur geplanten
Neuregelung der gewerbsmäßigen Arbeitnehmerüberlassung

Becker, Friedrich
Wulfgramm, Jörg
zitiert: EzAÜG

Entscheidungssammlung zum Arbeit-
nehmerüberlassungsgesetz
EzAÜG Bd. 1,2,3
Neuwied 1988

dieselben

Kommentar zum AÜG
3. Auflage, Neuwied und Darmstadt 1985

Bilsdorfer, Peter
in: BB 1982, S. 1866 ff

Straffreiheit für illegale Arbeitnehmer-
verleiher ?

Bittner, Claudia
in: NZA 1993, S. 161 ff

Arbeitsrechtlicher Gleichbehandlungs-
grundsatz und ausländisches Arbeitsver-
tragsstatut

Boujong, Karlheinz

Karlsruher Kommentar zum Ordnungs-
widrigkeitengesetz
München 1989, zitiert mit Angabe des Ver-
fassers

Boewer, Dietrich
in: DB 1982, S. 2033

Die Auswirkungen des Arbeitnehmerüberlassungsgesetzes auf die Bauwirtschaft

Borgaes, Hans-Udo
in: Wahsner, Roderich u.a., S. 124 ff

Das neue Recht der Leiharbeitnehmer
„Heuern und Feuern"
Hamburg 1985

Brill, Werner
in: DB 1981, S. 316 ff

Die Abgrenzung der Arbeiter und
Angestellten

Broicher, Dietrich

Formen und Auswirkungen, Betriebliche
Fallstudien im Bau- und Metallver-
arbeitenden Gewerbe
1980

Brötzmann, U.
Musial, Tonja
in: NZA 1997, S. 17 ff

Annahmeverzug und Meldepflicht im
Arbeitnehmerüberlassungsgewerbe

Brox, Hans

Allgemeiner Teil des BGB, 12. Auflage
Münster 1988

Cornalissen, Rob
in: RDA 1996, S. 329 ff

Die Entsendung von Arbeitnehmern
innerhalb der EG und die soziale
Sicherheit

Von Danwitz, T.
in: RdA 1999, S. 322 ff

Das neugefasste Arbeitnehmerentsende-
gesetz auf dem Prüfstand: Europa- und
Verfassungsrechtliche Schranken einer
Neuorientierung im Arbeitsrecht

Däubler, Wolfgang
in: NJW 1999, S. 601 ff

Das Gesetz zu Korrekturen in der Sozialversicherung und zur Sicherung der Arbeit-
nehmerrechte

derselbe
in: DB 1995, S. 726 ff

Ein Antidumpinggesetz für die Bauwirtschaft

Debus, Norbert

Leiharbeit – das Geschäft mit der Ware
Arbeitskraft
Marburg 1982

Dreher, Herbert
Tröndle, Thomas

Kommentar zum Strafgesetzbuch
49.Auflage
München 1999

Düwell, Franz Josef
in: BB 1997, S. 46 ff

Änderungen des AÜG durch das Arbeits-
förderungsreformgesetz

derselbe
in: BB 1995, S. 1082 ff

Arbeitnehmerüberlassung im Baugewerbe

derselbe in: AuA 1997	Deregulierung der Arbeitnehmerüberlassung - Abbau beschäftigungshemmender Vorschriften
derselbe in: Handbuch zum Arbeitsrecht (HZA) zitiert: Düwell in HZA, Erl., Bd. 6	Erläuterungen zum AÜG Neuwied 12/1996
Von Einem, Hans-Jörg in: Sozialversicherung 1989	Zur Zulässigkeit eines Arbeitgeberbeitrags für geringfügig Beschäftigte
Engelbrecht, Georg	Die Abgrenzung der Arbeitnehmerüberlassung von der Arbeitsvermittlung Diss. Hamburg 1979
Feuerborn, Andreas Hamann, Wolfgang in: BB 1997, S. 2530 ff	Liberalisierung der Arbeitnehmerüberlassung durch das Arbeitsförderungsreformgesetz
Franßen, Everhardt Haesen, Wilfried	Kommentar zum AÜG Hamburg 1974
Fitting, Karl Kaiser, Heinrich Heither, Friedrich Engels, Gerd	Kommentar zum Betriebsverfassungsgesetz München 1998
Franzheim, Horst in: wistra 1987, S. 313 ff	Probleme des Beitragsbetrugs im Bereich der illegalen Arbeitnehmerüberlassung
derselbe in: ZRP 1984, S. 303 ff	Das strafrechtliche Instrumentarium zur Bekämpfung der Entleiher von illegal verliehenen Leiharbeitnehmern
Frerichs, Johann Möller, Carola Ulber, Jürgen zitiert: Frerichs/Möller/Ulber	Leiharbeit und betriebliche Interessenvertretung Köln 1981
Gagel, Alexander	Kommentar zum Sozialgesetzbuch Drittes Buch München 1999
Gaul, Björn in: NJW 1998, S. 644 ff	Neues im Arbeitsförderungsrecht nach dem 1. SGB III – Änderungsgesetz
Gerken, Lüder in: BB 1995, S. 2370 ff	Der Entwurf eines Arbeitnehmerentsendegesetzes in ökonomischer und rechtlicher Sicht

Gick, Dietmar

Göbel, Jürgen
in: Bl St Soz Arb 1973, S. 309 ff

derselbe
in: RdA 1980, S. 204 ff

Göhler, Erich

Groeger, Axel
in: DB 1998, S. 470 ff

Halbach, Christel
in: DB 1980, S. 2389 ff

Hamann, W.

Hammacher, Peter
in: BB 1996, S. 1554 ff

Hanau, Peter
in: NJW 1996, S. 1369 ff

Hansen, Jürgen
in: Arbeitgeber 1981, S. 867 ff

Hantl-Urban, Ursula
in: AR-SD 1840

Hartwig, Ina

Hempel, F.

Gewerbsmäßige Arbeitnehmerüberlassung
zwischen Verbot und Neugestaltung
Berlin 1983

Werkverträge und verschobene Arbeit-
geberrisiken

Neue Arbeitsplätze für schwer vermittel-
bare Arbeitslose durch nicht gewerbsmäßige Arbeitnehmerüberlassung

Kommentar zum Ordnungswidrigkeiten-
gesetz
12. Auflage, München 1998

Arbeitsrechtliche Aspekte des neuen
Arbeitnehmerüberlassungsgesetzes

Betriebsverfassungsrechtliche Aspekte
des Einsatzes von Leiharbeitnehmern und
Unternehmerarbeiten

Erkennungsmerkmale der illegalen Arbeitnehmerüberlassung in Form von Schein-
dienst- und Scheinwerkverträgen
Diss. Münster 1994

Die Auswirkungen des Arbeitsnehmerent-
sendegesetzes auf Unternehmen der Metallindustrie

Das Arbeitnehmerentsendegesetz

Zeitarbeit – Teilverbot – ein trojanisches
Pferd

Zeitarbeit [ANÜ (gewerbsmäßige Arbeitnehmerüberlassung)]

Das Schutzpflichtverhältnis beim drittbezogenen Personaleinsatz
Diss. Marburg 1996

Das Spannungsverhältnis zwischen
dem sozialen Schutz der Arbeitnehmer
und den wirtschaftlichen Interessen
der Verleiher und der Entleiher bei der
Arbeitnehmerüberlassung
Berlin 1975

Henning, Werner zitiert: Henning/Kühl/Heuer/Henke	Kommentar zum Arbeitsförderungsgesetz Bd. I, Neuwied 1998 Stand: 7/98
Hueck, Alfred Hoyningen-Huene, Gerrick	Kommentar zum Kündigungsschutzgesetz 11. Auflage, München 1992
Hoyningen-Huene, Gerik in: BB 1985, S. 1669 ff	Subunternehmervertrag oder illegale Arbeitnehmerüberlassung
Hromadka, Wolfgang in: DB 1995, S. 2601 ff	Das allgemeine Weisungsrecht
Hueck/Nipperdey/Dietz	Nachschlagewerk des Bundesarbeits- gerichts München
Hueck, Alfred Nipperdey, Hans Carl	Lehrbuch des Arbeitsrechts 7. Auflage, Frankfurt a. M. 1963
Hümmerich, Klaus in: NZA 1997, S. 409 ff Hunold, Wolf in: BB 1989, S. 1694 ff	Neue Einflussgrößen für den Aufhebungs- abwicklungsvertrag Anmerkungen zum Urteil des BAG vom 31.01.1989
Hunold, Wolf	Subunternehmen und freie Mitarbeiter Personaleinsatz ohne Arbeitgeberpflichten 2. Auflage, Freiburg 1993
Ismail, Nashrine in Recht der Arbeit und sozialen Sicherheit, Bd. 6	Recht und Praxis bei der Bekämpfung illegaler Arbeitnehmerüberlassung Frankfurt am Main 1991
Joost, Detlev in: DB 1980, S. 161 ff	Zur Erlaubnispflicht und Strafbarkeit bei bei betriebsbedingter Arbeitnehmerüber- lassung
Kaligin, Thomas in: NZA 1992, S. 1111 ff	Tätigkeit von Bauunternehmen aus Polen und der CSFR in Deutschland
Klamert, Gerhart in: Der Arbeitgeber 1981, S. 931 ff	Leiharbeit – Verbot wäre ein Holzweg
Kleinewefers, Herbert Boujong, Karl-Heinz Wilts, Walter zitiert: Rotberg	Kommentar zum Ordnungswidrigkeiten- gesetz 5. Auflage, München 1975

184

Klöpper, Ralf in: AIB 1993, S. 682 ff	Werkvertragsarbeiten von Arbeitnehmern aus Osteuropa im Rahmen von Regierungs- abkommen
Knigge, Arnold Ketelsen, Jörg Volker Marschall, Dieter Wittrock, Achim zitiert: Knigge	Kommentar zum Arbeitsförderungsgesetz Baden-Baden 1984
Koberski, Wolfgang Sahl, Karl-Heinz Hold, Dieter	Kommentar zum Arbeitnehmerentsende- gesetz München 1997
Königs, Folkmar in: DB 1997, S. 225 ff	Rechtsfragen des AEntG und die EG- Entsenderichtlinie
Kremhelfer, Hans	Arbeitnehmerüberlassung, Neues ArbR Teil G München 2/1990
Kreuder, Thomas in: AuR 1993, S. 316 ff	Fremdfirmeneinsatz und Beteiligung des Betriebsrates
Krone, Sirikit	Die Kontrolle des Leiharbeitsmarktes Diss. Wuppertal 1994
Kroschel, Theodor Meyer-Gossner, Lutz	Die Urteile in Strafsachen 24. Auflage, München 1983
Krüger, Manfred	Verbot der Leiharbeit – Gewerkschafts- forderung und Grundgesetz Köln 1986
Lackner, Karl Kühl, Kristian	Kommentar zum Strafgesetzbuch 23. Auflage, München 1999
Landmann Rohmer	Kommentar zur Gewerbeordnung Bd. 1, Stand: Mai 1992 (zit.: Landmann/Rohmer/Bearbeiter)
Langer, Joachim in: Zfs 1985, S. 193 ff	Illegale Arbeitnehmerüberlassung im Bereich des Baugewerbes und Mög- lichkeiten der Bekämpfung am Beispiel der gesetzlichen Krankenversicherungs- träger
Larenz, Karl	Methodenlehre der Rechtswissenschaft, 6. Auflage, Berlin u.a. 1991

Leinemann, Wolfgang

Kasseler Handbuch zum Arbeitsrecht
Bd. 1, 2, Kassel 1997

derselbe

Handbuch zum Arbeitsrecht
Neuwied, Stand: 2/2000

Leitner, Ulrich

Arbeitnehmerüberlassung in der Grauzone
zwischen Legalität und Illegalität
Sindelfingen 1990

Lemke, Michael

Kommentar zum Ordnungswidrigkeiten-
gesetz, Heidelberg 1999

Leve, Manfred
in: SozArb 1972, S. 383 ff

Das Vermieten von Menschen

Löwisch, Manfred
in: NZA 1988, S. 633 ff

Die Änderung von Arbeitsbedingungen
auf individualrechtlichem Wege, insbesondere durch Änderungskündigung

Marschall, Dieter
in: RdA 1983, S. 18 ff

Gelöste und ungelöste Fragen der Arbeitnehmerüberlassung

derselbe
in: NZA 1984, S. 150 ff

Zur Abgrenzung zwischen Werkvertrag
und Arbeitnehmerüberlassung

derselbe

Bekämpfung illegaler Beschäftigung,
Schwarzarbeit, illegaler Ausländerbeschäftigung und illegaler Arbeitnehmerüberlassung
München 1983

Marschner, Andreas
in: NZA 1995, S. 668 ff

Die Abgrenzung der Arbeitnehmerüberlassung von anderen Formen des Personaleinsatzes

Martens, Hans H.
in WZS 1983, S. 8 ff

Illegale Arbeitnehmerüberlassung
Arbeitgebereigenschaft – Ordnungswidrigkeit

Mayer, Udo
in: BB 1993, S. 1429 ff

Werkvertragsarbeitnehmer aus
Osteuropa

Mayer-Maly, Theo
in: ZfA 1972, S. 1 ff

Das Leiharbeitsverhältnis

Mayer, Udo
Paasch, Ulrich
in: ArbuR 1983, S. 329 ff

Verfassungsrechtliche Fragen des
sektoralen Verbots der Arbeitnehmerüberlassung im Baugewerbe

dieselben
in: AiB 1987, S. 57 ff

Scheinselbständigkeit – ein neues Konzept
in der Personalpolitik

Mayer, U.
in: BB 1984, S. 1943 ff

Das Verbot der Leiharbeit im Baugewerbe
unter dem GG

Maunz, Theodor
Dürig, Günter u.a.

Kommentar zum Grundgesetz
Stand 2/99

Maurer, Hartmut

Allgemeines Verwaltungsrecht
13. Auflage, München 2000

Menting, Erich

Probleme und Perspektiven der Arbeitnehmerüberlassung
Diss. Köln 1993

Mosler,
in: AR Blattei SD 1560

Teilzeitarbeit

Millich, Thomas
Schäfer, Jürgen
in: wistra 1986, S. 205 ff

Zur Problematik ordnungswidriger Arbeitnehmerüberlassung nach dem AÜG

Münchener Kommentar
Zitiert: MüKo +Bearbeiter

Kommentar zum BGB
Schuldrecht AT
3. Auflage, München 1994

Münchener Handbuch des Arbeitsrechts
Richardi/Wlotzke
Zitiert: MüHdb

Bd. 1, Individualarbeitsrecht I,
2. Auflage, München 2000

von Münch, Ingo
Kunig, Philip

GG-Kommentar
5. Auflage, München 2000

Nikisch, Arthur

Arbeitsrecht , 1. Bd.
2. Auflage, Tübingen 1961

Noack, Klaus
in: BB 1973, S. 1313 ff

Die Straf- und Ordnungswidrigkeiten-
bestimmungen des AÜG

Oehmann, Werner
Dieterich, Thomas

Arbeitsrecht- Blattei,
Systematische Darstellungen, Ordner 8
Stand 2/2000

Paasch, Ulrich
in: AiB 1988, S. 107

Verbot der Leiharbeit im Baugewerbe
verfassungskonform ?

derselbe	Arbeitnehmer 2. Klasse - Leiharbeits-verbot und Beschäftigungspraxis im Bau-gewerbe Praktikerreihe der Hans-Böckler-Stiftung Düsseldorf 1986
Palandt, Otto	Kommentar zum BGB 59. Auflage, München 2000 zitiert mit Angabe des Verfassers
Pestalozza, Christian	Verfassungsprozessrecht 1. Auflage, München 1991
Pfister, Michael	Die Befristung der Leiharbeitnehmer-überlassung Diss. Würzburg 1993
Pieroth, Bodo	Arbeitnehmerüberlassung unter dem GG Berlin 1982
Richter, Thorsten in: BB 1992, S. 421 ff	Illegale Arbeitnehmerüberlassung – Der Nachweis von Vorsatz und Fahrlässigkeit bei Scheinwerkverträgen
Roxin, Claus	Strafverfahrensrecht 21. Auflage, München 1989
Rotberg	Kommentar zum Ordnungswidrigkeiten-Gesetz 5. Auflage, Koblenz/Bonn 1975
Sahl, Karl-Heinz Bachner, Michael in: NZA 1994, S. 1063 ff	Die Neuregelung der Arbeitnehmerüber-lassung im Baugewerbe
Sahl, Karl-Heinz Stang, Brigitte in: AiB 1996, S. 652 ff	Das AEntG und die Europäische Entsende-richtlinie
Sandmann, Georg Marschall, Dieter	Arbeitnehmerüberlassungsgesetz-AÜG Stand: 12/1999
Sartorius, U. in: ZAP, Fach 17 R, S. 211 ff	Zeitschrift für die anwaltliche Praxis
Spiolek, Ursula in BB 1991, S. 1038 ff	Wer zahlt die Sozialversicherungsbeiträge bei illegaler Arbeitnehmerüberlassung ?
Schaub, Günter	Arbeitsrechtshandbuch München 1996

derselbe
in: NZA 1985, Beilage Nr. 3, S. 1 ff

Die Abgrenzung der gewerbsmäßigen
Arbeitnehmerüberlassung von Dienst- und
Werkverträgen der Arbeitsleistung an Dritte

Schliephake, Jürgen
Petermann, Olaf
In: Die BG 1987, S. 188 ff

Arbeitssicherheit für Mitarbeiter von
Fremdfirmen und Leiharbeitnehmern

Schmidt, Karsten

Handbuch des Gesellschaftsrechts
1. Auflage, München 1991

Schönke, Adolf
Schröder, Horst

Kommentar zum Strafgesetzbuch
25. Auflage, München 1997

Schubel, Hans-Dietrich
in: BB 1985, S. 1606 ff

Beschäftigungsförderungsgesetz und
Arbeitnehmerüberlassung

Schüren, Peter

Kommentar zum Arbeitnehmerüber-
Lassungsgesetz
München 1994

Schwab, Brent
in: AR-Blattei SD
Stand: Juni 2000

Das Arbeitsverhältnis bei einer (Bau)-
Arbeitsgemeinschaft

Stahlhacke, Eugen

Entscheidungen zum Arbeitsrecht
Entscheidungen der Landesarbeitsgerichte

Stefener, Klaus

Die Haftung des Verleihers im Überlas-
sungsverhältnis zum Entleiher bei der
gewerblichen Arbeitnehmerüberlassung
und deren Gestaltung durch Allgemeine
Geschäftsbedingungen
Diss. Münster 1999

Strohmaier, Gerhard
in: RdA 1998, S. 339 ff

Die Verfassungswidrigkeit des AEntG

Sturm, Dieter C.

Gewerbsmäßige Arbeitnehmerüberlassung
und werkvertraglicher Personaleinsatz
- Tatbestand, Rechtsfolgen und Zuordnung-
Diss. Mühlheim an der Ruhr 1990

Ulber, Jürgen
Hinrichs, Werner
Wagner, Joachim

Moderner Sklavenhandel
Schriftenreihe der IG Metall 132
Frankfurt am Main

Ulber, Jürgen

Arbeitnehmerüberlassungsgesetz und Ar-
beitnehmerentsendegesetz
Kommentar für die Praxis
Düsseldorf 1998

Umbach, Dieter C.
Clemens, Thomas
Zitiert: Umbach/Clemens

Bundesverfassungsgerichtsgesetz
Mitarbeiterkommentar und Handbuch
Karlsruhe 1992

Vanselow, Achim
in: Arbeit und Beruf 1998

Der Weg in die Normalität – wie Arbeitsämter und sozialverträgliche Arbeitnehmerüberlassung zusammenarbeiten

Waas, Bernd
in RdA 1993, S. 153 ff

Das sogenannte mittelbare Arbeitsverhältnis

Wagner, Stefanie

Rechtsverhältnisse der nicht gewerbsmäßigen Arbeitnehmerüberlassung
unter besonderer Berücksichtigung
nicht gewerbsmäßiger Arbeitnehmerüberlassung
Diss. Bonn 1996

Weber, Axel
in: SozFortschritt 1988, S. 179 ff

Verschiedene Aspekte geringfügiger
Beschäftigungsverhältnisse

Webers, Gerhard
in: DB 1996, S. 574 ff

Das AEntG

Weisemann, Ulrich
in: BB 1989, S. 907 ff

Zulässige Arbeitsgemeinschaften nach
der Neuregelung des AÜG

Worpenberg, Stephan

Die konzerninterne Arbeitnehmerüberlassung
Diss. Kiel 1992

Zachert, Ulrich
in: AiB 1987, S. 16 ff

Leiharbeit im Baugewerbe

Zuck, R.
in: NJW 1975, S. 907 ff

Die Selbstbindung des Bundesverfassungsgerichts

Zwingmann, Bruno
in: AiB 1987, S. 234 ff

Arbeitsschutz bei Leiharbeit, durch-
greifende Verbesserungen überfällig

www.ingramcontent.com/pod-product-compliance
Lightning Source LLC
Chambersburg PA
CBHW020834210326
41598CB00019B/1901

9 7 8 3 8 2 8 8 8 5 3 8 7